中國學術思想

研究輯刊

十八編

林慶彰 主編

第 5 冊

打破性善的誘惑
——重探荀子性惡論的意義與價值

曾暐傑 著

花木蘭文化出版社

國家圖書館出版品預行編目資料

打破性善的誘惑——重探荀子性惡論的意義與價值／曾暐傑
著 — 初版 — 新北市：花木蘭文化出版社，2014〔民 103〕
序 4+ 目 6+230 面；19×26 公分
（中國學術思想研究輯刊 十八編：第 5 冊）
ISBN：978-986-322-676-5（精裝）
1.（周）荀況　2.學術思想　3.性惡論
030.8　　　　　　　　　　　　　　　　　　103001973

ISBN-978-986-322-676-5

中國學術思想研究輯刊
十八編　第 五 冊　　　　　　ISBN：978-986-322-676-5

打破性善的誘惑
——重探荀子性惡論的意義與價值

作　　者　曾暐傑
主　　編　林慶彰
總 編 輯　杜潔祥
副總編輯　楊嘉樂
編　　輯　許郁翎
出　　版　花木蘭文化出版社
社　　長　高小娟
聯絡地址　235 新北市中和區中安街七二號十三樓
　　　　　電話：02-2923-1455／傳眞：02-2923-1452
網　　址　http://www.huamulan.tw 信箱 hml810518@gmail.com
印　　刷　普羅文化出版廣告事業
封面設計　劉開工作室
初　　版　2014 年 3 月
定　　價　十八編 16 冊（精裝）新台幣 28,000 元

打破性善的誘惑
——重探荀子性惡論的意義與價值

曾暐傑　著

作者簡介

曾暐傑，國立政治大學中國文學系碩士，現於國立政治大學中國文學系攻讀博士，並為東南科技大學通識教育中心兼任講師。主要關注的議題為荀子研究、先秦諸子與儒學的現代性。曾發表〈荀子思想再定位與儒家體系的重建——反思、批判與方法〉、〈尊君原是為民——論韓非的集權專制思想以「利民」為目的〉、〈縱橫象數，儒門義理——荀爽易學核心價值的重建與再定位〉、〈存在與方法——荀子性惡論詮釋的新視野〉、〈對當代／新儒學的批判性反思與傳統儒學的重建——以《三字經》為線索〉等十餘篇論文。

提　要

　　當代荀子人性論的研究大致可分為三個階段：從當代新儒家一派對於荀子性惡論的批評，透過各種論述來強調「性惡論」不能成立，其對於荀子的批判乃不明人性的真義，並以此來貶抑其思想與地位；到陳大齊、張亨、韋政通等學者，開始對於荀子「性惡論」作「客觀」梳理而欲顯現出荀子哲學的價值，但荀子的價值仍不可與孟子同日而語；一直到近年有一批學者積極闡述荀學的價值與意義。但無論荀子人性論的研究如何開展，這些研究始終有著一個迷思：執著於探究荀子人性論中人是否有天生的內在價值。無論是早期當代新儒家一派明言其無而以此批評荀子的人性論無根，或是近年來學者所提倡的「潛在的性善論」、「弱性善論」，或以「人觀」、「人的概念」來言其有，進而肯定荀子人性論的價值，都沒能跳出這個追求內在價值根源的窠臼。這樣的論述似乎隱含著一個思維：「性善論」才是好的、有價值的，也就是我稱為受到「性善的誘惑」下的思考進路。我認為，荀子人性論研究應該要跳脫以往以孟子性善論為基礎、以根本善為進路的思考框架，而轉以惡為核心思維去探究荀子的人性論。也就是說，我們應該正視「性惡」的正當性，不必對「惡」有所避諱；只要一套修養工夫論是將人導向美善境地的理論，就是有價值的論述，「人性本善」或「人性本惡」又有何關係呢？我將這樣的研究進路稱之為「後新荀學」。所謂「後新荀學」一則凸顯出其與「新荀學」以善為參照的論述觀點之不同，一則顯現出以後現代思維為方法去探尋荀子性惡論的意義與價值的進路——一種不追求形上價值、不追求永恆根源、不追求完滿無瑕為善必然性的思考模式。

　　在「後新荀學」的思維下，我們可以打破對於性惡的偏見，重新理解荀子性惡論的內涵與意義，並應該了解到，一個講求「人性本惡」的人性論也是有其正當性與價值的。進一步我們應該破除以往對於「善」的迷信，而誤將《荀子》中諸多脈絡以孟子「性善」的思維來思考，而對荀子的理論產生誤解與責難。除此之外，我們也應該了解，即便人沒有內在根源的善，在現實中依舊有產生善行的可能，並不一定要以基礎主義或是本質主義那樣的思維進行思考，也就是說儒學人性論在孟子「人性本善」一路外，荀子「人之性惡」一路也應有其合理的地位與公平的理解。因為荀子的性惡論是搭配著一套完整的修養工夫論，就整體而言其具有使人趨向善的可能與理想，由此正可以凸顯出荀子作為儒家的正當性及其人性論的合理性。

序

　　猶記，2011 年，在溽暑中我正準備遞交碩士論文的研究計畫時，隨之而來的是一個又一個瓶頸——因為我感到生命與學術有著很大的隔閡。我在我所研讀的儒家經典中找不到自我、尋不到方向，就這樣浮浮沉沉了好幾個月。這讓我想起那段青澀的歲月。

　　是的，少年十九二十時，又有幾人不懷春惆悵、迷惘生命、困惑未來呢？我的青春正充滿了如此的心情，且持續了好長一段時間。尤其每當我讀到《孟子》所說浩然正氣、宋明理學家所言「存天理去人欲」，讓我覺得為什麼古人的生命境界如此美好？能夠這樣無欲無求，自覺自省而自制？為什麼我卻是如此迷惘，總有一股壓抑不住的生命力在躍動、總有無限的欲望不斷地湧發，這不禁讓我感到迷失與失落，難道我如此差勁，竟與先聖先儒所說的境界天差地遠，這不知所措的感覺，填滿了我的青春。

　　然而，在初秋時節，我偶然讀到了祝平次教授的一篇文章——〈為什麼高中生不需要讀《四書》〉，突然，我感覺我懂了！他的一段話讓我豁然貫通，我感覺我是個活生生的人，我的存在是正當的，祝平次教授是這麼說的：

> 所謂的教育他們是怎麼一回事？把他們困在兩千多年前寫成的文字當中，告訴他們自己身體的變化不重要？告訴他們世界的未來其實在兩千多年前就已經被決定，因為最重要的真理已經被揭示，而他們即將被告知，並且被要求遵守或信仰？告訴他們當他們的身體與這些語言無法連結接觸時，有適當的老師會幫他們引渡，讓他們也成為禁欲淨身朝聖的一員？告訴他們，聖境崇高，身體生理的需求是一種低劣的衝動？[註1]

〔註 1〕 祝平次：〈為什麼高中生不需要讀《四書》〉，原文於 2011 年 10 月 14 日發佈於臺哲會論壇，後收入思想編委會編著：《思想 21：必須讀《四書》》（臺北：聯經出版，2012 年 5 月），頁 238。

對呀！這就是籠罩我整個青春生命的問題啊！這也難怪我在我所研究的儒學中，始終無法將學術與我的生命連繫起來。祝平次教授還說：「《紅樓夢》寫的，就是要說關於身體的事忍也忍不住，那是男性性成熟的事實。文學可以如是坦白、誠實，哲學呢？儒學呢？」〔註2〕是的，儒學可以坦白嗎？當下，我告訴自己，我要勇敢地將我所感受到的、理解到的生命與欲望，完完整整地寫出來；我要證明，儒學不只是強調那美好的境界、強調那自覺自制的修養工夫，儒學是充滿生命力、是對於生命與欲望最真實的呈現與應對，於是，我完成了這本論文——《打破性善的誘惑——重探荀子性惡論的意義與價值》。

在這裡，我找到了生命與學術融洽的美好，論文中的一筆一畫，都訴說著我的生命、我的欲望、我的追尋、我的想望。我想要告訴大家，我們的欲望是如此美好而正當——只要我們用正確的方法與管道去保養它、抒發它。我想要改變我們的社會，打破把儒家塑造成一個存理去欲的學說，使臺灣這個社會充滿了壓抑、充滿了迷惘，多少年輕的生命就在這樣的壓力下變得抑鬱、變得自卑、甚至變態！人們因此也變得虛偽，始終不敢面對人性的黑暗面。我要大聲疾呼，人性本惡並不可恥，可恥的是我們無法承認它、面對它、處理它、安頓它。唯有一天，這個社會能夠正視欲望，使人人的心理都得到正常發展，這個社會才會是真正美好的境界！

最後不能免俗地，還是要感謝爸媽、指導教授劉又銘老師、口考委員伍振勳老師及林啓屏老師的支持、包容、理解與建議，使這篇論文得以完成。當然還要感謝從小到大每個教悔我、幫助我、支持我的所有師長朋友，因為生命是長期的累積，每個與你們相遇的瞬間都是我之所以能成為現在的我的關鍵。正如張愛玲說的：

> 於千萬人之中遇見你所遇見的人，於千萬年之中，時間的無涯的荒
> 野裡，沒有早一步，也沒有晚一步，剛巧趕上了，那也沒有別的話
> 可說，唯有輕輕地問一聲：「噢，你也在這裏嗎？」〔註3〕

是的，如果於千萬本論文中，你剛巧讀到了這篇文章，那麼希望我們能夠產生理性的對話，不吝與我討論與指教。我知道，我有我的堅持與理念，或許我們的信念並不相同，但我永遠企盼我們彼此對話的可能。如伏爾泰的名言

〔註2〕祝平次：〈為什麼高中生不需要讀《四書》〉，頁238。
〔註3〕張愛玲：《華麗緣》（臺北：皇冠，2010年），頁106。

所說：「雖然我不同意你說的話，但我誓死維護你說話的權利。」希望此一著
作，能夠激起孟荀再對話的漣漪！

曾暐傑

序于臺北・東湖

2014 年 2 月 15 日

目

次

第一章　緒論：打破，爲了對話的實踐

　　杜威認爲，並不存在著一個中立的哲學觀點。[註1] 我之所以要打破以性善的誘惑爲核心所造成的一切問題，正在於表明我的哲學立場。我的哲學立場就是荀子「性惡論」的核心意義，就是人性是惡的，不該強爲其人的內涵賦予本有的道德價值根源。這正是我所要指出的當代荀子人性論研究的關鍵問題所在。打破不是爲了衝突與對立，而是爲了對話與進步，正如哈伯瑪斯所說：「理想的衝突，正是這種差異、區分、衝突，等等，使旨在主體間相互溝通的對話、交談、討論成爲道德領域和道德實踐過程中一個必要的方面。」[註2] 之所以須要打破，即是因爲目前孟荀之間的對話處於一個不對等的地位——孟學的絕對主流與權威以及荀學的弱勢與歧途。雖然這樣的情形有漸漸鬆動的情形，但兩者之間依舊無法對等而立。唯有在這裡試圖打破孟學思維的偏見、宰制與迷思，使孟學論者看見荀學的聲音，才能企盼羅蒂所說的「主體間性」（inter-subjectivity）對話的形成。否則在孟荀論述不對等的情形下，徒然講求客觀、和諧與理性，將只會淪爲羅蒂所說的「主體間的一致、共識，往往壓倒了主體的獨語、自得。」[註3] 也就是荀子性惡論的立場將被孟子性善論的立場壓倒，而得不到對話的可能。在此章，我將回顧荀子

〔註 1〕 參見〔美〕理查德・羅蒂，黃勇編譯：《後哲學文化》（上海：上海譯文出版社，2004 年），頁 39。
〔註 2〕 參見楊國榮：《倫理與存在——道德哲學研究》（北京：北京大學出版社，2011年），頁 223。
〔註 3〕 楊國榮：《倫理與存在——道德哲學研究》，頁 231～232。

性惡論研究的問題所在，並進而論述我認爲當代荀子性惡論研究的迷思與問題，以此來展開我的哲學思維與理念，進而談到我如何以「後新荀學」的嘗試，企圖開創荀子性惡論理想詮釋的可能。

第一節　問題根源：從荀子性惡論之研究回顧談起

荀子思想在宋明以後即開始受到貶抑，最根本的原因就在於其所謂「性惡」的人性論學說，使儒者認爲他偏離了儒家正道，更抹煞了人的價值。故有宋儒程灝、程頤言：「荀、楊性已不識，更說甚道。」「荀子極偏頗，只一句性惡，大本已失。」〔註4〕又如朱熹亦道：「不須理會荀卿，且理會孟子性善。」〔註5〕可以見得僅是「性惡」二字就足以讓荀子被視爲儒家的歧出，至明嘉靖九年（西元 1530 年）荀子被逐出孔廟後，意謂著荀子完全被逐出儒家的道統，更可說是被視爲一個令人難堪的儒家家醜。〔註6〕這樣的情形到了清代的荀學復興運動，荀子的地位與評價似乎有稍稍扭轉的趨勢，如錢大昕即說道：「荀言性惡，欲人之化性而勉於善：立言雖殊，其教人以善則一也。宋儒言性，雖主孟氏，然必分義理與氣質而二之，則已兼取孟、荀二義。至其教人以變化氣質爲先，實暗用荀子『化性』之說。」〔註7〕已試圖去探索荀子人性論的眞義並做出較公允的評價，而不是看到「性惡」即貶抑之。王先謙更是爲荀子受到貶抑而抱屈，他說：「荀子論學論治，皆以禮爲宗，反復推詳，務明其指趣，爲千古修道立教所莫能外。……余又以悲荀子術不用於當時，而名滅裂於後世流俗人之口爲重屈也！」〔註8〕

然而，荀子的思想與地位眞的復興了嗎？當然，當代荀學的研究相對於孟學而言，雖不能說是蓬勃發展，但研究者也確實不少，且大抵承繼了清末荀學復興以來的思潮，已不像宋明儒般忌諱荀子的性惡思想，而多能以現代學術思維下自認爲的「客觀」眼光來評論、定位之。既然荀子性惡論已經得到平反，那麼荀子的性惡論又爲何須要重探呢？既言重探，必然有我認爲不足與不當之處；既言重探，必然要有不同的視野與角度；既言重探，必然要

〔註4〕　〔宋〕程灝、程頤：《二程集》（臺北：里仁書局，1982 年），頁 231。
〔註5〕　〔宋〕黎德靖編：《朱子語類》（北京：中華書局，2007 年），頁 3254。
〔註6〕　參見《國立政治大學哲學學報》第 11 期（2003 年 12 月），編者序。
〔註7〕　〔清〕王先謙：《荀子集解》（北京：中華書局，2010 年），考證頁 15。
〔註8〕　〔清〕王先謙：《荀子集解》，序頁 1。

有不同的進路與方法，因此，不妨讓我們先對於當代荀子性惡論的研究作一回顧，再來論述重探的必要與意義。如此行文的原因有二：第一，重探必定要建立在前人研究的成果之上，沒有對既有的論述作回顧，探無可探，亦無意義。第二，一般論題的探究，文獻的回顧是作爲一種參考與借鏡，故必先有問題動機的論說，再羅列相關資料以資參照。但本文重探的目的在於哲學的批判，以批判的方法去檢視前人對於荀子性惡論的詮釋與評價；回顧的重點就不在於參照前人研究的進路與方法，而在於檢視這樣的成果是否恰當。故沒有回顧，就沒有批判。第三，我認爲荀子的德行論是一種以「存在先於本質」的哲學觀爲基礎的〔註9〕，而「存在先於本質」也是我的信念，甚至以此信念爲方法的研究進路。也就是說，唯有讓前人研究成果的「事實」呈現了，我再來談其定位與問題才有意義與價值。

至此，我們可以對於當代關於荀子性惡論的研究作一回顧與整理。出於荀子思想的研究在當代可說相當多，我所要回顧的，集中在三個方面：

第一，當代著名儒者與思想家的論述：當代學者數十年來對於荀子思想的研究，以數量來說可說是多如牛毛，但是其論述的品質與價值就不得而知了。因此以當代新儒家諸儒等人的論述作爲回顧，一方面已經透過時間而篩選出了品質較好的部分，因爲只有經典才得以流傳下來並爲人所熟知；另一方面是著名思想家的影響力較大，以此回顧容易見得研究的趨勢。況且本文既爲重探，表示這一議題歷來受到學者關注，而每一代的論述都會對其前人的成果作回顧，一代一代延續下來，自有其脈絡，不必每每探溯源頭，並親自在歷來多如沙仔的著述長河中淘金，那沒有效率也沒有意義。

第二，對於荀子有較多關注或專著的論述：荀子思想尤其是性惡論在中國思想史上可說是相當重要的課題，無論判爲正宗或歧出、讚揚或批判，在談中國思想時都不能避免要提到荀子，因此幾乎每一本關於中國思想史、中國哲學史的著作，都會談到荀子的性惡論。但是那都只是書中的一小部分，也並非該作者特別有意識地去關注荀子的人性論，只是在論述中所必要；如此難免不夠詳實，也多成片段。因而，我選擇荀子研究的專著爲回顧的對象，一方面表示該作者對於荀子有特別的關注，較能顯示出觀點所在；另一方面亦較能顯現出系統的思考及看出其推論的過程。

〔註 9〕 參見王楷：《天然與修爲——荀子道德哲學的精神》（北京：北京大學，2011年），頁 59。

第三，近期對荀子的研究與論述：對於近十年左右的著作，由於論述流傳的時間尚短，還未經過時間的自然篩選，所以實有必要對其作一檢視。且近期研究可以看出近年來對於荀子性惡論研究的論述方向，尤其是近一兩年的著作更是有必要作探析；如果最新的相關研究都未觸及我所要重探的關鍵，那麼這樣的重探也才有意義。

必須進一步說明的是，重探荀子性惡論的核心意義在於問題意識的顯現，以時間序列的羅列與回顧，已有前人進行梳理〔註10〕，對於本文沒有必要也沒有意義。既然我在前扣問了一個問題：荀學思想和地位真的復興了嗎？而思想與地位的復興，關鍵在於學者對荀子思想的評價與定位提升與否；因此，不妨讓我們以對於荀子思想的評價與態度作為回顧的重點，以反應荀子性惡論的意義與價值在當代研究中的類型與趨勢，以明析荀子思想的當代價值。以下茲將關於荀子性惡論的相關研究歸納為三類以進行回顧與探析：

一、孟學本位的荀學研究

所謂的孟學本位就是以孟子性善論的角度來評價荀子性惡論的意義與價值，這類論述往往以孟子人性本善的內在根源性的自覺來批判荀子性惡論的偏差——無根源、無必然性。這正如路德斌所言：

> 自唐、宋以來，隨著思、孟一派被尊為儒家正宗而獨步儒林，思、孟對「性」的認識方式——一種形上學的認知方式也逐漸被認同為唯一而合理的解「性」路向，似乎只要涉及「性」一概念，就只能是而且自然是在「人之所以為人」的層面上立論。〔註11〕

這類的學者多屬於當代新儒家或傾心、承繼當代新儒家而來的論述。也正是因為這種孟學本位的立說，所以荀子思想多半在此受到非議。這樣的論述從宋明儒學復興以來，除了歷經清代短暫的一波荀學復興運動，到當代新儒家這裡對其性惡的批評並沒有太大的轉變，這樣的情形就如黃俊傑所說：「從西元第十世紀後隨著孟子地位的上昇，荀子就飽受宋明儒者之批判，逮乎二十

〔註10〕 參見江心力：《20世紀前期的荀子研究》（北京：中國社會科學出版社，2005年）、廖名春：〈20世紀後期大陸荀子文獻整理研究〉，《漢學研究集刊》第三期（2006年12月），頁79～152。

〔註11〕 路德斌：《荀子與儒家哲學》（濟南：齊魯書社，2010年），頁101。

世紀仍受當代新儒家學者之非議。」〔註12〕所以我認爲，荀學的思想與地位並未眞正復興，性惡論的汙名也尚未抹除，且這樣的論述影響時至今日，依舊餘波盪漾，並未消散，這點容後再論。

其實當代新儒家對於荀子並不算重視，近代在臺灣影響力較大的唐牟徐三人中，只有牟宗三著有《荀學大要》一書，相較於其他議題的著作，可說是輕薄精悍，且後與名家的論述合爲一籍，大概也因爲是不得不提及的課題而作之。牟宗三對於荀子的評價與地位大抵可從其一句話看出，他說：「荀子之廣度必轉而繫屬于孔孟之深度，斯可矣。否則弊亦不可言。」〔註13〕這就是我所謂孟學本位的論述。基本上牟宗三對於荀子的客觀性有所讚揚，認爲「荀子特順孔子外王之禮憲而發展，客觀精神彰著矣」〔註14〕，但隨即又言其「本原不足，則客觀精神即提不住而無根。禮義之統不能拉進來植根于性善，則流于『義外』，而『義外』非客觀精神也。」〔註15〕所以即便牟宗三看似對於荀子有所客觀的評價，但終究不脫以形上學的根源來探究與質問荀子性惡論的孟學思維。相較於宋儒對荀子性惡論的批判來說，牟宗三的進步在於對性惡論的理解：

> 尅就其本之所是而言之，亦無所謂惡，直自然而已矣。惟順之而無節，則惡亂生焉。是即荀子之所謂性惡也。然荀子能否認人所固有之惻隱之心，羞惡之心，辭讓之心，是非之心乎？此亦自然而有也。惟此自然不同于動物性之自然，乃孟子所謂良知良能也。荀子「不可學不可事而在人者謂之性」之定義亦可用于此。然則荀子何不由此而指點人性乎？〔註16〕

顯然他認爲荀子的性惡論並非人性本惡，而只是順性而無節會導致惡，但同時牟氏亦以孟子的四端來詰問荀子如何能否認人內在的善，終究回到了孟學本位的思考象限之內。

唐君毅與徐復觀雖無專書專論荀子，但其影響力廣泛而深邃，實不能忽視之。唐君毅同樣認爲荀子性惡論並不那麼單純可以人性本惡而言，並以回

〔註12〕 黃俊傑：〈序〉，載於東方朔：《合理性之尋求：荀子思想研究論集》（臺北：臺大出版中心，2011年），頁 i。
〔註13〕 牟宗三：《名家與荀子》（臺北：學生書局，2006年），頁215。
〔註14〕 牟宗三：《名家與荀子》，頁203。
〔註15〕 牟宗三：《名家與荀子》，頁203。
〔註16〕 牟宗三：《名家與荀子》，頁223～224。

到時代脈絡的口吻說道:「荀子之性惡論,不能離其道德文化上之理想主義而了解。今若只視荀子爲自客觀經驗中見種種人性惡之事實,乃歸納出此性惡之結論,或先有見於天性之惡,然後提倡人僞以化性,皆一間未達之言,而尚未深契於荀子言性惡之旨者也。」〔註17〕但是同樣的,他依舊回到了善的形上根源問題來觀探荀子的性惡論:「人之欲爲善,正孟子所持之以言性善者。如由人之能欲義甚於生,即孟子之所以證性善也。今荀子乃謂人欲善,即反證人初之無善。然此無善是否即爲惡,則大有問題。」〔註18〕這無疑是認爲荀子性惡的理論中,應該也存有孟子所謂的善端,荀子如此言性惡,實是一種錯誤。同時,唐君毅也極力爲程朱與荀子之間劃清界線,他說:「程朱之論,蓋亦正每爲人之由荀子之論,再轉進一步,以重引入孟子性善之論,所宜經之一論也。學者若因此而疑程朱之爲荀學,則大誖矣。」〔註19〕可見他終究對於荀子性惡論帶著批判的態度,而不願宋明儒所講孟學體系被誤解爲荀子一系,曲解了他所認爲的孟學價值與意義。

徐復觀對於荀子性惡論的認識,則是點出了他的經驗性格,認爲荀子之所以言性惡,是因爲其立足於感官的經驗範圍之內而論性。〔註20〕儘管徐氏有這樣的理解,但是他依舊是要回到善的內在根源之形上學問題來看荀子的性惡論,他說:「人性論的成立,本來即含有點形上的意義。但荀子思想的性格,完全不承認形上的意義,於是他實際不在形上的地方肯定性,所以把性與情的不同部位也扯平了。」〔註21〕藉此我們可以了解到,徐復觀雖然理解荀子性惡論的出發點,但顯然他並不認同,同時亦認爲荀子誤解了孟子的性善,根本不了解性善的內涵與意義,而有了以下的推斷:

> 我根本懷疑荀子不曾看到後來所流行的《孟子》一書,而只是在稷下時,從以陰陽家爲主的稷下先生們的口中,聽到有關孟子的傳說……則荀子之對於孟子,只是得之於傳聞,而未嘗親見其書,那是非常可能的。〔註22〕

〔註17〕唐君毅:《中國哲學原論・原性篇》(臺北:學生書局,2006年),頁67。
〔註18〕唐君毅:《中國哲學原論・原性篇》,頁69。
〔註19〕唐君毅:《中國哲學原論・原性篇》,頁76。
〔註20〕參見徐復觀:《中國人性論史──先秦篇》(臺北:商務印書館,2007年),頁224。
〔註21〕徐復觀:《中國人性論史──先秦篇》,頁233。
〔註22〕徐復觀:《中國人性論史──先秦篇》,頁237~238。

對於這樣的論述，龍宇純則感到不以爲然。〔註 23〕我以爲，其實這正顯示出徐復觀一種有意無意間終究透露了孟學本位的思想，總是要爲孟子辯護，以保存其心目中的純淨價值。至此我們可以體會到，當代新儒家的論述間有著強烈的孟學本位思維。

而唐牟徐的弟子中對於荀子思想較爲關注是何淑靜，她的《孟荀道德實踐理論之研究》、〈論荀子對「性善說」的看法〉等一系列論著，細膩分析了荀子心與性的內涵，並清楚梳理了荀子性惡論的義涵〔註 24〕；蔡仁厚在《孔孟荀哲學》中則點出了荀子論性的特色在於「以欲爲性」〔註 25〕，但亦以孟學本位的角度批判了性惡論的弱點；唐端正在《先秦諸子論叢》、《先秦諸子論叢・續編》也有多篇文章討論到荀子的人性論，他提出在荀子的論述中，自然情欲本身不是惡的，因爲假使欲是惡的，荀子所謂禮以養欲的論述就很荒謬了，因此他批駁了以欲爲惡的說法。〔註 26〕這些著作都可說是思維細膩、層次分明的後出轉精之作，其他當代新儒家第二代、第三代的著作也是如沙中金般有著高度的可讀性。然而就如我所言，一方面我們沒有必要親自入學術長河中漫漫淘金，另一方面這些著作儘管愈現精細，但大抵是就孟學本位的思維上來說，此處便不再一一細述之。

在唐牟徐外，勞思光可說是當代相當有地位與影響力的思想家，他雖然沒有對於荀子的專著，但其《新編中國哲學史》中關於荀子思想的一個章節之論述，就具有廣袤的影響力，決不容小覷。相較於當代新儒家對荀子性惡論於理論內部不著痕跡地批判，勞思光反倒以極爲尖銳的話語來評價荀子。他在書中開章明義即言：「就荀子之學未能順孟子之路以擴大重德哲學而言，是爲儒學之歧途。……荀子倡性惡而言師法，盤旋衝突，終墮入權威主義，遂生法家，大悖儒學之義。」〔註 27〕這樣的批判實有宋明儒以強烈語言評述荀子的影子，但勞思光終究是當代具有哲學素養的哲學家，其對於荀子性惡

〔註 23〕龍宇純：《荀子論集》（臺北：學生書局，1987 年），頁 74。
〔註 24〕參見何淑靜：《孟荀道德實踐理論之研究》（臺北：文津出版社，1988 年）、何淑靜：〈論荀子對「性善說」的看法〉，收入李明輝等編：《理解、詮釋與儒家傳統：個案篇》（臺北：中研院文哲所，2008 年），頁 9～38。
〔註 25〕參見蔡仁厚：《孔孟荀哲學》（臺北：學生書局，1988 年），頁 390。
〔註 26〕唐端正：《先秦諸子論叢》（臺北：東大圖書公司，1981 年），頁 184～185。並參見唐端正：《先秦諸子論叢・續編》（臺北：東大圖書公司，2009 年），頁 161～207。
〔註 27〕勞思光：《新編中國哲學史（一）》（臺北：三民書局，2005 年），頁 316。

的內涵剖析，當然是遠遠超出宋明儒所能及，他依舊以孟學本位的內在心性論來檢視性惡的內涵：

> 荀子承認常人（塗之人）皆有一種「質」與「具」，能知仁義法正，能行仁義法正。則此種質具屬性乎？不屬性乎？惡乎？善乎？何自而生乎？若此種質具非心靈所本有之能力，則將不能說明其何自來；若此種質具是心靈本有，則此固人之「性」矣，又何以維持「性惡」之教？〔註28〕

這亦是從孟子善端的思想角度來詰問荀子性惡論是否成立與其意義的論述。這也是為何勞思光對荀子哲學的價值作出「於主體殊無所見，故其精神落在客觀秩序上」〔註29〕的評價；他以孟學的內在價值根源的形上問題來檢視荀子經驗論下的人性論，故而碰撞出衝突的火花。

　　以上茲是對唐君毅、牟宗三、徐復觀、勞思光等人對於荀子性惡論評述的一個回顧，也就是所謂孟學本位的荀學研究。基本上我們可以看到，這類的荀學研究，多半不是對於荀子的思想有興趣，而只是因為這是個思想史上不可不處理的一個問題，故必須提出來談，或是作為以荀捧孟的論述策略，在這樣的論述下，荀子性惡論當然不會得到關愛的眼光。他們多以客觀性來說荀子的價值，但也僅止於此，對於性惡論本身是不認同的。他們認為這是不明孟子言四端的用心與其價值，是一種沒有必然性且無根的論述，因而必須要以孟學來疏導荀學，方能將荀學那唯一的價值碎片——客觀性彰顯出來。

二、「客觀化」的荀學研究

　　在當代新儒家以孟學本位脈絡下的荀學研究以外，有一股欲以「客觀」角度來論述荀子學說的潮流在竄流著，但這樣的思潮並不那麼洶湧，其實也沒那麼「客觀」。這類的荀子研究，多半有著荀子的專著或專論，而不只是思想史論中的一個脈絡而已。這意味著這派學者對於荀子有著主動探索的興趣，那麼這就可以清楚看到論者所關注的角度及其論述的脈絡。他們多半看到了荀學的價值，並企圖以「客觀」角度來探索荀學，然而孟學思維的幽魂並沒有就此消散，始終潛伏在這批學者的論述脈絡之中。應該說這類型的研究者終究是浸淫在當代新儒家的思潮中茁壯，能夠意識到荀學的價值與意義

〔註28〕勞思光：《新編中國哲學史（一）》，頁321。
〔註29〕勞思光：《新編中國哲學史（一）》，頁317。

已屬思想上的進步；其在字裡行間難免會帶著孟學本位的形上學思維來批判，這或許難免，但這可說是荀學研究導向正常化的一個過渡。更明確的說，這類的荀學研究，具有潛在的孟學本位，但這種本位思想是鑲嵌在看似客觀與公允的論述當中，只是論述者多半沒有那麼重的道統心態罷了。

　　這類型研究代表人物之一是韋政通。他著有《荀子與古代哲學》，是其在思想史之外別著一書，可見其用心。〔註30〕他在書中即為荀子思想遭到埋沒感到惋惜，他說：

> 在隋唐以前，周孔並稱，孔子的初衷在隱約中似乎尚未全泯沒；唐宋以後，轉以孔孟並尊，孟子被尊為亞聖，儼然成為儒家學術唯一正統的繼承者。以後，宋明理學，大體趨向孟子一路……幾乎沒有人再自覺到孔子創造人文思想的初衷，這實是中國文化發展中的極大不幸。〔註31〕

這樣的論述的確是相當客觀且同情地理解荀子在孟學的壓抑下所遭受的窘境。同時他也確實了解，以孟學本位的思維壓抑荀子學說，才會造成今天這樣的遺憾：

> 荀子不入主流，不為正統，並不表示其哲學思想無價值；而是向來哲人在孟子思路的拘囿下，無人能了解其價值，無人能察覺其系統乃代表孟子思路以外另闢的一個新方向；反而在兩千多年以後，中國文化百弊叢生要求新出路的今日，給我們帶來很大的啟示。〔註32〕

但我們也不能看了這樣的文字就見獵心喜，以為韋氏真能同情荀子性惡論的學說。雖然他認識到荀子性惡論的脈絡是以禮義為出發點〔註33〕，但他終究不認同性惡論這樣的思想。韋政通所說的荀學的價值在於客觀性的意義，他所說的價值並不包括性惡論這個部分，因為他終究把韓非的思想錯誤歸咎於荀子：

> 韓非不明性惡論代表真師說的弊病，反肯定此病，於是任術而嚴法，遂致肆無忌憚，終於促成秦之大統一，使天下不堪，此雖非荀子有

〔註30〕　韋政通在《荀子與古代哲學》（臺北：商務印書館，1992 年），頁 285 即說明了他從開始閱讀荀子到書籍的寫成，首尾共花了七年的時間，其中又有三個暑假、兩個寒假集中全力在研究荀子之上，可見得其對於荀子的興趣與用心。

〔註31〕　韋政通：《荀子與古代哲學》，頁 4。

〔註32〕　韋政通：《荀子與古代哲學》，頁 49。

〔註33〕　參見韋政通：《荀子與古代哲學》，頁 72。

意啓之，但荀子不能善解孔孟而立其本，實亦不能諉其過。〔註34〕
在此我們暫且不論韓非思想是否如韋政通所預設的具有負面價值，也不討論
韓非與荀子的師生關係及思想的相關性；總之，我們看到了他認爲荀子的性
惡說是「弊病」，這就抹煞了性惡論的價值。但相較於孟學本位的論述，韋政
通以間接的方式而不是在思想內部去攻訐，可說是一種具有潛在孟學立場的
「客觀」荀學論述。

陳大齊的《荀子學說》亦屬於這樣的著述。他也是看似十分客觀地闡述
荀學的價值：「實則荀子學說的價值不僅存於崇尚禮義，他如關於自然，關於
心理，關於論辨思維，均有其精闢獨到的見解，雖以現代的眼光來衡量，亦
是值得珍視的。」〔註35〕但我們必須注意的是，他所說的荀學價值是什麼？
是崇尚禮義、是關於自然的論述、是關於心理的論述、是論辯的思維，這並
不包含人性論在內。所以儘管陳大齊了解到「化性起僞」的「僞」具有內在
性意義，是人之所以爲人的關鍵〔註36〕，但是他仍然不認同性惡論的意義，
相對於他在關於孟子的著述中對孟子的溢美之詞，這就可以看出其差異所
在。或許陳大齊確實客觀地論述了荀子的性惡論，他對於性惡論的價值作出
了這樣的結論：「荀子的說法足以消除人的自滿自畫，足以勉勵人作進一步的
修養，故自其對於修養的影響來看，不能不承認其別有功用。」〔註37〕但這
卻只是將荀子的性惡論當作一種修身上的警惕，只將其作爲一種工具性的價
值，終究不願意承認人性是如荀子所言那般。

張亨也試圖以「客觀」思維去檢視荀子的思想，他在〈荀子對人的認知
及其問題〉中說道：「通常習知的『性善』和『性惡』之說，也不是在同一層
面上相反的理論。他們只是選擇了不同的進路，各以其睿智去反省，把握人
生的問題。歧見只造成了問題的偏重，並未產生基本的矛盾。」〔註38〕就這
樣的對比而言，的確是相當公允的，然而他又繼續說道：「從儒家思想傳統的
主流來看，孟子無疑佔有較重要的地位；同時在人的本質的洞察上，他也觸
及到最莊嚴的一面，演而爲儒家思想的核心；而荀子則以其所獨具的思想特

〔註34〕韋政通：《荀子與古代哲學》，頁 220。
〔註35〕陳大齊：《荀子學說》（臺北：中國文化大學出版部，1989 年），頁 3～4。
〔註36〕參陳大齊：《荀子學說》，頁 66。
〔註37〕陳大齊：《荀子學說》，頁 55。
〔註38〕張亨：〈荀子對人的認知及其問題〉，《文史哲學報》第 22 期（1971 年 6 月），
　　　　頁 175。

色，使他成爲孟子以後最有原創力的思想家。」〔註 39〕這是不是意味著還是孟子能夠真正洞察人性的本質、了解人最莊嚴的內在價值呢？是不是也訴說著，儘管荀子的性惡論有其價值，但終究不及孟子，是在孟子之後呢？我以爲字裡行間是有這樣的思維潛藏其中的。這點，可從其他文字中看出端倪：「荀子本企圖把人從迷信的枷鎖和形上的幻境中解放出來，將自然帶入人理智的控制之下。可惜的是他的功利的觀點束縛了理智的馳騁。」〔註 40〕張亨也說「『性惡說』的意義便遭受到相當大的局限，對人生缺少強烈的衝擊力，結果只能消極地促人重視社會禮法的建立，不足以解決重大的人生問題。」〔註 41〕這就可以看出張氏對於性惡論還是有所保留與批判，由此可以了解爲何其文字中仍然潛藏著孟學本位的蹤跡了。

　　這類型的研究可說也相當多，唐牟徐之後有意識跳脫道統束縛，企圖以現代學術的客觀進路去探究荀學者皆是以這樣的方式進行論述。同樣的，一味地羅列對於本文並沒有幫助與意義，因爲它們都有共同的特色與論述模式——企圖以客觀超然的角度檢視荀子哲學。但細究其內容，卻總是讓人感到仍然受到孟學思維的制約，不自主地會以形上學的思維去思索與評價荀子，同時也以此非議荀子性惡論之不足與價值上的錯誤。至於對荀子性惡論的理解，也沒有太大的突破，觀點也都大同小異，實不足以再逐一回眸。簡單來說，這類型的荀子研究與孟學本位的荀學研究，最大的差異只在於道統意識的強弱及孟學本位思維的顯與隱，以及論述視角上的客觀化；如果針對荀子性惡論價值的認識上而論，其實並沒有太大的躍進，因爲荀子性惡論在學者眼裡始終沒有可卓然獨立於孟學之外的價值。

三、新荀學的建立

　　荀子研究在當代，經過漫漫長夜，始終是從以孟攝荀的態度去關注荀子的議題，無論自覺地、不自覺地，都顯現不出荀子學說系統的價值所在。尤其是在性惡論的評議上，更可說是原地踏步近二十年。這其中最重要的原因並不在於諸家對於荀子的性惡論沒有足夠的認識，這正如佐藤將之所說的，

〔註39〕　張亨：〈荀子對人的認知及其問題〉，頁 175。
〔註40〕　張亨：〈荀子對人的認知及其問題〉，頁 180。
〔註41〕　張亨：〈荀子對人的認知及其問題〉，頁 186。

過去二十年以「性惡論」來貶低荀子價值的論述已大幅減少。〔註 42〕我以爲關鍵的問題在於，學者們始終沒有賦予荀子性惡論獨立的價值，也就是可以與孟子性善說卓然並立的價值意義。也就是說，論者一直沒有擺脫以形上學的內在價值論「性」的幽魂，也始終以孟子那種四端之心的思維方式思考荀子的性惡論，使得荀學不是要以孟學疏導之以顯價值，就是要與孟學互補以彌補荀子主體自覺學說的不足。然而，在這波帶有潛孟學思維的荀子研究之外，終究有學者能夠打破這樣的偏執，顯現出荀子性惡論的獨立價值。我認爲這與傳統荀學研究相較，可說有根本的差異，是荀學研究的一個里程碑，故稱之爲「新荀學」。以下茲就幾個層次來回顧這類覺醒的荀學研究。

（一）新荀學的曙光：龍宇純對荀子性惡論的內在價值詮釋

在荀學被壓抑與誤解的漫漫長夜裡，我以爲龍宇純可說是一道曙光。這道光可從其《荀子論集》中的一段話說起：

> 荀子整體之思想，亦都不出發揚孔子儒學之意。性惡的主張，禮的宇宙本體的觀念，似乎總該是荀子的創意，爲孔子所不嘗言，然亦無一不是欲爲儒學彌縫，無一不是欲爲儒學張皇……可見荀子之言性言天，正是要於夫子不可接聞處竭其心志，一點沒有標新立異的念頭。是故人言荀卿大醇小疵，我謂荀孟同乎其醇。〔註 43〕

這段話整體彰顯了荀子的獨立價值，這可以從二個方面來說：第一，龍宇純平反了荀子作爲儒家的歧出，說明了荀子在孔子之後開展了儒學的不足之處，這與勞思光的說法可說是大相逕庭，也給荀子一個公允的評價；第二，他明言孟荀同醇，徹徹底底打破了荀子大醇小疵的說法。或許有其他學者在更早就提出了反駁，但我以爲，以一個作爲有一定影響力的學者及對於荀子思想有體系的專門論著者中，龍宇純當是值得特別大書特書一番。他除了指出宋儒將「化性起僞」的「僞」誤解爲「僞裝」而對荀子產生反感的不當外〔註 44〕，他更明確指出荀子的性中是有內在價值的，龍宇純認爲：

> 只需性分內具有是非之心，羞惡和辭讓恭敬的價值標準便自然可以建立；所謂義內義外的問題，實在是可以無爭的。荀子在批評性善

〔註42〕〔日〕佐藤將之：〈荀子哲學研究之解構與建構：以中日學者之嘗試與「誠」概念之探討爲線索〉，《國立臺灣大學哲學評論》第 34 期（2007 年 10 月），頁 92。

〔註43〕龍宇純：《荀子論集》，頁 84～85。

〔註44〕參見龍宇純：《荀子論集》，頁 55。

說的時候，既始終不曾像針對禮義兩端一樣，試行把仁智兩端從人性中抹去，便是避重就輕，根本沒有擊中人要害。〔註45〕

又說：

> 塗人所具可以知仁義法正之質及可以能仁義法正之具，當爲天性所本然。用孟子的話說，此可以知之質及可以能之具，便是良知良能。
>
> 〔註46〕

也就是說龍宇純認爲荀子所謂的人性中有孟子所謂的「仁」和「智」兩端，而既然這兩端內在價值足以顯現，那麼禮義自然可以開展；如此也就不能說荀子的性中沒有良知良能了。這樣論說的意義，在於賦予了荀子性惡說背後的深層意義，而不從字面上批判之，並由此肯定荀子性惡論的價值。關於龍氏的說法恰當與否，我在之後的章節會再作討論，在此我只是要指出其論述使荀子性惡論有了獨立的價值與體系。更難能可貴的是，龍宇純還體認到，荀子的基礎思想在於隆禮而不在於性惡，這更是跳脫對於「性惡論」的執著，而看出荀子學說的整體價值。〔註47〕

（二）荀學的旭日的東昇：當代新荀學的建立與荀子學說的發展

荀子人性論的研究，在龍宇純現出這道曙光之後，最積極發揚荀子學說的就屬劉又銘了。劉又銘不僅僅對於荀子性惡論的詮釋與理解有所開創，並積極肯定其價值。除此之外，他更企圖開展出一個「當代新荀學」的願景，他說：「我們仍然可以超越宋明以來尊孟抑荀的價值判斷（或意識形態），重新給予荀學一個高度的正當性。更積極地說，我們可以開始建構一個具有積極意義的『當代新荀學』。」〔註48〕這是何等強烈的企圖心與難能可貴的覺醒，能夠在一個長期尊孟抑荀的學術環境中，大聲疾呼建立能夠與孟學對等而存，與當代新儒家持平而論的「當代新荀學」。

劉又銘對於荀子性惡論的詮釋，採取傅偉勳之創造的詮釋學爲進路，他認爲我們應該從「意謂」提升到「蘊謂」的層次來探尋荀子禮義的根源。〔註49〕透過「蘊謂」層次的探索，劉又銘指出荀子性惡論中的人也有良知，但這

〔註45〕龍宇純：《荀子論集》，頁 63。

〔註46〕龍宇純：《荀子論集》，頁 64。

〔註47〕參見龍宇純：《荀子論集》，頁 71。

〔註48〕劉又銘：〈當代新荀學的基本理念〉收入龐樸主編：《儒林・第四輯》（濟南：山東大學出版社，2008 年），頁 4。

〔註49〕劉又銘：〈從「蘊謂」論荀子哲學潛在的性善觀〉，《「孔學與二十一世紀」國際學術研討會論文集》（臺北：政治大學文學院，2001 年），頁 54。

種良知的型態是與孟子所謂的四端不同的。〔註 50〕對於荀子性中的這種良知，其亦有相當明確的詮釋與解說：

> 人心雖然無法直接開創、給出價值，但人心可以逐步發現、確認並實現價值。所以，人心當中存在著一個有限度的價值直覺（或道德直覺），並且依著這個價值直覺而有實現價值（或道德）的動力，如果把這部分也看作性（也就是更換荀子關於人性的定義），那麼人性就也有善，而這就會是孟子之外的另一種性善觀，可以稱為「弱性善觀」或「人性向善論」。〔註 51〕

劉又銘對於荀子性惡論的價值，除了明確道出內在善的價值外，更在於其敢於明白說出荀子的性惡論實為「弱性善觀」，這就又比龍宇純更進一步建立了一套明確而有系統的性惡論詮釋。除此之外，劉氏對於荀學的開展，不僅僅於荀子本身，更一路從董仲舒、裴頠、韓愈進而與明清自然氣本論者相聯繫，足見其所建立「當代新荀學」之決心與努力，對於當代荀子研究可說有相當大的貢獻。〔註 52〕

（三）微醺的日光：近期荀子研究及新荀學的發展

關於荀學的研究，在近年來有不少相當傑出且有見地的著述。首先值得一提的是香港著名學者馮耀明。他透過對《郭店楚簡》來考證荀子「化性起偽」中「偽」的意義，而得到了以下具有創見且相當新穎的結論：

> 我個人認為荀子所言「偽」之第一義與《郭店老子》的「慮」（或偽）類似，所指乃心慮之能動性。若細言之，此可包括「可以知仁義法正之質」和「可以能仁義法正之具」兩種知能。這都是人人所同具而本有者，換言之，亦即可包含在荀子所言「性」一概念的外延之中。〔註 53〕

也就是說馮耀明利用出土文獻中文字的比對，認為荀子所謂的「偽」具有內

〔註 50〕 參見劉又銘：〈從「蘊謂」論荀子哲學潛在的性善觀〉，頁 65。

〔註 51〕 劉又銘：〈當代新荀學的基本理念〉，頁 5。

〔註 52〕 參見劉又銘：〈儒家哲學的重建——當代新荀學的進路〉，收入汪文聖主編：《漢語哲學新視域》（臺北：學生書局，2011 年），頁 157～181。劉又銘：〈合中有分——荀子、董仲舒天人關係論新詮〉，《臺北大學中文學報》第 2 期（2007年 3 月），頁 27～50。劉又銘：〈荀子的哲學典範及其在後代的變遷轉移〉，《漢學研究集刊》第 3 期（2006 年 12 月），頁 33～54。

〔註 53〕 馮耀明：〈荀子人性論新詮：附〈榮辱〉篇 23 字衍之糾謬〉，《國立政治大學哲學學報》第 14 期（2005 年 7 月），頁 180。

在的自主性，且是內在於人性非徒爲外在的。如此一來就確立了荀子性惡論的內在價值，也確實肯定了荀子人性論的獨立價值意義。

　　大陸學者路德斌則深刻體認到唐宋以來學者們一直迷失在「以孟解荀」的思想誤區中卻不自覺〔註 54〕，他認爲對於荀子人性論的研究要針對荀子思維的特色著手，不能以孟子人性論的思維與方法來解釋荀子的性惡論，他說：

> 決不可將「性惡」之說當作荀子的形上學觀點直接拿來與孟子的性善說相提並論，因爲這是不相應的，而必須透過「性惡」，以揭顯和把握其潛隱於背後的眞正的形上學義蘊。〔註 55〕

這的確是對於荀子性惡論的思維體系及其有獨立價值的體認，才能夠有這樣的自覺與研究進路。路德斌透過深入分析荀子「性」、「僞」二字的內涵，認爲「在荀子的觀念架構裡，『性』概念所涵蓋的內容，對人來說，其實並不是『人性』之全，而只是其中一個層面。」〔註 56〕也就是說荀子的「性惡」說不能說就是「人惡」，因爲就荀子而言，「性」和「人」的觀念是不可以互換、替代的。〔註 57〕由此，他得出的結論在於：荀子的「性」與「僞」分別等同於孟子所謂的「命」與「性」，所以兩人在對人之所以爲人的關鍵點上，只有名稱上的差別而無內容上的不同。〔註 58〕這就是龍宇純所說的：「二人論性不同，並非於性字了解根本相異，不過是各人所著重之點有別而已。」〔註 59〕一重「僞」的實踐義，一重「性」的價值義。〔註 60〕

　　同樣是大陸學者王楷，則從德行倫理學爲進路來解釋荀子的性惡論。他藉由倫理學的方法而了解到，孟荀理論於基礎上的不同，他說：

> 在荀子這裡，作爲人之本質的道德在邏輯根源上並不具有孟子意義上的先驗性。申言之，在作者看來，孟子與荀子在人性論上的實質性的歧異不在於「性善」與「性惡」對立，而在於道德在邏輯根源

〔註 54〕參見路德斌：《荀子與儒家哲學》，自序頁 1。

〔註 55〕路德斌：《荀子與儒家哲學》，頁 103。

〔註 56〕路德斌：《荀子與儒家哲學》，頁 107。

〔註 57〕參見路德斌：《荀子與儒家哲學》，頁 115。

〔註 58〕參見路德斌：《荀子與儒家哲學》，頁 122。

〔註 59〕龍宇純：《荀子論集》，頁 57。

〔註 60〕關於孟荀哲學用語上的異同，戴君仁也曾提出「孟子所謂性，等于荀子所謂心」的說法，但其論點大抵在分判孟荀之間的差異，且僅在前言小序中提及，並未詳細論證，但亦可作爲論述上之參照。參見戴君仁：《梅園論學續集》（臺北：藝文印書館，1974 年），頁 302～310。

上的「義內」與「義外」的分別。〔註61〕

由此，王楷以亞里斯多德的「偶然所是的人性」（human-nature-as-it-happens-to-be）到「實現目的的而可能所是的人性（human-nature-as-it-could-be-if-realized-its-telos）的轉化來說明荀子性惡論的意義及化性起偽的思維與進路。除此之外，他也特別對荀子是否有潛在的性善論提出討論。他認為，就荀子所說「可以知仁義法正之質」、「可以能仁義法正之具」之「質具」屬於性，並且，由於它是道德所以可能的內在根據，我們是可以在此意義上說它是善的。〔註62〕就如他所言：「如果將性善的意義界定為主體自身具有道德所以可能的內在根據，那麼，我們可以明確地說荀子人性理論是一種性善論。」〔註63〕但是他也語帶保留地認為，這樣的根據或能力如何認定，似乎就還有再討論的空間了。

除了上述學者從理論內部重新檢視荀子性惡論的內涵並顯發其意義外，臺大哲學系教授佐藤將之及上海復旦大學哲學系教授林宏星（筆名東方朔）則是近年來積極檢討荀子研究，並長期關注荀子哲學的學者。佐藤對於當代荀子的研究相當重視，並希望利用近當代日本學者對荀子的研究，將臺灣荀子研究帶向一個新天地。〔註64〕他也特別關注臺灣學者中對於荀子人性論有所突破的論述，這點從他在〈荀子哲學研究之解構與建構：以中日學者之嘗試與「誠」概念之探討為線索〉中集中討論了劉又銘、王慶光、蔡錦昌三位學者的荀子研究成果，就可看出其關注的焦點及用心。〔註65〕東方朔則對於荀子思想多有深刻的分析，且能夠正面看待並凸顯性惡論的思想與價值。除此之外，亦對當代新儒家的荀子研究有所回顧與檢討，以開出荀子研究的新價值。〔註66〕

除了以上這些學者的「新荀學」論述外，我們亦可對於近幾年關於荀子人性論的學位論文稍作回顧，便能發現同樣有著解構荀子人性論的企圖，進而開

〔註61〕王楷：《天然與修為——荀子道德哲學的精神》，頁 57。

〔註62〕參見王楷：《天然與修為——荀子道德哲學的精神》，頁 86。

〔註63〕王楷：《天然與修為——荀子道德哲學的精神》，頁 89。

〔註64〕參見〔日〕佐藤將之：〈漢學與哲學之邂逅：明治時期日本學者之《荀子》研究〉，《漢學研究集刊》第三期（2005 年 12 月），頁 153～182。〔日〕佐藤將之：〈二十世紀日本學界荀子研究之回顧〉，收入黃俊傑編：《東亞儒學研究的回顧與展望》（臺北：臺大出版中心，2005 年）。

〔註65〕參見佐藤將之：〈荀子哲學研究之解構與建構：以中日學者之嘗試與「誠」概念之探討為線索〉，頁 87～128。

〔註66〕參見東方朔：《合理性之尋求：荀子思想研究論集》及林宏星：《荀子精讀》（上海：復旦大學出版社，2011 年）。

出荀子學說價值的研究趨勢。如蕭振聲的《荀子的人性向善論》〔註67〕、鍾曉形的《荀子的人性論與理想社會研究》〔註68〕、陳禮彰的《荀子人性論及其實踐研究》〔註69〕、鄭世強的《論荀子的心性關係及其價值根源》〔註70〕、戴志村的《荀子人性論新詮》〔註71〕、徐川惠的《論荀子「由智達德」之如何可能？》〔註72〕都是這類的研究。此外王靈康的博士論文《荀子哲學的反思：以人觀爲核心的探討》〔註73〕則是近年來水準頗高的荀子研究。他以「人觀」代替「人性論」，頗有欲化解荀子性惡論長久以來爭端的企圖，大抵也與路德斌同樣認爲荀子的「性」不能整全代表「人」的意義，內容可說相當細膩而深刻。儘管學位論文未必如學者專書般可作爲成熟的學術作品，但就其方法與思維而言，未嘗不可歸入「新荀學」研究的一路。

儘管近年來有這麼多優秀學者體認到荀子的獨立價值，而願意投入心神對荀子思想作研究；更難能可貴的是，能以開放的態度對以往最爲忌諱的性惡論作詮解，這是令人感到欣喜的。但對於荀學研究的美麗光景，有兩點值得我們省思的是：第一，即使荀子性惡論在新荀學研究中得到解放與開展，但是仍帶有潛孟學意識甚至是孟學本位的研究並沒有就此退位，這是荀學在通往另一個紀元上的絆腳石；也是我爲何不願以歷時性回顧性惡論研究的原因之一。〔註74〕

〔註67〕蕭振聲：《荀子的人性向善論》（臺北：臺灣大學哲學研究所碩士論文，2005年）。

〔註68〕鍾曉形：《荀子的人性論與理想社會研究》（臺北：東吳大學哲學系碩士論文，2007年）。

〔註69〕陳禮彰：《荀子人性論及其實踐研究》（臺北：國立臺灣師範大學國文學系博士論文，2008年）。

〔註70〕鄭世強：《論荀子的心性關係及其價值根源》（臺北：東吳大學哲學系碩士論文，2005年）。

〔註71〕戴志村：《荀子人性論新詮》（臺北：國立政治大學哲學研究所碩士論文，2005年）。

〔註72〕徐川惠：《論荀子「由智達德」之如何可能？》（臺北：南華大學哲學系碩士論文，2007年）。

〔註73〕王靈康：《荀子哲學的反思：以人觀爲核心的探討》（臺北：國立政治大學哲學系博士論文，2008年）。

〔註74〕這樣以孟學基礎主義思維詮解荀子性惡論的脈絡猶存於上述幾篇近十年來的學位論文中，更不用說像是二十年前左右柳熙星的《荀子哲學的秩序建構及其困境》那樣，直接以對於荀子理論之價值根源探究爲目標的寫作與批判模式。諸如此類的論文頗多，我在這邊就不一一做回顧，以免徒增篇幅而無益。參見柳熙星：《荀子禮論的價值根源研究》（臺中：東海大學哲學系碩士論文，1992年）、柳熙星：《荀子哲學的秩序性建構及其困境》（臺中：東海大學哲學系博士論文，1998年）。

第二，儘管劉又銘提出了建立「當代新荀學」的願景，但在這革命性的大纛下，並沒有一呼百應，學者們多半都依然將焦點置於荀子本身，未能積極建立一套荀學體系——如劉又銘企圖以明清氣學將荀學創建爲一波瀾壯闊的荀學史，更積極闡發荀學的現代性意義。荀子性惡論的價值不僅僅在荀子思想本身，我們更應該在歷史長河中尋找同質性的思想，並顯現出其現代性的光芒。更甚者，我們應該有勇氣建構出「荀學思想史」，就如同黃俊傑的《孟學思想史》的書寫一般，如此荀子的性惡論才能眞正取得合理的地位，也才能與孟學並立於儒學的兩端。

當然，眞正喊出建立「當代新荀學」的只有劉又銘一人，其他學者的研究儘管能夠稱之爲「新荀學」的研究成果，但終究與劉又銘自覺建立一套荀子體系不同。「新荀學」只是一種新的研究視野，正視荀子性惡論的價值；「當代新荀學」則是作爲一種信仰、一種信念，是能夠與「當代新儒家」並立的一個學派、一種思想。顯然，目前這些我認爲屬於「新荀學」的學者，並沒有自覺或意願，形成「當代新荀學」的社群。但無論如何，這批「新荀學」的研究成果，已向前邁進一大步，逐漸將荀子研究導向正常化，荀子性惡論也逐漸去污名化。荀子研究的未來卻是讓人微醺——如此不確定又充滿希望！

第二節　看見問題：重探荀子性惡論的動機與目的

一、問題在哪裡？

在對於當代關於荀子性惡論研究的回顧之中，我們可以看到，以當代新儒家爲主的孟學本位學者，對於性惡論的不友善，總認爲荀子此說是不識人性的價值與可貴，總要以孟子人性本善的「正統儒學」去批判之、疏導之。而隨著時代的發展與現代學術的成熟，帶著強烈孟學道統觀念的寫作形式者漸少；隨之而起的是一批企圖以客觀的學術觀點去解析與評價荀子的學者。他們以看似客觀與公允的態度來觀看、評議荀子，提出了荀子思想中有價值之處；但事實上，就荀子性惡論來說，這批學者始終沒有正面接受與肯定其價值。他們雖然大方承認荀子思想的價值，但多半將性惡論學說屏除在價值之外，而以性善論取而代之。之後，終於有學者能夠正視性惡論的價值，跳脫過往對於荀子性惡論的偏見，以各種進路探析性惡論的眞正涵義，並賦予獨立性的新價值，而不是必須以孟子性善論補充之、導正之的完整人性論體系，也就是我所說的「新荀學」。

　　這樣看來，荀子研究不斷在進化，應該已經逐漸導向正常化，荀子的性惡論也已經不再那樣受人所詬病，而爲當代學者所讚揚，荀子的地位應該也已經得到了應有的定位；那麼，荀子的性惡論還有何重探的理由與價值嗎？我以爲，即便當代學者對於荀子性惡論多有所同情與了解，能夠以各種進路與方法探析出荀子性惡論的價值所在，但是問題解決了嗎？我的意思是，我們眞的完全逃脫了孟子性善論幽魂的繾綣了嗎？從前文對於荀子性惡論相關研究的回顧，我們可以發現：無論是從「孟學本位」來談性惡論、從看似客觀的「潛孟學思維」來談性惡論、或是從體認到荀子獨立價值的「新荀學」來談性惡論，甚至是企圖建立「當代新荀學」者來談性惡論，都是從「善」、從「善端」、從「潛在的性善」、從「弱性善」來談荀子的「性惡論」，這不禁讓我戇矕思考這個怪現象。

二、一貫以「善」爲參照談「性惡論」的怪現象

　　以「善」談「惡」的現象，可說是貫穿整個當代荀學研究的核心問題，也可以說荀子研究者談性惡論的方法與進路千變化萬，但似乎萬變不離其宗，以「善」爲核心的中心思維堅若磐石屹立在荀子性惡論的相關研究與評議之上。必須要說明的是，我所謂的「以善爲參照談性惡論」的「善」，不是指外在顯現出來的善行、不是指使我們的社會和諧美好的善，而是一種內在於人心的「善」；也就是不斷去追問荀子人性論有沒有內在的「善」，有沒有內在行善的根據，以及人類爲善的內在可能性，這才是問題的癥結點所在。我想世上絕大部分的思想都是爲了使我們的世界更美好而發，哲學思考也多是以讓世界呈現善以建構美好的生活爲目標，這點我是絕對不會否認的。但我所要質問的是：即使針對一個信仰人性爲惡的思想——譬如基督宗教的原罪思想，一樣可以談如何使世界爲善哪！爲何沒有學者能夠跳脫從內在的善與可能來思考荀子的性惡論呢？在當代討論荀子性惡論的學者中，對於以「內在善」爲思考核心的進路又可分爲以下兩類：

（一）質問荀子人性論中沒有內在善的可能性

　　大部分的當代新儒家與孟學本位學者在論述荀子性惡論的時，多半會以孟子人性本善的思考來批判荀子的人性論；但令人感到驚訝的是，在他們的論述之中，卻似乎都在不知不覺中，透露了荀子的人性論中具有內在價值——

一也就是「善」的結論。這正是欲將孟子性善論的思維導入荀子性惡論的結果。當代新儒家的唐君毅如是：

> 人之欲為善，正孟子所持之以言性善者。如由人之能欲義甚於生，即孟子之所以證性善也。今荀子乃謂人欲善，即反證人初之無善。然此無善是否即為惡，則大有問題。〔註75〕

牟宗三如是：

> 荀子能否認人所固有之惻隱之心，羞惡之心，辭讓之心，是非之心乎？此亦自然而有也。惟此自然不同于動物性之自然，乃孟子所謂良知良能也。荀子「不可學不可事而在人者謂之性」之定義亦可用于此。然則荀子何不由此而指點人性乎？〔註76〕

徐復觀如是：

> 他把「知」與「愛」，作必然的連結，則是人心之有知，即等於人心之有愛；因而從這一點也可以主張人之性善。因此，他的性惡說，實含有內部的矛盾。〔註77〕

連言語最為激進的勞思光亦如是：

> 荀子承認常人（塗之人）皆有一種「質」與「具」，能知仁義法正，能行仁義法正。則此種質具屬性乎？不屬性乎？惡乎？善乎？何自而生乎？若此種質具非心靈所本有之能力，則將不能說明其何自來；若此種質具是心靈本有，則此固人之「性」矣，又何以維持「性惡」之教？〔註78〕

這正如王楷所說的：「勞思光從對荀子性惡論的詰難出發，卻得出了對荀子『肯定性』的結論，認為荀子終歸持一種隱含的性善論。」〔註79〕當然不止勞思光如此，唐君毅以「人之欲為善」推出為善的內在動力、牟宗三以「不可學、不可事而在人者謂之性」言四端、徐復觀以人有「知」與「愛」就是內在的善，都無疑隱隱訴說著荀子有著「隱含的性善論」。

陳大齊雖然沒有明確說荀子具有潛在的善，但他亦言：「荀子祇主張性本

〔註75〕唐君毅：《中國哲學原論・原性篇》，頁69。

〔註76〕牟宗三：《名家與荀子》，頁223～224。

〔註77〕徐復觀：《中國人性論史——先秦篇》，頁255～256。

〔註78〕勞思光：《新編中國哲學史（一）》，頁321。

〔註79〕王楷：《天然與修為——荀子道德哲學的精神》，頁84。

趨向於惡，並不否認其有改趨於善的可能。」〔註80〕這也就顯現出其不願相信荀子的性中沒有善的可能。反倒是其他企圖以「客觀」角度評述荀子性惡論的學者，多半較不顯現出這樣的潛在「性善論思維」，而是以批判的方式來質問荀子內在無善說法之不足。如張亨即以荀子人性論沒有內在根源的善、沒有爲善必然性來批判荀子「缺乏先天理性之超越思想，唯訴諸於經驗層面無必然保證之聖王君師禮義法度，『道』無絕對性，則由以引生之理論亦必減低其效果，這實在是荀子思想中的一大問題。」〔註81〕在這個問題上，韋政通同樣也針對荀子不從內在價值根源的善來談人性論，造成一個外在於主體的客觀系統之不足進行批判。〔註82〕

（二）強調荀子人性論中具有內在善的根源性

在「新荀學」中對荀子性惡論的研究，雖然並不再以性惡論不具有內在價值與爲善的必然性來質問荀子的學說；相反的，他們大多對這類的說法提出反駁，在力挽狂瀾之下，以各種進路去論證荀子的性惡論體系中，人是有內在價值根源、人是有善根植於心中的，並由此理直氣壯地闡揚荀子性惡論的價值。如龍宇純即說：「荀子的『可以知之質』與孟子的『良知』或『是非之心』，便看不出有任何的不同了。」〔註83〕如此一來，荀子的價值便和孟子一般，是有良知的人性論，故荀孟的學說「同乎其醇」。〔註84〕路德斌則認爲孟荀對於人內在善的價值只是用詞上的不同，前者言「性」、後者言「僞」而已，故其言：「我們切不可把『僞』僅僅理解成爲一個單純的工具性的行爲或過程，實質上，從本原處說，『僞』同時也是一種能力，一種根植於人自身且以『義』、『辨』爲基礎並趨向於『善』的能力。」〔註85〕這就等於是說人內在有禮義與是非之心的意思，與孟子的人性論沒有根本上的差別。王慶光也說：「荀子道德意識決不亞於孟子。孟子側重於勉人建立自我意識，以取得主體性地位，荀子則側重於經過對自身具體欲望的時時自覺警醒，『經過思慮而發揮人的能動作用』，皆有助於啓發人們自覺地發展和改造主體能動性。」〔註

〔註80〕陳大齊：《荀子學說》，頁66。

〔註81〕張亨：〈荀子對人的認知及其問題〉，頁193。

〔註82〕參見韋政通：《荀子與古代哲學》，頁67～72。

〔註83〕龍宇純：《荀子論集》，頁64。

〔註84〕龍宇純：《荀子論集》，頁85。

〔註85〕路德斌：《荀子與儒家哲學》，頁120。

〔註86〕王慶光：〈荀子「化性起僞」淵源於孔子之研究〉，「荀子研究的回顧與開創系列研討會：中日荀子研究的評述」宣讀論文（2006年11月6日），頁14。

86〕這也就與孟子人性論一樣是一種強調自覺的人性論了。劉又銘更是直接提出荀子是「弱性善觀」，他說：

> 禮義並非與欲望、情感的內在動向一無關聯的外來的宰制者；禮義其實蘊藏在欲望與情感的內在結構當中，其實就是當欲望、情感與客觀情境或欲望、情感相互之間有了交會和衝突時，欲望與情感當中所潛在著的恰當的節度與分寸的代表。也就是說，禮義不外是欲望、情感自身所蘊含著的一個內在秩序的顯現。〔註87〕

其意思是，荀子所謂的禮義，是來自人內心的情感與欲望的自我節制下所產生的一種秩序與表現，因此禮義不是外在而無根的他律制度。至於王楷雖然對於荀子是否具有內在的善帶有保留的態度，他說：

> 在荀子哲學中，行為主體自身具有道德所以可能的內在根據。此大本既立，我們倒不必過分在「性善論」「性惡論」等表面表述的細枝末節上做過多的糾纏，以避免問題的人為複雜化。〔註88〕

又說：

> 如果將性善的意義界定為主體自身具有道德所以可能的內在根據，那麼，我們可以明確地說荀子人性理論是一種性善論，甚至不必使用「隱含的性善論」或「弱性善論」這樣「不著兩邊」的字眼。〔註89〕

表面上他不願意直接觸碰定義荀子人性論是性善還是性惡的問題，但既已承認人「具有道德所以可能的內在根據」，也就等同認可了荀子具有內在善的意思。

　　另外近年來的幾篇碩博士論文，也都受到以「善」談荀子性惡論思潮的影響，如蕭振聲明言荀子的人性論為「人性向善論」〔註90〕，王靈康更是從《荀子‧性惡》中根本未觸及孟子性善論為基礎，進而論述荀子的「性」不等於「人性」，並論證出荀子性中具有善的根源。〔註91〕由此可見，強調荀子性中的善大抵已成為近年荀子性惡論研究的趨勢。〔註92〕

〔註87〕劉又銘：〈從「蘊謂」論荀子哲學潛在的性善觀〉，頁57。
〔註88〕王楷：《天然與修為──荀子道德哲學的精神》，頁89。
〔註89〕王楷：《天然與修為──荀子道德哲學的精神》，頁89。
〔註90〕參見蕭振聲：《荀子的人性向善論》一文。
〔註91〕參見王靈康：《荀子哲學的反思：以人觀為核心的探討》，頁35～44、45～76。
〔註92〕劉振維在〈荀子「性惡」說芻議〉，《東華人文學報》第6期（2004年7月），頁58中列出了兩岸二十世紀以來有16人、17本著作認為荀子是「人性本惡」，但我以為不然。像是其中提到的陳大齊、徐復觀、勞思光等人，我已在前文

三、性善的誘惑

如此看來，在當代荀學的研究上，對於荀子性惡論的解釋，反倒說荀子是「潛在性善論」或「弱性善觀」成了詮釋的主流，只是或隱或顯，單刀直入或暗渡陳倉罷了。當然，帶著孟學本位意識的學者，以孟子性善論的觀點來解釋荀子性惡論這點並不令人意外，只是他們在字裡行間無意中透露出荀子應該是具有一種「弱性善觀」的論述，是頗值得玩味的。至於「新荀學」的學者，我以爲他們都是對於宋明儒以來對荀子性惡論的貶抑與不當的詮釋感到疑惑與不安，因而深入分析與探究荀子的人性論，而得到了荀子的性惡論具有「弱性善」的性格。也就是說我相信這是對前一時期荀學研究反思下的成果，絕非爲了標新立異而說荀子性惡論其實是「潛在的性善論」；而是這些學者苦心探究出的性惡論「眞相」。但是我不禁要深深探問：爲什麼我們始終不能不從「善」的內在根源與價值追求爲角度來看荀子的性惡論？難道不談內在的「善」，荀子哲學就沒有價值了嗎？難道眞如路德斌所說，我們一直受到宋明以來人性論的制約，總是以形上學爲唯一探索「性」的路向？〔註93〕

佐藤將之的一段話倒是說明了這樣的學術生態：

> 過去五十年中，懷疑傳統荀子思想的「主要特色」學者不斷地出現，而他們採取的途徑通常可歸納爲以下四種：（1）在荀子思想中找出新的正面意義，如「科學思想」、「邏輯思想」等「近代」科學的因素；（2）強調其主張的眞正内涵與孟子或儒家「主流」的觀點並不衝突；（3）以歷史背景上的必然（編戶齊民之大一統國家出現的歷史脈絡），或與孔孟所面對的背景不同來辯護荀子主張「性惡」的理由；以及（4）「性惡論」和「天人之分」並不是荀子思想之重點。
> 〔註94〕

由此我們可以看出，就第一、三、四種途徑而言，都是在避免觸碰到性惡論

中論述他們也都透露出荀子具有「潛性善」的論點。又如胡適雖然說過：「因爲人性本惡，故必須有禮義法度。」但他隨即在後文表示：「荀子雖說性惡，其實是說性可善可惡。」（參見胡適：《中國哲學史大綱》（臺北：商務印書館，2008 年），頁 342～343。）所以嚴格來說，我以爲劉氏的說法是不成立的，當代荀子研究仍是以說荀子的人性論中可能具有善端爲趨勢。

〔註93〕 參見路德斌：《荀子與儒家哲學》，頁 101。

〔註94〕 佐藤將之：〈荀子哲學研究之解構與建構：以中日學者之嘗試與「誠」概念之探討爲線索〉，頁 92。

的核心意義，或是專注於荀子人性論以外的思想、或是將性惡論的產生歸諸時代背景，但同時背後也就潛藏著一個預設：性惡論是不正確的、或是將將性惡論拉到第二線，認爲那不是荀子須要被眞正關注的重點。而第二點則點出了大部分學者所採取的路徑，因此談到最後我們會不禁覺得：說性善的孟子與談性惡的荀子，爲何會相似到幾乎沒有太大的差別，或只是用詞上的差異呢？然而這樣的情形也越來越成爲研究荀子性惡論的趨勢。大概只有少數如劉又銘一般，即使談荀子的「弱性善觀」，卻明確表示這樣的性善與孟子的性善不同；強調荀子也有「良知」，但與孟子的良知不同，因而有意識到建立「當代新荀學」以別於孟學的思想性格。我以爲這樣的「別異」是有意義的，否則在闡發荀子的價值之後，卻不禁讓人有種爲什麼儒學史上又多了一個「孟子」的錯覺。

　　我相當同意佐藤將之對於荀子性惡論研究所作的一段反省，他說：

> 我們並不需要將此思想特色拉到「性善」或「有合」這論點。也就
> 是說，我們並不需要主張荀子的「性論」因爲不與孟子的「性論」
> 衝突所以有價值……這樣的討論方式還露出其論述仍無法脫離傳統
> 荀子觀所設計的價值系統與論述的基本框架。〔註95〕

這段話是評論劉又銘對於荀子「弱性善觀」的說法，但我以爲，劉氏是在提荀子之「善」者中最有自覺到孟荀差異者，這段話用來評注近五年來對荀子性惡論研究的成果無疑更加合適。我所要說的，正是我們不須要將荀子的性惡論提到與孟子同樣的層面討論；也就是說荀子人性論的價值並不是因爲他所說的人性中亦有善的根源與可能，而在於他能深刻體認到人內在欲望與衝動可能造成的負面意義，而提出一套以禮義爲本的對治方法與修養工夫。然而近來學者研究成果中，荀子的性論與孟子的性論越來越相似，都從荀子性惡論中的人亦有良知、有自覺、有根源、有必然性來論說，並由此來彰顯荀子人性論的價值與意義，是可以與孟子並駕齊驅的。然而荀子相對於孟子人性論的特色，即在於對外在禮義制度與環境對人的影響；這部分卻往往被輕輕帶過，這是令我感到困窘與不安的。正如佐藤所說，這樣的論述始終沒有跳脫孟學的價值體系與基本框架，始終是在孟子性善論的脈絡下來討論荀子的性惡論。

　　當然，正如前文所說的，我絕對相信近來學者對於性惡論的如此詮釋，

〔註95〕佐藤將之：〈荀子哲學研究之解構與建構：以中日學者之嘗試與「誠」概念之探討爲線索〉，頁104。

是在經過深刻反思下所得出的結論；但我們卻也不能不再進一步思考：學者
們是否終究受到人性本善的崇高理想與價值所蠱惑，是否始終受到孟子那種
養吾浩然之氣的自信飽滿的態度所魅惑，終究不能放下追求形上學式的根源
價值、追逐孟學式莊嚴飽滿的人性價值，而真正去接受一套「惡的人性論」！
就這點而言，韋政通也有所警覺，他說：

> 道德心的表現是儒家一貫的傳統，這在國人是比較熟悉的，而認知
> 心的表現非中國古代哲人之長，即有之，亦不予重視，所以理解上
> 比較生疏。因此會想：荀子既是儒家，則其學說如有意義，必是與
> 孔孟有直線相承的關係。或就由於這種習心，一旦在荀子書中找到
> 了可作為道德心解釋的話，就欣喜不置，以為果然「皆主心善」，遇
> 到與此相異的言論，就不能不曲解了。〔註96〕

儘管體認到不應落入孟學窠臼而孵衍荀子的性惡論，但學著們終究沒能逃離
孟學的甕中。或許正如劉又銘所言：「中國人在文化上、心理上傾向圓滿、和
諧與正面，是這個因素使得荀子『天人之分』、『性惡』、『禮義非人性所出』
的學說不受歡迎。」〔註97〕學者們正是被這樣傾向於圓滿、和諧、正面價值
所誘惑，因而無法跳脫孟學人性本善的思維——有意識或無意識的。在他們
看來，孟學的生命圖像是如此莊嚴、崇高，而荀學的生命圖像相對來說就顯
得平常、普通〔註98〕；在如此不同的生命情懷之下，大部分學者們又怎麼能
不受到性善論價值的誘惑呢？

究竟孟子這種性善說的迷人之處、誘人之姿在哪裡？能夠使當代學者紛
紛自入其懷中呢？除了上述所言及張亨所認為的：「從儒家思想傳統的主流來
看，孟子無疑佔有較重要的地位；同時在人的本質的洞察上，他也觸及到最
莊嚴的一面，演而為儒家思想的核心。」〔註99〕從莊嚴而美好的情感因素而
論外，我以為可以從以下幾個哲學性的意義來談：

（一）永恆絕對價值的誘惑

孟學的人性論根基於人的內在價值，而這樣的價值又來自於最高價值意
義的道德天，故有孟子所謂：「盡其心者，知其性也。知其性則知天矣」（〈盡

〔註96〕韋政通：《荀子與古代哲學》，頁 143～144。
〔註97〕劉又銘：〈當代新荀學的基本理念〉，頁 4。
〔註98〕參見劉又銘：〈當代新荀學的基本理念〉，頁 11。
〔註99〕張亨：〈荀子對人的認知及其問題〉，頁 175。

心上〉）〔註 100〕的說法。如此人之所以爲人及其道德價值的意義就具有絕對性，這又如牟宗三所言：「惻然不安于生命之毀滅而必欲成全之，即是人性之卓然而善處⋯⋯故心爲天心，而理爲天理。天心天理是達道之本。孔孟由此著眼而立宇宙人生之大本。此即是絕對理性。」〔註 101〕相對於荀子的天是一「不爲堯存，不爲桀亡」（〈天論〉）〔註 102〕沒有最高道德意義的「自然天」，且呈現出一個天人相分的體系，沒有這樣的絕對價值賦予人性之中，讓人覺得沒有確定性的價值，故學者們會著眼於孟子性善論體系中的絕對價值，受其誘惑。而上述「新荀學」一類的論述，多提出荀子有內在的善與其禮義有內在根源性，這就是一種追求永恆絕對價值的做法。因爲他們認爲，如果沒有替荀子找到一種足以作爲普遍價值的根據，也就是沒有如孟子一樣訴說人有四端猶有四體般的必然與永恆價值的根據，會使荀子的理論有所減損與不足。其實這正是受到絕對價值所帶來安定感的誘惑，是在未跳脫孟學框架下的論述思維。〔註 103〕

（二）上溯先驗根源的誘惑

荀子的人性論歷來爲人所詬病的一個重點就是其理論沒有根源性，學者往往認爲其人性論不訴諸於內在的自覺，而從外在的禮法而論，而禮法的創發又源於聖人；然而同爲「性惡」的聖人又無創發禮法的必然性，故其價值是無根的。相對於孟子將價值根植於人心之中，而心的價值亦來源於道德天，則人人皆有自覺的可能，是爲具有價值根源性。如牟宗三即說：

> 依孔孟及理學家，則不視性與天爲被治，而于人中見出有被治之一
> 面，有能治之一面。而能治之一面名曰天，被治之一面名曰人。荀
> 子所説之天與性，皆應爲孔孟及理學家所説之非天非性，而乃人欲
> 之私與自然現象也。而惟是禮義之心方是天，方是性。此義之提醒，

〔註 100〕〔漢〕趙岐注，〔宋〕孫奭疏：《孟子注疏》（臺北：藝文印書館阮元校勘十三經注疏本，2007 年），頁 228。

〔註 101〕牟宗三：《名家與荀子》，頁 218。

〔註 102〕〔清〕王先謙：《荀子集解》，頁 307。

〔註 103〕或許追求永恆的絕對價值是歷來多數人尋求「宗教式」慰藉的一種相對普遍的常態，但不可否認的是，具有強烈經驗性格或是實用主義者，的確可能無法理解那種永恆「宗教式」的信仰，那對他們來説太過虛無而不可理解。因此，打破追求永恆價值的誘惑，何嘗不是一種有效的思維進路與嘗試；那是一種關注當下與現實，勇敢面對人的有限性的價值觀，而我認爲，荀子的經驗性格正與此種精神相契合。

惟賴孟子。荀子不能及也。經此點醒，荀子之「禮義之統」方有本，
夫而後亦可以言與天地合德也。〔註104〕

此即言，荀子的禮義之統沒有孟子所謂的能治面之根據，純為被治，而無根
源性可言，就如同失根的蘭花一般。學者多受此誘惑，總在根源問題上打轉
來討論荀子的性惡論，如王楷即言：「任何對荀子倫理學特定的、具體的層面
和問題的討論都必須建立在這一個問題（筆者案：指本性與內在根源的問題）
的解決基礎之上方始具有真正的理論意義，否則只能流於一種『無根的』討
論。」〔註105〕這就似乎意味著不追根究柢那根源性，一個思想體系就沒有意
義了。「新荀學」論者，的確沒有跳脫對於根源追求的渴望，如劉又銘也說：
「從蘊謂層次來看，禮義是有根源可說的。」〔註106〕路德斌亦言：「『偽』同
時也是一種能力，一種根植於人自身且以『辨』、『義』為基礎並趨向於『善』
的能力。」〔註107〕這都是受到訴諸先驗根源能夠保證人自身行為正當性的誘
惑。

（三）對為善必然性的誘惑

一般學者認為，既然道德價值無根源性，不在內心自覺的意義上而論，那
麼人行善也就沒有必然性，這也是荀子性惡論讓人感到不安的一個重大問題。
如牟宗三即言：「性分中無此事，而只繫于才能，則偽禮義之聖人可遇而不可求，
禮義之偽亦可遇而不可求，如是則禮義無保證，即失其必然性與普遍性。」〔註
108〕因此學者往往也都企圖賦予荀子性中價值意義，以求其必然性。

孟子性善論使人性具有崇高的價值意義之處，正在於道德的自覺，如此
一說人之所以為人的價值意義便充分顯發出來，而與禽獸有異；張亨對於孟
子性善的思考與論述，正展現出這種作為人的崇高價值：

孟子從自覺我是「人」的價值層面指證此一作為道德主體的「善性」
乃內在於人，使人自具有免於罪惡的自由，含蘊無窮的創造性，才
真能顯現人的高貴性和異於萬物的「特質」。反觀荀子由人之不異於
動物處識「性」，二者完全屬於不同的範疇，固以彰彰明甚。〔註109〕

〔註104〕牟宗三：《名家與荀子》，頁221～222。
〔註105〕王楷：《天然與修為：荀子道德哲學的精神》，頁52。
〔註106〕劉又銘：〈從「蘊謂」論荀子哲學潛在的性善觀〉，頁56。
〔註107〕路德斌：《荀子與儒家哲學》，頁120。
〔註108〕牟宗三：《名家與荀子》，頁227。
〔註109〕張亨：〈荀子對人的認知及其問題〉，頁190。

正是這種身為人的優越意識，使學者們不願意輕言放棄性善的誘惑，似乎有種一旦拋棄了這種「人之所以為人」的關鍵點，人的尊嚴就蕩然無存，因此，始終在荀子的性惡論中，追求更高層次自覺的可能。

至於「新荀學」論者中如龍宇純強調荀子的性惡論中亦有「良知」〔註110〕，路德斌也強調「義」是內在於人的道德屬性或能力〔註111〕，王慶光認為應該強調「善偽」的自覺而非「性惡」〔註112〕等等論述，都一再強調了荀子性中有一種自覺的可能性，這都是受到強調內在自覺，而不訴諸外在他律的人性，使人具有強烈道德感與崇高價值的誘惑。

四、打破誘惑：後新荀學的嘗試

就是上述對於人性本善的種種崇高、美好、穩定的誘惑，使得學者始終不放棄追求絕對價值、探溯根源性問題、尋求為善的必然性、強調自覺可能的幾個面向來討論荀子的性惡論。也就是說人們被宋明以來那種追求完滿、崇高、莊重的理學所馴化，總是要把事情說得如此美好，而不願去面對黑暗、破碎、不完滿的價值系統。這樣的心理反應在人性論的闡述上，就形成了不敢正視荀子性惡論真正意義的現象，好像非得要講性善，才顯現出個人的品格與尊貴；一講性惡就顯得自己是邪惡、下流、齷齪、骯髒的。這樣的思維是不對的，如此造成人們總是處在內心的衝突與矛盾之中——為何我們講人性總是如此崇高與美好？為何僅憑道德的自覺就可以達到欲望恰當的境地？然而我自己卻充滿著欲望，無法輕易以道德自覺去調適自己，達到如此崇高的境界？人如果生存在這樣的煎熬之中，心理能不變態嗎？這個社會能安定嗎？孔憲鐸和王登峰的論述即深刻指出了這個怪現象：

> 這種困境使得中國人逐漸養成了謹言慎行、內斂克己的民族性格，並一直生活在渴望修養達到最高境界而不得、期望離開人性中的動物性而不能的原發性的焦慮之中……這種焦慮主要來自發現自己與人性本善之間存在著明顯的鴻溝。〔註113〕

我們都太過矜持，總不願面對人性之中動物性的一面，總是羞於承認自己的欲

〔註110〕龍宇純：《荀子論集》，頁64。

〔註111〕路德斌：《荀子與儒家哲學》，頁115。

〔註112〕王慶光：〈論晚周「因性法治」說的興起及荀子「化性為善」說的回應〉，《興大中文學報》第13期（2000年12月），頁106。

〔註113〕孔憲鐸、王登峰：《基因與人性》（北京：北京大學出版社，2009年），頁64。

望，而不能坦然面對自己，造成社會上人人虛假又壓抑，形成一個欲望沒有出口又無正義的社會。當一個社會中人們談到性就嗤之以鼻，看到乳溝就大嘆人心不古、道德淪喪，窺見迷你裙就言人不知羞恥，這是一個什麼樣的病態社會！或是有一大批人，總是把道德掛在嘴邊，動輒以良知質問人，似乎有一點私欲與自利的心態就罪不可赦，這些種種都是壓抑的心理及不敢正視人情欲望的正當性所造成的病態心理，也是道德至上人性論所造成的社會不公不義。因此我們不須要一個把人性講得如此美好的論述，我們不須要道德掛帥的理論，我們須要的是一個平實、接近人情的人性論。而這也如孔、王二人所言：「四端成了中國人『做人』的起點和資格。孟子的性善論把人的標準定得太高了，也就是把『做人』的起點定得太高了。（見下頁圖一）」〔註114〕

　　我以為，一個社會的文化，受其所信仰的思想影響，因此當代學者對於荀子性惡論的如此詮釋，必然與現代社會的現實有關，而這樣的研究成果又勢必對社會風氣有莫大的影響。因此，我以為有必要打破這樣的研究趨勢，打破對於性善的誘惑，以導正這怪異的現象，進而達到影響社會文化的可能。也就是說我們應該試著超越「新荀學」式對性惡論的理解——持續以「善」為核心的進路，轉進到所謂的「後新荀學」——一個正視「惡」的研究進路。

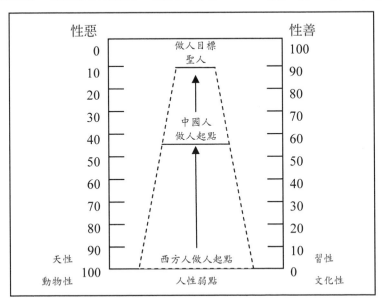

圖一：在中西方文化中做人起點的不同

〔註114〕孔憲鐸、王登峰：《基因與人性》，頁62。「圖一」為筆者根據原圖重製而成。

第三節　重探之路：後現代思維與方法下的「後新荀學」

一、「後新荀學」的意義

　　所謂的「後新荀學」的意義在於突破當前「新荀學」研究的進路與方法，也就是要能跳脫孟子性善論的框架去詮釋荀子的性惡論，而能夠眞正去思考荀子爲什麼言「性惡」。以「後新荀學」來定位我的研究進路有兩層意涵：第一，表示在「新荀學」思維之後的一種新進路；第二，以後現代思維爲中心作爲一種探索荀子性惡論的方法。就第一個層次而言，我們可以先從後現代主義（Postmodernism）的「後」的兩種涵意來看：一是對現代主義的抵抗與排斥，一是指現代主義的延續〔註115〕。因此，「後新荀學」對於「新荀學」並不是單純地接受或批判，而是站在「新荀學」的基礎上，企圖改變以「善」作爲討論性惡論核心的方法，轉以「惡」爲核心的論述模式來思考荀子的性惡論。因爲「新荀學」對於荀子研究的開展與進化有不可抹滅的價值與意義──它賦予荀子獨立的價值、施予荀子性惡論研究多元方法而縝密的思考方式、給予荀子性惡論公允的論斷，這些都是作爲一個後輩學人所不敢也不能輕忽、抹煞的。況且我並不完全否認「新荀學」對於性惡論的闡述，對於很多面向反而是予以肯定的。故作爲一種「後新荀學」的嘗試，不是要推翻「新荀學」的論述，更不是要取而代之，只是企盼以另一種思維與方式，重探荀子性惡論的意義，進而展現其價值。這樣的意義其實就如同林安梧對於其「後新儒學」相對於「新儒學」的定位相似：「是就一個前後繼承的意義去說，是就一個往前開展、到了轉化意義的一個向度去說的。」〔註116〕

　　至於「後新荀學」的第二層次，以後現代主義思想爲方法，則是透過後現代主義對於形上學的反思與檢討，作爲一種信念與方法，來開展對荀子性惡論的新進路。我主要的思維與方法又以後現代著名學者羅蒂（Richard Rorty，1931～2007）爲宗。羅蒂所預想的後哲學文化，是以實用自然主義爲普適原則，並企求人們不再執著於無法企及的「眞理」、「存在」、「大寫的歷史」，不再尋找終極的至善和絕對的正義，而是小心卻勇於面對偶然的世界。

〔註115〕參見陳芳明：《後殖民台灣──文學史論及其周邊》（臺北：麥田出版，2002年），頁37。

〔註116〕林安梧：《儒學轉向：從「新儒學」到「後新儒學」的過渡》（臺北：學生書局，2006年），頁319。

〔註117〕這種不追求終極眞理和至善的思想與態度，正可以對治當前荀子研究所面臨的問題——以探尋善的根源與內在價值來檢視性惡論，使「新荀學」轉向「後新荀學」的新視野。我以爲，荀子的人性論是以經驗論出發，我們應該回到經驗層面去探索，而不是習以爲常地以形上學的路徑去推索之。正如路德斌所意識到的：「一切形上學問題在一個經驗論者眼裡都是不必要的或沒有意義的。故在荀子，對於形上學問題，基本上是『存而不論』的。」〔註118〕但是儘管大部分學者都如路氏體認到這個問題，但卻也都如其話鋒一轉，說：「必須透過『性惡』，以揭顯和把握其潛隱於背後的眞正的形上學義蘊。」〔註119〕這就是「新荀學」的問題所在，也是我要透過「後新荀學」的建立與嘗試改變的。當然我們並不能否認形上學的價值與意義，但是我們爲什麼不讓一個以經驗論爲特色的思想體系，以實用主義的路向去闡發其價值與意義呢？因此，我提出「後新荀學」作爲一種嘗試，目的不是要開宗立派，而是強調一種新的思維、方法與進路，企圖開展荀子研究的另一種可能性。

二、「後新荀學」研究的信念、範圍與正當性

「後新荀學」可說是一種不同於過去解析荀子性惡論的一種嘗試，這樣的嘗試背後所持有的基礎信念在於：我們所應該追求的是現實世界中的善，也就是社會的和諧、穩定，能夠保障眾人的生命、財產、自由的狀態；而不是追求人心內在善的根源與可能性。我們必須跳脫過往形上學的思維，試著不去鑽探那先驗的價值根源。我了解，追問價值的根源是大部分哲學家所窮盡一生去尋找的價值，也是哲學上很重要的議題之一。我並沒有要阻撓與試圖改變所有人都放棄根源性的追求、丟棄孟子性善論的美好價值；我只是以爲，對於荀子如此具有實在性格的思想家，我們是否可以暫且放下形上學的進路，改以實在精神的路徑去檢視、發揚其價值。這絕不是我一廂情願地欲以後現代的思維去解構荀子的性惡論，而是我認爲，荀子確實具有強烈的經驗思維〔註120〕；我們

〔註117〕參見王俊：〈「後」話先說談羅蒂〉，收入〔美〕理查德‧羅蒂著，王俊等譯：《哲學的場景》（上海：上海譯文出版社，2009年），譯者序頁3。
〔註118〕路德斌：《荀子與儒家哲學》，頁101。
〔註119〕路德斌：《荀子與儒家哲學》，頁103。
〔註120〕荀子學說的經驗性格先輩學者多有闡述，如徐復觀即言：「他澈底地經驗的性格，不喜言抽象地原則，而喜言具體地制度、辦法……而禮則爲具體地行爲規範及政治制度。」（《中國人性論史‧先秦篇》，頁253〜254）。路德斌也表

如果以經驗論爲進路去理解其性惡論，可望會有更恰當而適合的詮釋。

除此之外，我希望扭轉「性惡」被汙名化的狀況。令人不明白的是，爲什麼大部分漢語文化圈的人們對於「性惡」如此忌諱，更不用說對於「人性本惡」說法那種避之唯恐不及的態度；或許正如王祥齡所指出的，荀子的思想「嚴重地傷害國人『隱惡揚善』傳統的道德情感。」〔註121〕但是我認爲，即便今天荀子所提出的理論眞的是「人性本惡」，我們也可以堂堂正正、大大方方地告訴大家：荀子的性惡論是有價值的思想！因爲荀子他今天不是提倡我們要順著自己的欲望，縱欲而無節，他更沒有教我們去殺人、搶劫、強姦，他沒有要我們順從自己人性中之惡去作奸犯科哪！相反的，荀子在〈性惡〉中即言：「從人之性，順人之情，必出於爭奪，合於犯分亂理而歸於暴。故必將有師法之化，禮義之道，然後出於辭讓，合於文理，而歸於治。」〔註122〕又言：「孝子之道，禮義之文理也。」〔註123〕如此看來荀子學說的目的是治——現實意義上的善——創造社會的和諧與安全，這就是爲什麼他會以治亂來定義善惡了！那麼試問，這樣的學說即使他的人性論是提倡「人性本惡」又有什麼不能說的嗎？即便今天有思想家提出了人的本質是惡的，但是爲了維護世界的和諧與安定，所以他對此建構了一套使人爲善的學說，在理論上也並無不可。重點只在於現代學者太過於執著於人的價值與內在的善了。所以說，「新荀學」透過「善」看到了荀子性惡論中的價值，是荀學研究的一個里程碑；而「後新荀學」則要從「惡」看見荀子性惡論的價值，讓荀學研究邁向下一個里程碑。

而且如果我們回歸到《荀子》的文字來看，荀子明明白白說「人之性惡，其善者僞也」（〈性惡〉）〔註124〕，那麼我們爲何不接受這樣最直接文字上的意義，而要處心積慮在《荀子》中尋找那些不太明顯的脈絡來證成荀子「性善論」的說法呢？雖然如劉又銘所說，性惡論只是荀子在特殊時代情境的召喚

示：「孟子道性善是專從形上學層面以立論，而荀子言『人之性惡』則實乃一純粹的經驗命題。」（《荀子與儒家哲學》，頁 103）足以見得荀子學說與孟子的形上學進路不同。
〔註121〕王祥齡：〈荀子哲學思想核心價值的建構〉，《哲學與文化》第 403 期（2007年 12 月），頁 22。
〔註122〕〔清〕王先謙：《荀子集解》，頁 434～435。
〔註123〕〔清〕王先謙：《荀子集解》，頁 437。
〔註124〕〔清〕王先謙：《荀子集解》，頁 434。

與牽制下一個特殊的應機的表達；我們可以透過對性與善內涵的彈性更動，以在荀子原來不以爲是性與善的地方找到性與善的成分。〔註125〕但是，如果說《荀子》的幾段文字中呈現一種不一致的概念，我們爲什麼不是以最明顯字面上的「性惡」說去彌平、解釋那不一致的段落，而是以那些幽微而「或許」可以理解爲性善的段落反證「性惡」二字的不準確呢？

　　雖然東方朔曾引述日本學者金谷治（Kanaya Osamu）透過對西漢劉向考訂《荀子》的研究認爲：「〈性惡〉篇前幾段乃荀子門人爲了突顯對孟子的批評而在後來法家的影響下加入的。」〔註126〕但是這樣的考證眞實與否，我們實在無從得知。我倒是認爲韋政通在《荀子與古代哲學》一書中所闡述的一段對於荀子研究方法的文字頗爲正確，他說：

> 現在我們研究某一家的思想，並不可能單指某一個人，實無異是在研究一個學派，其中究竟那些思想是屬於某一個人的，已無法確知。明乎此，由於考證子書而引起的許多爭論，實在是不必要的。〔註127〕

這也是本文論述荀子性惡論的理念。中國古代典籍的流傳、傳抄，我們很難確定哪一本書是完整保留了某個思想家原來完整的思想，即便有，也可能在抄寫中有所錯漏，越是早期的典籍越是如此。因此，我所關注的是《荀子》一書性惡論的整體呈現及其價值，而不在於考慮哪一部分的文字是荀子所作、哪一部分不是；這裡的重點在於對《荀子》性惡論思想內部的分析、理解與建構。就我看來，「荀子」在中國文化淵遠流長的脈絡下，所指的早已不是「一個人」，而是如韋政通所說的是一個學派，甚至是一種思維方式與精神。所以，在我所謂「後新荀學」的脈絡下，沒有「性惡」是否爲後出文字的問題，我所關懷的是荀學思維下的性惡論。

　　另外，透過荀子文字的梳理，我認爲荀子理論的起點是強調禮義師法，進而推論出性惡論，就這點而言，龍宇純倒是有深刻的認識：

> 性惡與隆禮的思想之間具有密切關係，原是學者一致的公認。但都以爲性惡說是因，隆禮是果，因爲荀子主張性惡，而不得不有禮爲之「矯飾」，所以又主張隆禮。可是由於本文指出，荀子既不曾徹底

〔註125〕參見劉又銘：〈從「蘊謂」論荀子哲學潛在的性善觀〉，頁54。
〔註126〕東方朔：《合理性之尋求：荀子思想研究論集》，頁142。
〔註127〕韋政通：《荀子與古代哲學》，頁293。

> 否定四端根於心性的説法，且還等於承認了其中最主要的仁智兩
> 端，以知性的主張並非荀子思想的基本觀點，而主張隆禮反倒是
> 他的基本思想，則性惡爲因，隆禮爲果的了解，便顯然大成問題。
> 〔註 128〕

也就是說很多學者倒因爲果，將性惡論看成荀子思想的重點與始點，認爲荀子是因爲倡導性惡論，才發展出重師法禮義的路向，進而不斷在探問荀子爲善的價值與根源，這是對於荀子思考程序上的錯誤，關於這點本文亦會在後面章節有進一步論證。由此，我以爲，如果由重師法禮義推導出性惡論，那麼荀子的確有可能特別強調人性中的惡；因爲「性惡」，外在的禮義師法才有高度價值與意義。〔註 129〕故「後新荀學」以「惡」爲核心來探析荀子性惡論的意義與價值是有所根據的。

　　如前所述，「後新荀學」的進路有其理想及正當性，而這樣的信念正與後現代主義的思想相契合。我以爲，以羅蒂所建構的後現代主義思維爲核心，去思考「後新荀學」中對於荀子性惡論的意義與價值，具有相當的適切性與前瞻性。以下茲透過羅蒂的後現代理念來省思「後新荀學」對於荀子性惡論研究進路的啓發，並以其作爲一種方法：

（一）對性惡論的想像與嘗試：無關「真理」

　　如前文所說，「後新荀學」是我的一種嘗試，嘗試從「惡」的角度去探索荀子性惡論，甚至我們可以把論題推向極端，假設荀子所說的是「人性本惡」，那麼是否依舊能夠建構出一套合理而完整的修身與治亂的體系呢？當然我的答案是肯定的。但這絕非要扼殺從尋求荀子人性論中的善端來講荀學價值的「新荀學」進路。我是否同意是一回事，「新荀學」確實有高度價值又是一回事；如果沒有龍宇純、劉又銘、佐藤將之，以至於近來的路德斌、王楷、東方朔等學者對於荀子性惡論開展出的嶄新研究路徑，發掘出其中的性善價值，也不會有今日我轉向「後新荀學」思考的可能。甚至劉又銘所欲建構的「當代新荀學」，其研究進路我雖將之歸於「新荀學」之中——因其透過「善」看見荀學的價值。但我所謂的「後新荀學」即便與「新荀學」以「善」爲進路的作法不同，卻未嘗不能納入「當代新荀學」之中。因爲「新荀學」就我的分類來說，是一種客觀上研究路徑的歸納，但是「當代新荀學」則是一種

〔註 128〕龍宇純：《荀子論集》，頁 71。
〔註 129〕關於禮義師法從何而來，請參見本文第四章。

主觀的信仰與實踐；我只是企圖嘗試以不同的思維與方法，欲探究荀子性惡論的另一個可能與價值。

　　或許有人會質疑，這樣的進路是否眞的正確理解了荀子的性惡論？我當然持肯定的態度，這點前文已多有著墨；且我並不擔心這個問題，羅蒂說：

> 唯有在存在著作爲對立於任何一個僅僅是有限人類旁聽者，諸如終
> 極的正當性——在上帝面前的正當性，在理性法庭面前的正當性—
> —事物的條件下，才存在稱作「眞理」的某個「更高」目的。〔註130〕

身爲一個有限的人，我們永遠不可能知道什麼是眞正的「眞理」，即便我們有朝一日眞的觸及了「眞理」，我們也不會自知！〔註131〕而且眞正重要的是，我們「應該把探索視爲使用實在的一條途徑」〔註132〕。本文企圖以「後新荀學」嘗試理解與建構荀子性惡論，正是因爲覺得其有價值與意義，對於現實與學術上的發展，都有著向前推展的契機；正如羅蒂所說：「一個人不再擔心他信以爲眞的東西究竟是否站得住腳，他開始擔心他是否有足夠的想像力對其當前的各種信念設想出有趣的選擇。」〔註133〕論者不必質疑以「想像力」建構學術思想是否恰當，其實任何對文本的詮釋，都無非是一種想像；關鍵在於我們如何以我們覺得恰當的途徑去還原文本的可能以及建構思想的價值。

（二）創建美好的未來：「後新荀學」的願景

　　我在以「後新荀學」的路徑下，認爲應該以「惡」爲核心關注荀子性惡論的問題，也就是不必去索求荀子人性論中，內在是否有價值與善的根源與可能。除了從《荀子》文本的閱讀與理解而認爲應該如此而論才能眞正明晰荀子的價值外，另一個我希冀透過「後新荀學」重探荀子性惡論的意義與價值的用心即在於：學術界與社會須要這樣的論述。正如陶師承所說：

> 卿之性惡論雖不免對孟子之性善而立言，而其實則荀子觀察當日社
> 會情形，風俗頑鈍，而發之論也。荀子以爲孟子性善之說，已無益
> 於社會人心，故反而主張性惡，使夫天下之人，注重於僞，注重於
> 積文而歸於善。〔註134〕

〔註130〕〔美〕理查德‧羅蒂著，張國清譯：《後形而上學希望》（上海：上海譯文出版社，2009 年），頁 23。
〔註131〕參見〔美〕理查德‧羅蒂著，張國清譯：《後形而上學希望》，頁 62。
〔註132〕〔美〕理查德‧羅蒂著，張國清譯：《後形而上學希望》，頁 16。
〔註133〕〔美〕理查德‧羅蒂著，張國清譯：《後形而上學希望》，頁 17。
〔註134〕陶師承：《荀子研究》（上海：上海大東書局，1926 年），頁 31。

這正如前文所言，在現今的環境與社會下，漢語文化圈的人們，心理有太多的壓抑而造成病態的社會，而現今學術界又將荀子性惡論理解得與孟子性善論越來越接近，使人們越發無法正視人性惡與情欲的正當性。就現實意義來說，我們不須要再多一個「孟子」，因此我希望藉著改變荀子的理解角度，改變學術研究的進路，既而能夠影響社會風氣的形成。我們的社會講述人性本善等人性中最美好的價值，以及以道德良知壓抑人性的情形已經太過嚴重，凸顯出「人之惡」的面向在於希望世人能夠正視情性欲望，不要將情欲汙名化而不斷地壓抑，終究形成一個扭曲的人性與社會。也給從孟子莊嚴人性論中找不到認同感與著力點的人們；另一個可能更貼近他們生命情懷的修養方式與制度。因此我深信羅蒂所取徑之實用主義的信念，他說道：

> 古典實用主義和新實用主義者都不相信存著事物真實存在的某種方式。所以，他們希望用關於世界和我們自身之較無效描述和較有效描述的區分來取代現象──本質的區分。當有人提出「對什麼有效用？」的問題時，他們除了回答「對創造一個更美好未來有效用」以外，沒有其他話可說。〔註135〕

當然，本文有其內在理路足以支持我的論述言之有物、道之成理，但對學術如果沒有理想，使學術與社會脫節，那樣的學術思維，將是十分狹隘與小器的；我以為建立「後新荀學」的嘗試，最大的動力與目的就在於「創造一個更美好的未來」。因為深入荀子所謂的「惡」，才能了解到他建構一套師法禮義的外在客觀價值的苦心所在；也正是這樣的禮義師法一定程度的強制性，促使社會有和諧安定的可能。這是荀子性惡論的重點所在，也是我以為符合現代社會需求的論述。

（三）建構「我（們）」的「後新荀學」

如前文所提及的，本文試圖建立「後新荀學」的嘗試，其最大的動力與目標即在於希望能藉由荀學人性論研究的新方向──以「惡」為核心，不去探求人性中的善端及其價值根源與終極價值的路徑，盼望能革新我們社會那種抱持過於高妙與莊嚴人性的認知心態所造成的壓抑心理與病態社會。當然這樣的情形是針對漢語文化圈而言，尤其是我們所處的臺灣與接觸較多的中國。因此本文所著重的荀子人性論研究也以兩岸的研究為主，並特別關注臺

〔註135〕〔美〕理查德・羅蒂著，張國清譯：《後形而上學希望》，頁7。

灣當代新儒家以降的孟學本位思潮對於荀子研究的影響。我們不必擔心這樣的研究過於狹隘，我相信羅蒂的一個信念：這個世界不存在任何普遍的道德法則。〔註136〕我們不必期望以一套具有絕對普遍價值的思想適用於全人類。正如羅蒂所說：「我們應該完全拋棄對於共同性的哲學探索」〔註137〕，不要害怕自我中心主義，因爲沒有自己的觀點，就沒有溝通的可能，這樣的信念也正是爲何羅蒂會提倡「反反種族中心主義」的原因，張國清的一段文字，清楚解釋了他的想法：

> 只有上帝才能超越我們所有的各種不同觀點，來斷定它們是否同樣地眞或者同樣地假……那麼我們到底應該根據什麼樣的觀點來在各種不同的觀點之間進行比較呢？羅蒂的回答可能會使我們吃驚：當然是我們自己的觀點！……「反反種族中心主義」認爲，我們的觀點也不是一成不變的。一方面，我們所相信的觀點必定是我們自己的觀點，但另一方面，由於我們知道這只是我們自己的觀點，我們就需要超越自己的觀點。〔註138〕

過去，人們信仰「反種族中心主義」，認爲自我中心是錯誤的，那會造成彼此間的衝突與溝通上的困難，應該要超越種族，以利於和諧與交流。但羅蒂卻一針見血地指出，只有上帝能夠超越一切，「反種族中心主義」看似打破一切藩籬，實際上卻造成更大的鴻溝。因此我們應該抱持著「反反種族中心主義」——以自我爲中心；卻不蠻橫地追求自身價值；而是敞開溝通與互動的大門。這也是羅蒂轉化與超越了哈伯瑪斯（Jurgen Habermas，1929～）認爲應該要將理性置於交往與溝通之中的主張，正是因爲羅蒂體認到完全中立原則的不可能。〔註139〕因此，本文將秉持著樣的信念：儘管荀子人性論研究在日本、歐美也有不少研究成果，但我相信唯有建立了自己的觀點，才能進一步去理解在不同視野下所建構出的荀子性惡論，也才能走向世界，也才有溝通的可能。劉又銘曾說道：「在基督教文化圈裡，基於基督教『原罪』的觀點，荀學性惡

〔註136〕參見〔美〕詹姆斯·菲澤等著，丁三東等譯：《西方哲學史（第七版）》（北京：中華書局，2008 年），頁 718。

〔註137〕〔美〕理查德·羅蒂著，張國清譯：《後形而上學希望》，頁 67。

〔註138〕黃勇：〈當代美國著名哲學家羅蒂〉，收入〔美〕理查德·羅蒂：《後形而上學希望》，總序頁 10。

〔註139〕參見：〔美〕理查德·羅蒂著，林南譯：《實用主義哲學》（上海：上海譯文出版社，2009），頁 141～145。

論的話語根本不會是禁忌。」〔註140〕正是這樣的文化差異，我們更要立足於我們自身去探究荀子性惡論的可能性，進而期待未來的溝通、交流與互攝。〔註141〕退一步來說，把層次拉回我——作者自身與其他學者來說，我這樣的「後新荀學」的嘗試，何嘗不是一種可能；即便無人接受這樣的進路，也未嘗不是一種溝通的起點——但我相信一定有人須要、有人認同「後新荀學」這樣的方法與價值的。

三、後現代主義與人性論：作爲一種方法

後現代主義除了以上的方法與理念可作爲「後新荀學」嘗試的一種進路與正當性外，其對於人與人性的看法，亦與荀子的性惡論有著相契合之處，當然也和我企圖暫時拋棄孟學探究人性論的方法密不可分，對於開展荀子性惡論有著高度的意義。因此，後現代主義的人性論思維，可作爲「後新荀學」開展的理念，並作爲詮釋性惡論的一種方法。以下茲針對三個部分來論述：

（一）跳脫形上學式的人性探求

正如前文所提到的一個重點，在「後新荀學」的嘗試中，我希望拋開孟學那種追求人性內在善與價值的人性論進路，而直接面對人性與現實互動的可能。如果以二分法來說，就是去除孟學先驗式的探索；易爲荀學經驗式的思索；在西方哲學的意義上來說，就是古希臘式的與實用主義式的人性論之異同。羅蒂曾對此作出解釋：

> 古希臘人對我們的處境的描述假定，人性自身有一個內在的本質，即存在著一個不可改變的稱作「人」的東西，它可以與宇宙中的其餘事物進行對比。實用主義者拋棄了那個假定，並主張，人性是一個不受限制的觀念。語詞「人」命名了一個模糊的但有希望的計畫，而不是命名了一個本質。所以，實用主義者把敬畏

〔註140〕劉又銘：〈當代新荀學的基本理念〉，頁 11。
〔註141〕本文所說以自我中心爲起點的論述，所指的是以兩岸荀子性惡論研究爲核心，並藉此關注漢語文化圈中過度壓抑的病態心理；但我並沒有排斥任何西方與東洋的理論與論述，那是作爲一種方法與進路所必需，更是作爲多元溝通與現代學術所必要，二者並不相衝突。我所要強調的是：我們有我們的觀點與問題，本文的目的即在於檢視與對應問題所在，企圖尋找一條出路，而這個問題是可以藉「他山之石」以參照、化解之的。

—38—

感和神秘感賦予給人類的未來，而古希臘人曾經把它們給予了非

人類的事物。〔註142〕

由此可知，古希臘式的人性論，就是一種探索人的本質、追求先驗價值的進

路，而孟學的人性論正是這一類型的思考。〔註143〕但荀子對於人性惡的說法

是：

> 今人之性，生而有好利焉，順是，故爭奪生而辭讓亡焉；生而有疾
>
> 惡焉，順是，故殘賊生而忠信亡焉；生而有耳目之欲，有好聲色焉，
>
> 順是，故淫亂生而禮義文理亡焉。然則從人之性，順人之情，必出
>
> 於爭奪，合於犯分亂理而歸於暴。故必將有師法之化，禮義之道，
>
> 然後出於辭讓，合於文理，而歸於治。（〈性惡〉）〔註144〕

這顯然不是一種對於對於人性本質探索的人性論，而是就人實際顯發的行

爲，以及就治亂與禮義爲關注對象的一種人性思考。據此，我們實不必再去

追索形上學先驗式的內在價值根源，而應該順著荀子言「性惡」的脈絡去探

索其中的可能。

（二）勇於面對人的動物性意義

我曾說過，即便荀子今天講的是「人性本惡」，我們也可以趾高氣昂地說：

荀子的人性論學說是有價值的！因爲他最終追求的還是社會的治亂與和諧。

那麼我們就應該直接去面對荀子所說的「惡」，而不是不斷在其中找尋善的可

能。正如羅蒂所說，我們如果以「動物」來看待人性，將會有著不一樣的思

維，他說：

> 一旦人們開始嘗試用達爾文提出的「猿的後代」──尼采稱作「聰
>
> 明的動物」──的圖畫來描繪他們自身，他們便發現難以把自身看
>
> 作具有某個先驗方面或某個本體方面的動物了。〔註145〕

也就是我們應該正視我們身爲「動物」這一事實，勇於承認自己的動物性需

求與衝動，就如同荀子即敢於說出人好逸惡勞的一面：

> 今人之性，飢而欲飽，寒而欲煖，勞而欲休，此人之情性也。今人

〔註142〕〔美〕理查德・羅蒂著，張國清譯：《後形而上學希望》，頁29～30。

〔註143〕勞思光在《新編中國哲學史（一）》，頁318即言：「孟子言『性』，實指人之
"Essence" 而言（注意，此處所說之 "Essence" 乃依亞理斯多德之用法）。」

〔註144〕〔清〕王先謙：《荀子集解》，頁434～435。

〔註145〕〔美〕理查德・羅蒂著，張國清譯：《後形而上學希望》，頁49。

飢，見長而不敢先食者，將有所讓也；勞而不敢求息者，將有所代也。夫子之讓乎父，弟之讓乎兄，子之代乎父，弟之代乎兄，此二行者，皆反於性而悖於情也。然而孝子之道，禮義之文理也。故順情性則不辭讓矣，辭讓則悖於情性矣。用此觀之，人之性惡明矣，其善者僞也。(〈性惡〉)〔註146〕

這就明白指出，如果照人的本性來說，人是不願辭讓的，即使是父兄也一樣，但是今天由於禮義，人們便有所改變；那麼這樣的改變即是爲了使社會和諧安定所發展出來的一種思維，以應對人的這種天性。這也就是羅蒂所說：「達爾文進化論使得把所有的人類行爲——包括以前解釋爲實現了『認識無條件眞的事物』和『做無條件正確的事』之欲望的『較高級』行爲——都當作動物行爲的延續成爲可能。」〔註147〕荀子所謂的順禮義而行就是一種較高級的行爲，但是這樣的行爲還是要從「動物性」的延伸來看。

所以說，我所要建構的，是一種能夠正視人之「惡」與「負面性」的思維與進路，而不是把關注的焦點放在「人之所以異於禽獸者幾希」(〈離婁下〉)〔註148〕的「幾希」處，那樣的思維一味往高處說人性，容易產生壓抑與矛盾的性格，畢竟那種完全的自覺並不是那麼容易的。因此，我們應該要拋棄古希臘人把自身區別於哺乳動物的思維方式來重新思考人性的意義與價值〔註149〕，更要「拋棄我們對『高於』僅僅是動物性事物的渴望。」〔註150〕

（三）人性的重點在於改變的過程而非本質

羅蒂說：「以各種仍然難以爲我們能夠料想得到的方式，未來的人性將勝過當前的人性。」〔註151〕也就是說，「人性」可以不從一種本質的概念來思考，而其重點在於改變與過程。這樣的思維方式亦是荀子「化性起僞」的人性論進路，如此一來人性的本質是什麼也就不重要了。而那改變與進步的過程，正是要建立在人之所以爲「動物」之上，我的信念是：「人之所以爲人」的關鍵不在本質上的善與內在價值根源；而在於人性改變的這一過程。這也就如羅蒂所說的：「最好把道德進步看作一項增進敏感性的事情，一項增進越來越

〔註146〕〔清〕王先謙：《荀子集解》，頁436～437。
〔註147〕〔美〕理查德‧羅蒂著，張國清譯：《後形而上學希望》，頁49～50。
〔註148〕〔漢〕趙岐注，〔宋〕孫奭疏：《孟子注疏》，頁145。
〔註149〕參見〔美〕理查德‧羅蒂著，張國清譯：《後形而上學希望》，頁50。
〔註150〕〔美〕理查德‧羅蒂著，張國清譯：《後形而上學希望》，頁61。
〔註151〕〔美〕理查德‧羅蒂著，張國清譯：《後形而上學希望》，頁30。

多的人和事的反應能力的事情。」〔註152〕以及「道德進步是一項具有越來越廣大的同情心的事情。它不是一項越過情感事物而求達於理性事物的事情。」〔註153〕

四、從「新荀學」到「後新荀學」：以後現代思維重探性惡論的意義與價值

至此，我們已了解當代荀學研究的問題在於始終沒有跳脫孟子以形上思維追求人性中先驗價值的人性論思考方式，或者說大部分的學者都壟罩在古希臘追求人類本質的人性論探索進路之中；也就是我所謂的當代荀學研究甚至是整個漢語文化圈的思維，都被性善的美好所誘惑而無法抗拒之。前文已提出了三個誘惑：永恆絕對價值的誘惑、上溯先驗根源的誘惑以及爲善必然性的誘惑，今茲針對這三個誘惑作反思，以上述羅蒂的後現代思維下重新思索的「後新荀學」爲基礎，說明如何打破性善的誘惑——重探荀子性惡論的意義與價值。

（一）打破絕對價值安定感的誘惑：建構相對價值的意義

對於永恆絕對價值的探求是性善論，或者說是本質主義（essentialism）中很大的誘惑之一。〔註154〕很多人總是習慣在形上學的制約下，認爲眞正的眞理與價值應該是永恆不變與普遍的，這也是孟子講善總是要講四端、講天道，要追求一種人性中絕對的善之原因，這樣絕對的善是超越一切價值意義的，故其言：「人之有四端也，猶其有四體也。」（〈公孫丑上〉）〔註155〕又說：「生，亦我所欲也；義，亦我所欲也，二者不可得兼，舍生而取義者也。」（〈告子

〔註152〕〔美〕理查德・羅蒂著，張國清譯：《後形而上學希望》，頁 61。
〔註153〕〔美〕理查德・羅蒂著，張國清譯：《後形而上學希望》，頁 63。
〔註154〕本文所謂的本質主義，是相對羅蒂從實用主義觀點所提出的反本質主義而言——反對本質與偶性、實體與性質、現象與實在的區分。反本質主義的基本態度可如傅柯所說：「每一事物都是社會建構」。也就是說，我以爲孟學性善論那樣追求形上根源的理路是近於本質主義的。雖然不少學者反駁孟子以至當代新儒家並非本質主義，但正如馮耀明所說：「五四以後不少學者或知識份子作中西文化及思想之比較，都自覺或不自覺地用上了本質主義的觀點來立說。」參見馮耀明：〈本質主義與儒家傳統〉，《鵝湖學誌》第 16 期（1996 年6 月），頁 67～73、77。
〔註155〕〔漢〕趙岐注，〔宋〕孫奭疏：《孟子注疏》，頁 66。

上〉）〔註156〕人內在的善端是永恆必然存在的價值，就像人有四肢一樣不會改變；而其價值更是高於一切，甚至高於生命的意義。對於這樣的思維方式，羅蒂繼承了杜威的理念而闡述其一段話表示：

> 杜威主張，迄今為止，哲學的動力一直是保守的；它一直站在悠閒階級一邊，贊成穩定而反對變化。哲學一直千方百計地賦予永恆不變以威望。他說道：「歐洲古典哲學的主題」一直是使形而上學「取代習慣而成為較高道德和社會價值的源泉和維護者。」杜威試圖把注意力從永恆不變的事物轉向未來，為了做到這一點，他就要使哲學成為變化的工具而非保守的工具。〔註157〕

正如杜威所說，這是一種保守的思考方式，並企圖將最高價值根源的道德性意義取代所謂的「習慣」。我以為一切我們所稱之為道德之物（具體地來說就是禮義），其實就是一種「習慣」的建立而成為一種制度。荀子說：「聖人積思慮，習偽故，以生禮義而起法度。」（〈性惡〉）〔註158〕正說明了禮義法度是聖人透過過往的經驗與固有的行為所建構起來的。這樣的道德思維雖然不具有絕對性，似乎是不斷在變化的，但也正因為真理一直在變動，所以能夠隨時適應環境與現實的需求而不會僵化。如果以現代法律來類比，法律正是透過現實中的施行不斷修正，以達到人為的善，但我們會質疑它不具有絕對價值嗎？我以為，真正對於人性有高度影響力的是相對價值，而不是絕對價值。羅蒂曾轉述杜威的話說：「只有這樣一個施虐——受虐傾向才會導致這樣一個觀念：『缺乏永遠固定且普遍適用的現存原則等於道德的混亂。』」〔註159〕這不禁讓人莞爾。的確，為什麼我們要執著於絕對的價值，迷信唯有絕對價值才能使道德安然呢？正如羅蒂所信仰的實用主義認為：

> 誘惑著我們人類的某個非人類事物觀應該被如下觀念所取代：使越來越多的人加入我們的隊伍，考慮到越來越多的不同的人的各種需要、利益和觀點。辯護能力是自己給自己的獎賞。沒必要擔心我們是否也將獲得某種標以「真理」或「道德的善」的不朽獎章。〔註160〕

我所要告訴各位，也企圖證明的是：荀子的道德建構雖然沒有內在絕對的價

〔註156〕〔漢〕趙岐注，〔宋〕孫奭疏：《孟子注疏》，頁201。
〔註157〕〔美〕理查德‧羅蒂著，張國清譯：《後形而上學希望》，頁9。
〔註158〕〔清〕王先謙：《荀子集解‧性惡》，頁437。
〔註159〕〔美〕理查德‧羅蒂著，張國清譯：《後形而上學希望》，頁54～55。
〔註160〕〔美〕理查德‧羅蒂著，張國清譯：《後形而上學希望》，頁62。

值，但是他透過事件中的偶然性所建構出具有相對價值的禮義，依然能夠對於社會的治亂、道德的約束發生效用，其效果甚至更勝於具有先驗意義的永恆價值——內在善的根源；我們可以大聲地說：以相對價值建構的人性論是有價值意義的！而且我同羅蒂一樣認爲：沒有任何永恆的「本質」，我們也不能夠通過人的有限理性去發現「人的本性」，我們只能夠在偶然性之中探求人性的意義與可能。〔註 161〕這是我要打破的第一個誘惑——永恆不變的絕對價值所帶來安定感。

（二）打破價值根源予人行爲正當性的誘惑：建構現實意義中的正當性

隨著上述追求絕對價值的誘惑，會造成人們去探求一種先驗的價值根源與意義，他們總是在爲「人爲什麼會爲善」找尋背後的價值根源，就像孟子預設了人有一個看不見的東西——四端——善的根源；當人們再進一步追問那四端由哪裡來呢？於是他們將其根源上推諸「道德天」。也就是說孟學將價值根源定於最高的天道。那我們是不是可以對此詰問：這些先驗的根源，你可以由心推到天，那爲什麼我不能在天上面再探尋一個根源呢？也就是說如果這樣先驗的根源是人無法透過實證證明的，那麼我們是不是可以無窮後退去說一個「最高」的價值根源，而你也無法證明我是錯的。這也是爲什麼羅蒂要批判柏拉圖以來的哲學傳統——尋求超越意見的眞實知識，發現現象背後的絕對實在。〔註 162〕荀子在〈天論〉中說：

> 列星隨旋，日月遞炤，四時代御，陰陽大化，風雨博施，萬物各
> 得其和以生，各得其養以成，不見其事而見其功，夫是之謂神。
> 皆知其所以成，莫知其無形，夫是之謂天功。唯聖人爲不求知天。

〔註 163〕

這種「不求知天」的態度就是不去追尋現象背後的根源，這就顯現出荀子的實在性格。同樣的，在解釋禮的起源與人性的時候，荀子同樣都從現實層面來推說——將禮義與治性的關鍵定爲聖人。如此看來，荀子學說屬於經驗論

〔註 161〕參見〔美〕詹姆斯・菲澤等著，丁三東等譯：《西方哲學史（第七版）》，頁718。

〔註 162〕參見〔美〕理查德・羅蒂著，張國清譯：《後形而上學希望》，頁 10、黃勇：〈羅蒂實用主義的後哲學文化觀〉，收入〔美〕理查德・羅蒂：《後哲學文化》（上海：上海譯文出版社，2004 年），譯者序頁 3。

〔註 163〕〔清〕王先謙：《荀子集解》，頁 308～309，底線處據王先謙注增補。

式的論說，我們實在不能也不必以孟學的態度去追求荀子性中的善端。也就是說，追求先驗的第一因實非荀子哲學的重點與進路。因此我們必須要如羅蒂所說，放棄一種假定：在思想和歷史存在之前，就有現實的「本質」，認識它也就是認識真理。〔註164〕所以我相信，正如達爾文、杜威以至於羅蒂所認為的：哲學應該不再要求絕對的起源和絕對的最後目的，不再試圖證明我們的生活必然具有某些確定的性質或作為更早的原因。〔註165〕而且，我們行為的意義不須要靠最高價值根源來作為正當性的保證；正當性應該是在事件中「偶然地」顯現。因此，我要發自內心地吶喊：荀子的性惡論可以不去探問其價值背後的形上先驗根源在哪裡，因為這是一種經驗論的人性論；其重點不在根源的建立，而在於現實意義的顯發——是一種現實價值滿盈的人性論。這是我所要打破的第二個誘惑——追求先驗價值根源所帶給人行為的正當性。

（三）打破道德自覺形成的崇高與自主性的誘惑：建構他律與有限性的價值體系

孟學對於人性論的價值，最為人所津津樂道的就是其顯發了人自覺的道德意識，是人之所以為人而值得驕傲的關鍵。那種人皆可以為堯舜的飽滿自信，正是讓人難以割捨性善論的相當大誘因〔註166〕；人也就因此顯得莊嚴、偉大而有價值。但這正如我前文所說的，這樣高度自信與飽滿價值的人性觀，並非人人可以體悟與實踐，反而造成大部分人的焦慮與窘迫，造成心理的壓抑與社會的病態。當然我並不否定孟子性善論的價值與可能，只是我以為孟子的性善論應該是以荀子「性惡論」為基礎，作為化性起偽後所顯現出的人性。也就是說，孟子的性善論不是「本質」而是荀子性惡論修養後的結果（或者應該說「過程」，因為我們永遠不知道什麼是「最高」、「終極」與「真理」，

〔註164〕參見〔美〕詹姆斯‧菲澤等著，丁三東等譯：《西方哲學史（第七版）》，頁711～712。

〔註165〕參見〔美〕詹姆斯‧菲澤等著，丁三東等譯：《西方哲學史（第七版）》，頁713。

〔註166〕雖然荀子亦言「人皆可以為禹舜」，但畢竟不如孟子說得如此飽滿而必然，關於這點，東方朔在《合理性之尋求：荀子思想研究論集》，頁172中即言：「荀子明確斷言，理論上『人皆可以為禹舜』……孟子從性善論出發旦旦誓言『人皆可以為堯舜』，但極目所見，又有幾人可以真正成為聖人？……孟、荀亦一樣認定成聖人之難，而其間所不同的是荀子明白冷靜地昭告了世人，而孟子對此雖有開示，卻不免有流於輕易之嫌。」這樣的論述的確不誤。

那是一種永恆變動的「結果」），這點在本文中將會有更進一步的論述。〔註 167〕
所以儘管把荀子的性惡論解釋爲「人性本惡」，也無損其理論的價值；因爲荀
子強調所謂的「化性」，既然性可化爲善，那麼終究是以道德爲治亂關鍵，只
是這個道德是從外在偶然性的價值來建構而已。

　　由這樣的人性自覺而論，他們將此自覺視爲人爲善的必然性，也就是說因
爲人人皆有四端，故人人皆可自覺，由此可以達成政治上的清明與社會的安定。
但如果照孟子而論：「人皆有不忍人之心。先王有不忍人之心，斯有不忍人之政
矣。以不忍人之心，行不忍人之政，治天下可運之掌上。」（〈公孫丑上〉）〔註
168〕人必然有不忍人之心，所以王有不忍人之心則必有不忍人之政，如此天下
必然可治；但事實上眞的是如此嗎？路德斌對這個困境，倒是有不錯的認識：

> 孟子曰：「學問之道無他，求其放心而已矣。」而問題恰恰就出在這
> 裡，因爲就現實性而言，不管何人，無論貴賤，無論貧富，良心之
> 能否發現與發用，道德之能否自覺與提升；事實上都是不可期必的，
> 是或然；而非必然。既如此，那麼，一個嚴肅而不容迴避的問題就
> 擺在面前，那就是怎麼可以把一個關乎萬民福祉之理想社會的建構
> 和實現托付在一種或然而不必然的爲政模式之上呢？不求或然之
> 善；但行必然之道，這才是荀子的思路。而這個必然之道，在荀子
> 看來，就是「禮法」。〔註 169〕

的確，使人爲善與使社會以治的關鍵，如將之訴諸人性的自覺，反而是沒有
必然性的。因爲儘管人人都有四端，但人是否「會自覺」並沒有必然性啊！
相對於荀子以外在禮法來對治人性、以治亂來定義善惡，卻才是眞正有必然
性的進路。

　　羅蒂就認爲，既不存在絕對的關於人性的可能說明，那麼我們爲什麼非
得要從絕對的價值，也就是人內在的善端與自覺之可能，去追求社會道德的
基礎呢？〔註 170〕所以說，我們可以大膽地承認荀子的道德基礎是外在的，正

〔註 167〕 本章第二節「圖一」，即顯現出孟子將人的本質定爲人性本善，使做人的起點
　　　　　 過高的問題。其實這是倒因爲果的誤解——將人後天修養的結果當作天生內
　　　　　 在於人的道德價值。
〔註 168〕 〔漢〕趙岐注，〔宋〕孫奭疏：《孟子注疏》，頁 65。
〔註 169〕 路德斌：《荀子與儒家哲學》，自序頁 7。
〔註 170〕 參見〔美〕詹姆斯・菲澤等著，丁三東等譯：《西方哲學史（第七版）》，頁
　　　　　 719。

是這樣的外在基礎，使人為善與治亂有必然性。或許這樣的人性論不如孟子所謂的高度自覺與自律性的性善論來得崇高，但其確實是有價值、有意義的──對於我們好逸惡勞、食色情欲的本性來說，是更加適切與可行的。不要害怕面對人的動物性，更不要堅持人有完全的自主性與自律性；雖然承認某方面的不由自主與他律性，顯得人生有那麼點無可奈何，但我們為何不面對現實，在這之中尋求最大美好的可能，而要鑽進形上學的洞穴中，以崇高的理想來自我安慰，卻又讓自己陷入焦慮的窘境呢！這是我要打破的第三個誘惑──訴諸道德自覺所帶來的莊嚴、崇高與完全自主性。

最後，我必須再一次強調的是，我從不否認形上學與對於先驗根源追求的價值，我更不否認「新荀學」論者對於荀子性惡論中內在善根源與禮義價值的內在性探究的價值；甚至是孟學本位學者所詮釋的荀學也有其時代下的意義。但是以我體認到的荀子性惡論，是一種經驗論式的學說，它真正的價值不是內在根源的善，反而是一種正眼直視人的動物性，並帶有一些他律性格的論述。我以為這樣的性惡論應該要以後現代主義的思維去探索，並以惡為核心去檢視，才更能展現出荀學的特色與價值。孟荀在儒學發展史上一直被視為兩端，過去是對立的兩端，近來這兩端有逐漸合流的現象。我深深以為，以現今的社會型態與研究成果而言，探求孟荀之同不如探索其異來得有意義：我們已有高度自覺的儒學體系──孟學，我希望發揚儒學的另一端、另一種可能──荀學的價值。因此，我願意以「後新荀學」為進路作一嘗試與探索，探索出我所認為荀子性惡論之實，以此作為我學術探索及對於社會關懷的一個起始點。

第四節　思想藍圖：本文的安排與開展

以上已對本文企圖以「後新荀學」為嘗試，作為重探荀子性惡論的意義與價值所秉持的理念以及研究進路、方法與範圍作一說明。現在，我將展示本文寫作的藍圖──即章節的安排與架構。本文共分為六章，除第一章為緒論、第六章為結論外，以下茲針對第二至第五章的內容作一介紹與鋪陳。

第二章為「打破性惡的偏見：重探荀子『性惡』的意義與內涵」。本章將先對於「性」的概念作一梳理，以明晰荀子所謂的「性」意義與內涵究竟為何，我們才能夠對於荀子人性論有著正確的認知，此是為第一節的重點。在

確認荀子對「性」的定義後，我將接著在第二節討論荀子「人性」論的特點所在，也就是明析其「人性」以人禽所共的欲望為內涵，而不作為「人之所以為人」的關鍵。順著這個脈絡，我將在第三節說明，在社會性脈絡下，我們可以稱荀子的性惡論的意義就是「人性本惡」。最後在第四節，我試圖從荀子文本中證明：荀子思想的起點在於重禮義師法，進而推論出性惡論；因此荀子性中無善端與價值的人性論就有其必要與可能。

　　第三章為「打破性善的誘惑：對荀子性惡論中具內在價值說法的批判」。我在這章將針對《荀子》中常被用以說明為性善論的根據以及作為具有內在價值的證據之幾段文字作疏解，以明晰荀子性論中，人是不含有內在價值的。第一節我將說明荀子所謂「可以知仁義法正之質」、「可以能仁義法正之具」（〈性惡〉）〔註171〕不可等同於孟子所謂的「良知」、「良能」。第二節則對於〈王制〉中「人有氣、有生、有知，亦且有義」〔註172〕一段來作梳理，以說明此處所說的「義」不是作為四端的內在價值，而是一種外在的倫理價值。第三節說明〈非相〉中「人之所以為人者，何已也？……以其有辨也。」〔註173〕一段，以辯說「辨」在荀子思想中只是一種中性能力，不能作為內在價值根據。第四節則針對〈彊國〉說：「人之所惡何也？曰：汙漫、爭奪、貪利是也。人之所好者何也？曰：禮義、辭讓、忠信是也。」〔註174〕說明這是修身後認知禮義的結果，不是天性的自覺。第四節針對〈禮論〉「人之於其親也，至死無窮」〔註175〕一段作討論，以說明「有知之屬莫不愛其類」不能作為人類特有的內在價值的根據，這是「動物」所共有的特質。

　　第四章為「打破形上的權威：荀子無根源性禮義的建構、施行與可能」。我將在此章說明：荀子人性論中沒有價值根源，對於價值體系的建立──禮義的開展並無影響，而且正顯現出荀子性惡論的特色與必要。首先我將論說，禮義的建立可以是不須要人性內在價值為依據的，更不須探求禮義的最高根源從何而來；也就是說，禮義就是一種人為互動中所逐漸形成的習慣與規範，這是第一節的論述重點。由此，我將可以說明所謂聖王制禮義，就是在長時間生活的經驗積累中，對先人的習慣與習俗所歸納出的一套價值體系。因此

〔註171〕〔清〕王先謙撰，沈嘯寰、王星賢點校：《荀子集解》，頁443。
〔註172〕〔清〕王先謙撰，沈嘯寰、王星賢點校：《荀子集解》，頁164。
〔註173〕〔清〕王先謙撰，沈嘯寰、王星賢點校：《荀子集解》，頁78。
〔註174〕〔清〕王先謙撰，沈嘯寰、王星賢點校：《荀子集解》，頁298。
〔註175〕〔清〕王先謙撰，沈嘯寰、王星賢點校：《荀子集解》，頁373。

聖人就是靠著積學而強化「辨」的能力而能夠看見人類長期利益與發展的人。禮義也不是憑空創造，而是在事中顯現價值，故無第一個聖人如何而來的問題。第三節我將說明，禮義與道德的形成是因為人的欲望在社會有限資源中競爭所必然，而無須內在善的根據作為為善與生制禮義的動力。第四節則論述在荀子性惡論脈絡下，強調聖王的權威與強制性乃有其必要，此為使人為善必然性所必需，這與其人性論的思維密切相關。

第五章為「打破復性的迷思：荀子性惡論下人趨向價值的可能與理想」。在這章我將說明，對於人為善與否，並不必然要探尋人內在的善端與價值，甚至是自覺的可能；只要順著荀子「認知心」的脈絡，我們就可以梳理出儘管荀子說人性惡，但人依舊可以為善的合理性，這是第一節所要談的。第二節我則要說明，知識能夠成就道德，只要我們能夠有正確的認知，就能夠形成正確的道德判斷力；而此則要靠「虛壹而靜」工夫以提升，並以此明晰，這是一種認知能力與道德合一的修養，並不是那麼內在的修身工夫。第三節將說明，荀子相信人能夠以自由意志選擇為善的可能，因此其特別強調「師」的重性。「師」作為一種非強制性的道德典範，就是荀子賦予人自主問學而為善的重要根據。最後第四節將論述荀子性惡論中，以修身而成聖為理想，這是一種道德內化的過程，使人性由惡轉善的過程，也即是一種人格的提升。當人透過認知形成聖人人格後，也就類似於孟子性善論所強調的自覺境界——只是孟子將此社會化的結果誤為本質的存有。

第二章　打破性惡的偏見：重探荀子「性惡」的意義與內涵

本章將先從荀子對於「性」的定義談起，以說明荀子和孟子同樣認爲「性」是人天生而有的，其不同之處在於「性」的內涵——也就是人天生而有的是什麼。就前者而言是「動物性的衝動欲望」，而後者則是「道德價值」。這樣的不同形成了孟荀人性論根本的差異，也就是人是否天生有內在道德根源。就此最根本的差異，我進而要指出，荀子所謂的「人性」都是就人禽所同的動物性欲望而言，也即是「人性」的內涵在社會脈絡而言，都是負面而沒有道德價值的；其道德價值完全在於後天外在人爲的創制與修養，這樣的理想人格的描述，荀子以「人」——人之所以爲人、哲學意義的人來指稱。因此，我們必須明辨荀子所謂「人性」與「人」論述脈絡上的不同。明乎此，我們也就可以了解，在社會脈絡中而言，我們可以說荀子的人性論所說的就是「人性本惡」而無疑，不能也不必稱說其人有內在道德根源。最後，我將說明，荀子的性惡論乃因應其重禮隆法思維而生，兩者可說是相輔相成，爲其理論建構所必需。

第一節　性：人禽所共之衝動

在釐清荀子人性論的眞義爲何之前，我們實有必要了解「性」在《荀子》中的意義與內涵。所謂的「性」對荀子而言是「生之所以然者」（〈正名〉）〔註

〔註 1〕〔清〕王先謙撰，沈嘯寰、王星賢點校：《荀子集解》，頁 412。

1」、是「天之就也，不可學，不可事。」（〈性惡〉）〔註 2〕由此我們必須把握的重點即是：性是天生而有，不待後天學習與修養，自然而然的一種特質。這正如徐復觀所言，性「指人生而即有之欲望、能力等而言，有如今日所說之『本能』。」〔註 3〕而這個重點也是最關鍵的問題所在，也可說是論說荀子人性論的寶鑰，至於如傅斯年所說「獨立之性字，爲先秦遺文所無；先秦遺文中，皆用生字爲之」、「荀子性惡天論兩篇中之性字應是生字」〔註 4〕等考據，甚或是考慮許慎《說文解字》的訓解：「性，人之陽氣，性善者也，從心，生聲」〔註 5〕等距荀子時代已久的論述，都是危險而無必要，徒增混亂已矣。歷來各式各樣的考據、論述莫衷一是，就如同拿著一大串鑰匙，讓人茫然不知哪把才是入門的金鑰，但荀子的「性」即所謂「生之謂性」大體是沒有問題的，我們只要緊扣這個核心即可。儘管這把金鑰看似老生常談，但論者卻往往沒有抓住其核心，本文即以此金鑰，打探荀子人性論的眞義與價值。

一、普遍意義的「性」：人禽共有

至此，必須注意的是，我在這裡拉出荀子對「性」的論述與用法，是就萬物普遍意義的「性」而言之，尚未觸及「人性」。在探究荀子人性論之時，必須循序漸進、按部就班，才能觸及荀子人性論的眞義；而在這裡我們還不能直接論述「人性」在《荀子》中的意義，正是要矯正過去對荀子人性論研究的毫釐之失——直接從《荀子》的「性」來論說「人性」。

「性」就荀子來說是「生之所以然者」，也就是說這應該是所有生物所共有的，應該是就普遍意義來說的「性」，而不能直接用這個「性」來討論「人性」。也就是說這個「性」是有生命的動物所共有的「性」，而不是人所特有的「人性」。荀子在〈王制〉中定義「性」是「生之所以然者」時，特別註明了「散名之在人者」〔註 6〕，這是荀子特別強調「人的哲學」脈絡下所做的論述。我們知道，哲學的思考多以人爲思考中心，或者至少是針對人的問題而發，否則這樣的哲學就沒有意義；試想今天我們發展一套「禽獸哲學」，對於沒有思維能力的鳥獸蟲魚，這無疑是沒有任何價值的，這正是所謂的對牛彈

〔註 2〕　〔清〕王先謙撰，沈嘯寰、王星賢點校：《荀子集解》，頁 435。
〔註 3〕　徐復觀：《中國人性論史・先秦篇》（臺北：商務印書館，2007 年），頁 6。
〔註 4〕　傅斯年：《性命古訓辯證》（臺北：新文豐出版公司，1985 年），頁 19、220。
〔註 5〕　〔東漢〕許慎著：《圈點說文解字》（臺北：萬卷樓，2006 年），頁 506。
〔註 6〕　〔清〕王先謙撰，沈嘯寰、王星賢點校：《荀子集解》，頁 412。

琴。所以我們可以說荀子關注的重點在「人性」，但不能直接將這個「性」當成「人性」而論，否則即會誤解荀子的思想理論。

　　關於這一點，我們可以從荀子在論說「性惡論」時，從未使用「人性」一詞，反而皆言「人之性」探得端倪。然而「人之性」與「人性」就論述上有什麼值得關注的差異呢？其實這樣的用例如與《孟子》做對照，就可以明顯看出二者的分別所在。與荀子正好相反的是，孟子從未使用「人之性」一詞來說明其人性論，反倒皆以「人性」論之；而《孟子》一書中唯一出現「人之性」一詞之處，正是告子言「生之謂性」一章。告子「生之謂性」的主張與荀子「生之所以然者謂之性」的定義十分相近，二者也常常被作為對照；我們不妨針對告子與孟子的這段人性辯論做一梳理，這將有助於我們更清晰地了解荀子「人之性」的論述內涵。

　　　告子曰：「生之謂性。」

　　　孟子曰：「生之謂性也，猶白之謂白與？」曰：「然。」

　　　「白羽之白也，猶白雪之白；白雪之白，猶白玉之白歟？」曰：「然。」

　　　「然則犬之性，猶牛之性；牛之性，猶人之性歟？」〔註7〕

　　　（〈告子上〉）

在這段辯論中，告子提出了「生之謂性」的論說，而這也是當時人們對於「性」的普遍理解，但孟子針對「性」的定義提出了他的創見，而將「性」作為人禽之辨的關鍵所在。其實照告子與當時對於「性」的普遍定義，我以為告子必定會在孟子的詰問後依然曰：「然！」只是《孟子》畢竟是孟子及其弟子輯錄而成，自然會讓這場論辯的記載表現出孟子更勝一籌，使告子為之語塞的情境。關於這次的論辯誰勝誰負，實際的情況如何我們無從得知，也不是問題的關鍵所在，我所要指出的是：荀子與孟子在對於「性」的認知不同的前提下，而有了截然不同的人性論述。

　　我想，如果說人和禽獸沒有分別大概沒有人會同意的，但是我們卻也必須承認，人與禽獸的確有其共通處所在，孟子不也說「人之所以異於禽於獸者幾希」〔註8〕嗎？可見孟子也承認了人與禽獸的共通處，只是他極力否認這樣的共通點是建立在「性」之上，因此其自然不能同意「犬之性，猶牛之性；牛之性，猶人之性」了。至於荀子則順著當時普遍對於性的認知，將人與禽

〔註7〕〔漢〕趙岐注，〔宋〕孫奭疏：《孟子注疏》，頁193。

〔註8〕〔漢〕趙岐注，〔宋〕孫奭疏：《孟子注疏》，頁145。

獸的共同點建立在「性」這一方面，如此一來，其所謂的「人之性」指的就是就普遍動物意義上的「性」在人所展現出的特質與傾向，這也就如同「性」顯現在牛身上稱之爲「牛之性」、「性」顯現在犬之上則稱爲「犬之性」，這也可以了解到荀子所謂「散名之在人者」的意義，即是那動物所共有的「性」在人身上所展現的衝動與趨向。如此一來，我們就可以了解到，荀子所謂的「性」，是人與禽獸所共有而無別的。關於這樣的區別，王楷有著清楚的分判：

> 孟子從「人之所以異於禽獸者」意義上，亦即從現代哲學語言之所謂「本質」（essence）的意義上言性，性以先驗的道德情感爲內容，是「人之所以爲人者」；而荀子則從「生之所以然者」（亦即告子所謂「生之謂性」）意義上言性，性在內容上只是生物學意義上的生理本能（appetency）。〔註9〕

也就是說荀子的「性」不像孟子一樣作爲「人之所以爲人」的關鍵所在，而是作爲一種普遍意義的「動物性」，是人禽所同之處。張岱年即指出：「孟子所謂性者，正指人之所以異於禽獸之特殊性徵。人之所同於禽獸者，不可謂人之性。」〔註10〕這即是孟子將「性」的意義根本倒轉後所造成的結果，他在〈盡心下〉即言：

> 口之於味也，目之於色也，耳之於聲也，鼻之於臭也，四肢之於安佚也，性也，有命焉，君子不謂性也。仁之於父子也，義之於君臣也，禮之於賓主也，知之於賢者也，聖人之於天道也，命也，有性焉，君子不謂命也。〔註11〕

我們必須了解到孟子的「性」可以說就是仁義禮智，也就是一種道德內涵，不能以這樣的「性」去理解荀子所謂體現在動物上普遍的「性」。至此我們可以看出，荀子所謂的「性惡論」自始至終都是講「人之性惡」，而不是講「人性惡」，因爲他所謂「人的性」是與「牛的性」、「犬的性」一樣的，是人禽所共有的，不是「人之所以爲人」的獨特性；然而「人性」卻是人所特有的，是「人之所以爲人」的關鍵所在。所以說，荀子所謂「人之性惡」，是就動物所共有的「性」來談「惡」，而不是說人所異於禽獸而爲人所特有的「人性」上言「惡」。

〔註9〕 王楷：《天然與修爲——荀子道德哲學的精神》（北京：北京大學，2011年），頁55。

〔註10〕 參見孔憲鐸、王登峰：《基因與人性》（北京：北京大學出版社，2009年），頁54。

〔註11〕 〔漢〕趙岐注，〔宋〕孫奭疏：《孟子注疏》，頁253。

關於荀子論「性」的特點，路德斌也觀察到了其「不具有『人之所以為人』的內涵和規定」〔註12〕，但他還更進一步指出：「在荀子的觀念架構裡，『性』概念所涵蓋的內容，對人來說，其實並不是『人性』之全，而只是其中的一個層面。」〔註13〕「『性』和『人』是不可以互換、替代的。」〔註14〕我想路德斌指出荀子所謂的「性」不等於「人性」這點是正確的，但如果硬是要將「性」的概念與「人」的概念分開而論，我想那倒可不必。因為「性」天生就是存在於人的傾向與衝動，說「性」不等於「人」的概念這當然可以理解，但如此論述無非是要說明「性惡」不等於「人惡」，進而將荀子的「性惡論」導向「性善論」，這就落入了性善的誘惑之中了。且我們不能因為荀子的理論認為人可以為善就說荀子不為「性惡論」，如此一來有何哲學與思想不是性善論呢？難道古今中外有什麼哲學是專教人為惡的嗎？因此，我們應該要正視荀子「性惡論」的實質內涵，而不該企圖將荀子的理論從「性惡論」中分離。

二、「性」是一種衝動與傾向

荀子所謂的「性」除了在上一個小節所強調的，是一種就生物而言普遍共有的「性」，這樣的「性」在狗、在馬、在人都是一致的。然而性還有一個重要的特質即是：其是作為一種衝動與傾向而言，這也就是如蔡仁厚所說，「以欲為性」是荀子性論的最大特色。〔註15〕也就是說，所謂的「性」是人生而有的好惡，那是一種會自然而然造成人對於欲望追求的衝動，以及導致人行為方向的一種傾向。所以正如荀子所言：「生之所以然者謂之性。性之和所生，精合感應，不事而自然謂之性。性之好、惡、喜、怒、哀、樂謂之情。」（〈正名〉）〔註16〕也因為如此，我們不應該單純以荀子以下這段文字來判斷荀子「性」的內涵：

> 凡性者，天之就也，不可學，不可事。……不可學、不可事而在人
> 者謂之性。（〈性惡〉）〔註17〕

我必須說，許多學者根據荀子這段話對於「性」的定義，而將「心」納入「性」

〔註12〕路德斌：《荀子與儒家哲學》，頁106。
〔註13〕路德斌：《荀子與儒家哲學》，頁107。
〔註14〕路德斌：《荀子與儒家哲學》，頁115。
〔註15〕參見蔡仁厚：《孔孟荀哲學》，頁390。
〔註16〕〔清〕王先謙撰，沈嘯寰、王星賢點校：《荀子集解》，頁412。
〔註17〕〔清〕王先謙撰，沈嘯寰、王星賢點校：《荀子集解》，頁435～436。

之中，這是有問題的。〔註18〕即便如荀子所說：「人生而有知」、「心生而有知」（〈解蔽〉）〔註19〕，其對「心」生而有的論述的確是符合「性」所謂「不可學、不可事而在人者」的定義，但是我們同時還必須保握到荀子「以欲為性」的特色。所謂的「欲」是一種會自然而然造成人衝動的傾向，正如荀子對於「性」的內涵所描述的：

> 今人之性，生而有好利焉，順是，故爭奪生而辭讓亡焉；生而有疾惡焉，順是，故殘賊生而忠信亡焉；生而有耳目之欲，有好聲色焉，順是，故淫亂生而禮義文理亡焉。然則從人之性，順人之情，必出於爭奪，合於犯分亂理而歸於暴。（〈性惡〉）〔註20〕

很顯然地，荀子對於「性」內涵的描述，是就欲望與衝動而言，而且這樣的衝動如果沒有後天禮義教化與制約，就會形成爭奪的情況，造成社會的暴亂。那麼我們就可以了解到，所謂的「心」並不會造成人的衝動與欲望，我們就不應該將之納入「性」之中來討論。即便「心知」是生而有的，但是那只是一種中性的能力，不可謂之善也不可謂之惡；而且這樣的能力並不會如食色——即所謂的「性」——不須要任何觸發，人天生就會顯現出這樣的衝動與傾向。我的意思是，我們天生就有吃飽喝足的衝動與欲望，這不必任何教導就會自然而然顯現出來；我們生來至性成熟後，自然會有性欲造成想與人交合的衝動，這也是不必教導自然而然就會表現出來的。〔註21〕那麼「心知」的能力呢？我想「能力」是不會造成衝動與導致任何傾向的。

再者，我們要注意的是，荀子所謂的「性」是生物上普遍意義的「性」，

〔註18〕 參見何淑靜：《孟、荀道德實踐理論之研究》，頁50～53、王靈康：《荀子哲學的反思：以人觀為核心的探討》，頁66～69。

〔註19〕 〔清〕王先謙撰，沈嘯寰、王星賢點校：《荀子集解》，頁395、396。

〔註20〕 〔清〕王先謙撰，沈嘯寰、王星賢點校：《荀子集解》，頁434～435。

〔註21〕 如就佛洛伊德的理論而言，「從嬰兒到成人，各階段都受到活躍的『性』驅力持久的促動，這種性驅力是一種普遍的追求身體快感的須要。身體的有些部位有時能帶來更多的快感，這就是敏感區。身體的三大敏感區依次是嘴巴、肛門和生殖器。在每個特定的階段，快感的獲得由一個特定區域主導，因此，三個主要階段為：口腔期、肛門期、性器期。」參見〔英〕Rom Harré 著，劉儒德等譯：《50位改變心理學的大師》（臺北：五南，2009年），頁328。那麼我們甚至可以說，人從出生就有著或顯或隱的「性」（sex）衝動。即便我們可能認為佛洛依德的理論太過強調「性」的重要性，我們也不能否認，人一出生就有著強烈的感官欲望滿足的衝動，這也就是人之動物性最原初也最自然的表現。

也就是說，如果把「心」納入「性」中，就會造成禽獸也有「心」的窘境。那麼我們又要如何解釋荀子所謂「人生而有知」、「凡以知，人之性也」（〈解蔽〉）〔註22〕這樣的論述呢？何淑靜即以此來論證，荀子的「心是性」的面向。〔註23〕我們還可以注意到〈王制〉中的一段文字是謂「禽獸有知而無義」〔註24〕，以及〈禮論〉中所說「有血氣之屬必有知，有知之屬莫不愛其類。」〔註25〕這兩段文字同樣表達了「禽獸有知」的概念，這就使我們不得不進一步思考，荀子這裡所謂的「知」，真的就是「心知」的能力嗎？如果真是如此，那麼荀子的理論就會有很大的問題——禽獸也有「心」、有「心知」的能力，那麼禽獸應該也可以知禮義，如此則人禽就真的無別了。但顯然在現實上並沒有這樣的情形發生，所以在這裡我們必須推斷：「人生而有知」的「知」、「凡以知，人之性也」的「知」、「禽獸有知而無義」的「知」、「有血氣之屬必有知」的「知」，不是「心知」的能力。

所以說以上這三個「知」並非「心知」，這點我們可以從可能造成「禽獸有知」最為關鍵的「有血氣之屬必有知」一段來觀其詳。楊倞對這裡的「知」注為「性識」〔註26〕，也就是一種依感官之性而形成的認識，以現代的話語來說，就如同陳大齊所謂的「知覺」。〔註27〕所以說，這裡所謂的「知」不是「心知」的能力，而是一種感官知覺的能力，這樣的能力即是所謂的「目好色，耳好聽，口好味」（〈性惡〉）〔註28〕之屬的欲望。〔註29〕那麼我們就可以

〔註22〕〔清〕王先謙撰，沈嘯寰、王星賢點校：《荀子集解》，頁395、406。

〔註23〕參見何淑靜：《孟、荀道德實踐理論之研究》，頁50。

〔註24〕〔清〕王先謙撰，沈嘯寰、王星賢點校：《荀子集解》，頁164。

〔註25〕〔清〕王先謙撰，沈嘯寰、王星賢點校：《荀子集解》，頁372。

〔註26〕〔清〕王先謙撰，沈嘯寰、王星賢點校：《荀子集解》，頁164。

〔註27〕參見陳大齊：《荀子學說》，頁119。另熊公哲也在「有血氣之屬必有知」一句譯為「有血氣之物，必有知覺。」參見氏著：《荀子今註今譯》（臺北：商務印書館，1984年），頁401。較為晚出且注解精實的北大哲學系注本也認為此處的「知」是為「知覺」，參見北大哲學系注：《荀子新注》（臺北：里仁書局，1983年），頁392。

〔註28〕〔清〕王先謙撰，沈嘯寰、王星賢點校：《荀子集解》，頁438。

〔註29〕在〈性惡〉這段文字中，荀子同時也說了「心好利」，這樣看來「心」似乎可以歸到「性」的層次，其實不然。荀子這裡所謂的「心好利」雖就欲望層次而言，但其所要表達的是一種生而有的欲望追求，這裡的「心」不能歸入「認知心」的心，而應該說是一種欲望的主體意識，這裡的「心」只是被荀子作為感官知覺的一環。當然這或許如何淑靜所說，「心」這樣的自然情欲表現，就是「心是性」的證據。（參見氏著：《孟、荀道德實踐理論之研究》，頁50。）

了解到，荀子所謂的「禽獸有知」、「有血氣之屬必有知」只是就感官知覺的而論，而不是人所獨有、層次更高的「心知」能力而論，否則就會形成禽獸有「心知」能力的謬誤。由此來看，「凡以知，人知性也」的「知」，也不會是就「認知」能力而言，因爲正如我所說的，荀子認爲「性」是人禽所共有，那麼這裡的「知」就不會是「心知」的能力。至於「人生而有知」必須還原到〈解蔽〉的文字脈絡來看：

> 人生而有知，知而有志。志也者，臧也，然而有所謂虛，不以所已臧害所將受謂之虛。心生而有知，知而有異，異也者，同時兼知之。同時兼知之，兩也，然而有所謂一，不以夫一害此一謂之壹。（〈解蔽〉）〔註30〕

我們必須區分荀子論述的兩個層次：「人生而有知」與「心生而有知」。爲什麼荀子在論述「心」何以「知道」的「虛壹而靜」工夫時，要分別言「人生而有」和「心生而有」？想必這兩個論述脈絡有其差異，其所指之「知」的層次也不同。所謂「人生而有知」的「知」是指感官知覺，這樣的感官知覺可以讓我們感知外物，進而進入到心中形成記憶。就好比我們以口嚐到蜜糖的滋味很甜，這個很甜的感覺就會進入到心中形成記憶；而我們可能會根據此記憶而有貪求再吃到這樣的甜蜜滋味的欲望。而「心生而有知」才是直接就「心知」的能力而言。也就是說，前者言「人生而有」是因爲其不是直接就「心」而言，而是從人的感官感覺而論；後者言「心生而有」正是因爲其

但我以爲，荀子這裡所謂的「心」與「認知心」根本是二不是一，也就是說，荀子這裡所謂「心好利」只是就人的感官欲望來說，他可能根本沒有意識到他這裡用到所謂「心」的概念。如果要如何淑靜將荀子的心就「生而有」說與就「實踐工夫」說來區分「心是性」與「心不是性」的兩個層次，則荀子所謂的「心」所指涉的對象就必須是同一個「認知主體」。但顯然荀子在論「心」時，都是就人所特有的「認知心」主體而論，而不是就欲望衝動層次而論「心」，這裡的「心好利」可說是文本中少數就欲望衝動層次來論述之例，我們不可就此將所謂的「認知心」納入「性」之中，因爲荀子所談的「心」是人的「認知主體」，根本不是這裡「心好利」所謂的欲望。因此我們可以推論，這裡所謂的「心好利」的「心」，只是荀子用以表達天生感官欲望的一個代稱。也就是「好色」可以「目」承受之、「好聽」可以「耳」承受之、「好味」可以「口」承受之，但「好利」這個欲望似乎沒有實質上可以用以承受之的感官，於是荀子便以「心」涵括之，其所要表達的只是人有好利這樣的傾向，並沒有要將「心」納入「性」的意味。

〔註30〕〔清〕王先謙撰，沈嘯寰、王星賢點校：《荀子集解》，頁 395～396。

是就「心」本身的認知來談。所以這裡所說人生而有的「知」、屬於「性」的「知」都是就感官知覺而言，不屬於「心知」的能力。

由此，我們即不可將「心」納入「性」之中，因為其不具有欲望與衝動的傾向特質，不會生而自然顯現出來，而只是作為一種能力而言。正如王靈康所認知到的：「荀子論『性』有個特殊之處，就是關於『心』的討論並未列於其中」〔註31〕，荀子如此來論「性」是有其脈絡的。但我們或許不必如王靈康等學者，即便了解到荀子不以「心」論「性」，卻以「人觀」、「人的概念」來代替「人性論」的討論。〔註32〕我必須再次強調，這樣做無非就是要證明一點：人不是惡的或是人不全是惡的，以此來說人有天生的內在價值。這就是我所說的性善的誘惑。如此不僅忽視荀子論述的脈絡以及其「以欲為性」的特質。進一步來說，以「人觀」等角度來論述荀子的人性論，無疑是將「性」抽離了「人」。所謂「性惡不等於人惡」，那麼談「性」對於人還有什麼意義？就是因為「性惡」造成人各種欲望傾向，人在受禮義教化之前受此欲望制約，為何可以說「性惡不是人惡」呢？況且，「心知」是一種中性的能力，將之納入「性」中或「人」中都不能藉此說性有內在善的價值。如果你認為即便將「心」納入「性」中、「人」中不能說人有內在善的價值，至少可以說人性可以為善、不全是惡；但關鍵在於，「欲望」會自然驅使人的衝動，使人成為一種惡的傾向，而「心知」能力就只是中性的，不會自動驅動人的傾向與行為，那麼何以能藉此說人性不為惡。

總之我們必須把握荀子「以欲為性」的重點，不能將「心」納入「性」之中，而必須以荀子對於「性」本來的認知與脈絡作討論。

第二節　人性：「生物意義的人」本有之性

在第一節中，我論述了荀子所謂的「人之性」並非人之所以為人的關鍵，也就是他所謂的「人之性」是動物所普遍共有的「性」，而不是孟子所謂「人

〔註31〕王靈康：《荀子哲學的反思：以人觀為核心的探討》，頁66。

〔註32〕王靈康以「人觀」為主軸重新檢討了荀子性惡論的學說；路德斌雖未直接提出「人觀」「人論」等概念，但其明白表示「性」不等於「人」，「性惡」不等於「人惡」，無疑也有著這個意味；東方朔則以「人的概念」來反思荀子的心性問題。參見王靈康《荀子哲學的反思：以人觀為核心的探討》，頁45～76、路德斌：《荀子與儒家哲學》，頁104～108、東方朔：《合理性之尋求：荀子思想研究論集》，頁175～206。

之所以爲人」的「人性」。如此說荀子的「性」不同於孟子的「性」大概沒有什麼人會反對。而造成這樣的差異所在，似乎是因爲孟子改易了傳統「性」的意義，而對於「性」有了新的創見，因此可能會有學者如路德斌推導出以下這樣的結論：

> 孟子的「命」對傳統的「性」觀念來說，僅僅是名稱上的更易，並無內容上的改變，而荀子又恰恰是在傳統的意義上使用「性」一概念，那麼毫無疑問，荀子的「性」與孟子的「命」之間當然也只存在著名稱上的差別而無內容上的不同。〔註33〕

如此一來，孟荀之間的差異似乎就驟然縮小許多，甚至十分相似，彼此之間的差別，好像就只是用字上的不同罷了！但是我必須指出的是，孟荀之間人性論差異的關鍵點或許並不在於「性」的內涵如何及其用字的改易，否則孟荀之爭不至於爭論千年而不休，荀子的地位與名聲也不會一再被貶抑到如此地步。

其實，荀孟之間人性論的差異，眞正的關鍵點在於：人是否有先夫的道德價值內在於人。或許可以說，荀子和孟子對於「性」的用法，同樣接受了生而有之、不待學的基本定義，荀子說：「不可學、不可事而在人者謂之性。」（〈性惡〉）〔註34〕而孟子亦言：「人之所不學而能者，其良能也；所不慮而知者，其良知也。」而「良知」「良能」的內涵是「孩提之童，無不知愛其親者；及其長也，無不知敬其兄也。親親，仁也；敬長，義也。無他，達之天下也。」（〈盡心上〉）〔註35〕如此我們便可以了解到孟荀對於「性」的理解都是生而即有在於人的。只是荀子賦予「性」普遍的動物性衝動內涵：

> 今人之性，生而有好利焉，順是，故爭奪生而辭讓亡焉；生而有疾惡焉，順是，故殘賊生而忠信亡焉；生而有耳目之欲，有好聲色焉，順是，故淫亂生而禮義文理亡焉。（〈性惡〉）〔註36〕

而孟子給予「性」道德的內涵：

> 惻隱之心，仁之端也；羞惡之心，義之端也；辭讓之心，禮之端也；是非之心，智之端也。人之有是四端也，猶其有四體也。（〈公孫丑上〉）〔註37〕

〔註33〕路德斌：《荀子與儒家哲學》，頁111。
〔註34〕〔清〕王先謙撰，沈嘯寰、王星賢點校：《荀子集解》，頁436。
〔註35〕〔漢〕趙岐注，〔宋〕孫奭疏：《孟子注疏》，頁232。
〔註36〕〔清〕王先謙撰，沈嘯寰、王星賢點校：《荀子集解》，頁434。
〔註37〕〔漢〕趙岐注，〔宋〕孫奭疏：《孟子注疏》，頁66。

荀孟間對於「性」的內涵之差異，其關鍵點即如孔憲鐸和王登峰所指出：

> 孟子的「性善論」所指的是「習相遠」的習性，也就是人的文化性，
> 這不是由基因遺傳的天性，故不能列爲天性並用來決定「善與惡」
> 的依據。荀子的「性惡論」所指的是「性相近」的天性，也就是人
> 的動物性。〔註38〕

也就是說荀子是就人的「動物性」來說「性」，而孟子則將人的「文化性」作
爲「性」的內涵，這樣的論述就不僅僅是「性」內涵的不同才造成荀孟在人
性論上所論述的「人」形成了兩個層次。這之間的差異，大致可如蔡錦昌所
抽繹出的幾個關鍵來把握：

> 荀子的「性」內沒有禮義之端倪而孟子的「性」內有……荀子在「性」
> 外求禮義而孟子在「性」內求仁義……荀子主張「人爲」才有禮義
> 而孟子主張「勿喪」即有仁義……荀子的「性」論重點是「在天性
> 之外設想辦法」而孟子的「性」論重點則是「在天性之內就有辦法」。
>
> 〔註39〕

如此看來，既然孟荀對於「性」的認知都是「人生而有的」，但孟子所謂生而
有的是道德的價值，荀子所認爲生而有的是欲望衝動（在社會脈絡而言就是
惡），如此豈可說二者的人性論的差異不大呢？

　　就「性」天生而有的這個概念，是荀子與孟子都沒有異議的，而「天生
而有」用生物學或現代醫學來說，就是可以遺傳的特質。那麼我們可以很明
顯地了解到，荀子所謂的動物性本能的衝動──食色等欲望，即符合這樣的
定義──那是一種代代相傳而不變、不必學習即擁有的本能。然而孟子所謂
的四端之心、道德之性，就經驗與科學的判斷來說，是不會遺傳，而要靠著
後天學習才有的。當然這並不是孰對孰錯的問題，而在於荀子注重的是經驗，
是根據人出生後的現象所論述的──像是飢而欲食、寒而欲暖等天性來觀
察；而孟子則是講求一種形上的思維，是一種基礎主義式的論述。我以爲，
這樣的基礎主義式的論述，會造成人性論上的許多困境，而荀子反基礎主義
下所建構的人性論，正可以凸顯出孟子人性論的問題，並以此顯示出荀子性
惡論的特色所在。以下我即先透過對孟學式基礎主義人性論作論述與反省，
並藉此導出荀子性惡論的特色與價值。

〔註38〕孔憲鐸、王登峰：《基因與人性》（北京：北京大學，2009年），前言頁4。
〔註39〕蔡錦昌：《拿捏分寸的思考：荀子與古代思想新論》（臺北：唐山出版社，1996
　　　　年），頁136。

一、孟子基礎主義式人性論的反思

孟子這樣的「人性本善」思維，是從古希臘以來本質主義傳統的哲學論述方式，也就是普遍認為人有一種本質，決定了什麼是人並將人與其他動物區別開來的思維。〔註40〕這樣的思維正是孟子以「性」作為「人禽之辨」的關鍵，作為「人之所以為人」的核心，就如徐宗良所言：

> 如若把人的同情心、辭讓心（積極情感），人的羞恥感、悔恨感（消極情感）視為人的道德泉源的內在要素，再融入人的理智直覺乃至理性特性和追求完善的自然傾向，就構成了人性道德善的內涵，這樣的人性與其他動物在本質上是完全不同的。〔註41〕

但是以荀子如此經驗取向的哲學論述，我們似乎不該以這樣的思維方式去理解荀子的人性論，否則很可能會造成誤解與誤讀。因此我以後現代思維的反基礎主義試圖去建構後新荀學的嘗試，即是要在孟學這種基礎主義思維，尋找根源性價值的論述方式之外，企圖探尋與還原荀子人性論的意義。正如羅蒂所說：「沒有知識份子會相信，在我們內心深處有一個標準可以告訴我們是否與實在相接觸，我們什麼時候與（大寫的）真理相接觸。」〔註42〕或許有人會說他相信孟學所謂的良知，根植於內心深處的真理，但是我以為以荀子的經驗性格是不會相信的──至少像我這樣的詮釋者是不相信的。我們所要追求的是如羅蒂所說，背後沒有任何支柱的一個信念與情感的網絡〔註43〕，這正是我所要以現實與經驗凸顯出荀子人性論的價值所在。

孟子這種把「性」作為「人之所以為人」的關鍵，也就形成了一種「人」一出生就形成了一種「哲學意義上的人」，而不僅僅是「生物意義上的人」。因為他所謂的仁義禮智四端，照理說都是經過後天文化薰陶學習而有的，而不是人生而即有的「性」。而孟子既然把後天的文化性加到人生而即有的「性」之中，則會造成「做人」的起點過高的問題，孔憲鐸和王登峰對此有著深刻的描繪：

> 這四端成了中國人「做人」的起點和資格。孟子的性善論把人的標

〔註40〕 參見徐宗良：《道德問題的思與辨》（上海：復旦大學出版社，2011 年），頁 20。

〔註41〕 徐宗良：《道德問題的思與辨》，頁 44。

〔註42〕 〔美〕理查德‧羅蒂，黃勇編譯：《後哲學文化》（上海：上海譯文，2006 年），頁 14。

〔註43〕 參見〔美〕理查德‧羅蒂，黃勇編譯：《後哲學文化》，頁 189。

準定得太高了，也就是把「做人」的起點定得太高了。（筆者案：參
見第一章第二節圖一），很難做得到。相反，性惡論則在西方文化中
佔有主導地位。基督教的原罪說就是一種典型的性惡論。……在西
方信奉人性本惡的文化中，「做人」的起點離人性中的動物性很近，
故而「做人」是一件順其自然的事情，因為在西方你一生下來就是
人，用不著「做人」。〔註44〕

這也就是說，孟子以仁義禮智四端作為「人性」的內涵，使其在論人初生時
本有的天性時，就把人當作「哲學意義上的人」在討論。所謂的仁義禮智，
就經驗論者與科學思維來看，應該是後天的文化所塑造形成，而不是先天生
於人性之中。

　　有人或許會為孟子提出辯解，認為孟子所說的仁義禮智四端只是「知皆
擴而充之矣，若火之始然，泉之始達」（〈公孫丑上〉）〔註45〕的善端，只是說
人有為善的可能，他並不是就完成義來說。孟學論者或許亦會表示，他們當
然知道道德須要後天文化的薰陶，須要人後天的修養，而逐漸累積成為崇高
的道德人格，孟子講善端並沒有將後天文化性誤納入先天的性之中啊！對
此，我想我須要進一步說明。我當然明白孟子四端的道德內涵就人而言只是
個善端，並不是完成義，還須要後天的涵養才能真正達到道德人格完滿的境
界；但我所要強調的是，孟子論述所謂的四端，也可以說是一種良知，這無
疑就是承認人初生時即存在著「道德感」以及內在自然存在著一種道德價值
判斷的「標準」，這個先天內在的「道德感」與「價值判斷的標準」才是我所
要質疑的。我想我並沒有誤解孟子的意思，他說：

　　所以謂人皆有不忍人之心者，今人乍見孺子將入於井，皆有怵惕惻
　　隱之心。非所以內交於孺子之父母也，非所以要譽於鄉黨朋友也，
　　非惡其聲而然也。由是觀之，無惻隱之心，非人也；無羞惡之心，
　　非人也；無辭讓之心，非人也；無是非之心，非人也。惻隱之心，
　　仁之端也；羞惡之心，義之端也；辭讓之心，禮之端也；是非之心，
　　智之端也。人之有是四端也，猶其有四體也。（〈公孫丑上〉）〔註46〕

所謂人皆有不忍人之心，即意謂著人都有著道德感存在，其所謂的惻隱之心、

〔註44〕孔憲鐸、王登峰：《基因與人性》，頁62。
〔註45〕〔漢〕趙岐注，〔宋〕孫奭疏：《孟子注疏》，頁66。
〔註46〕〔漢〕趙岐注，〔宋〕孫奭疏：《孟子注疏》，頁65～66。

羞惡之心、辭讓之心也可以說就是道德意識，而是非之心就是道德判斷的標準，孟子更以人有四肢爲對比，來強調這樣的道德感與道德標準是內在於人的。進一步來說，我們從孟子對孩童的看法，可以更加確定孟子認爲這道德感與道德判斷力是夫生內在於人的：

> 人之所不學而能者，其良能也；所不慮而知者，其良知也。孩提之
> 童，無不知愛其親者；及其長也，無不知敬其兄也。親親，仁也；
> 敬長，義也。無他，達之天下也。（〈盡心上〉）〔註47〕

所謂的不學而能的「良能」與不慮而知的「良知」可說就是「道德感」與「道德標準」內在的說明，而還未經教化的孩童也能知道愛其親，這就意謂著孟子肯認孩童也有著良知良能。如果你說我從孩童來看可能含有一絲教化的痕跡，不能眞正顯現出人原初的狀態，那麼我們可以再從其對於初生嬰兒的論述來應證，孟子說：「大人者，不失其赤子之心者也。」（〈離婁下〉）〔註48〕照其道德論述而言：「仁，人心也；義，人路也。舍其路而弗由，放其心而不知求，哀哉！人有雞犬放，則知求之；有放心，而不知求。學問之道無他，求其放心而已矣。」（〈告子上〉）〔註49〕人會爲惡是因爲放失了天生的善端、善性，如此初生的嬰兒反倒成了道德感、道德標準最完善的「性善」者，由此我們可以十分肯定，孟子的人性理論中，道德感是天生內在於人的。

孟子這樣的道德內在說對經驗論者來說，主要可能會在以下三個問題方面感到不安：第一，人天生就有道德感是不能成立的；第二，四端的論述是誤將後天文化性當作天性；第三，四端說造成人自我認同的危機。

（一）人不應有天生的道德良知

孟子所謂的四端，也就是人天生具有道德感與道德標準，如果以實用主義的觀點而論，是讓人難以相信的。正如羅蒂所說：

> 像柏拉圖和達米特那樣認爲，關於實際上是否有道德價值存在「在
> 那裡」，確實有一個重要的哲學問題。另一方面，對於戴維森來說，
> 說有善存在在那裡，與說有紅存在在那裡完全一樣，是沒有太大的
> 意義的。〔註50〕

〔註47〕〔漢〕趙岐注，〔宋〕孫奭疏：《孟子注疏》，頁232。
〔註48〕〔漢〕趙岐注，〔宋〕孫奭疏：《孟子注疏》，頁144。
〔註49〕〔漢〕趙岐注，〔宋〕孫奭疏：《孟子注疏》，頁202。
〔註50〕〔美〕理查德·羅蒂，黃勇編譯：《後哲學文化》，頁225。

本質主義企求找一個人為善的背後形上根據，因而像孟子者流，信仰人天生就有道德的善端，作為人為善的基礎，但就像羅蒂和我這樣的詮釋者所持的後現代態度就是「不相信元敘說」。〔註51〕我們從現實與經驗來思考，對於人是否有孟子所說的善端，從觀察初生的嬰兒與幼童來看，的確是難以苟同孟子的四端之說。正如道金斯（Richard Dawkins）所描述的：「你應該聽過整窩的小豬都吵著要第一個被餵？還有，你是否看過幾個小男孩搶著吃最後一塊蛋糕？自私似乎是兒童行為的主要特徵。」〔註52〕初生的嬰兒甚至是孩童，在沒有受到足夠的文化薰陶與教化時，是充滿動物性的衝動的，並沒有任何的文化性行為。幼兒的搶食與哭鬧要奶的行為，否定了孟子的辭讓之心；幼兒隨心所欲便溺或是袒露身軀而不會有羞赧之情，否定了孟子的羞惡之心；幼兒無法自覺判斷搶玩具與揮打他人是否是正確的行為，否定了孟子的是非之心；幼兒沒法自然地去同情他人的悲苦，否定了孟子的惻隱之心。說孩童沒有惻隱之心可能會有人反對，因為當幼兒看到人不開心時，似乎也會影響到他們的情緒。我以為那些情緒的起伏只是一種孩童對於外界環境的反饋，如果要把這樣初級的情緒視為惻隱之心，惻隱之心未免也太過廉價。〔註53〕況且，很多這樣所謂看似「惻隱之心」的情緒與反應，可能背後還含有利己動機，關於這點，在第三章第四節會做進一步的說明。無論如何，我認為人天生內在存有道德感的論述是不能成立的。

〔註51〕〔美〕理查德・羅蒂，黃勇編譯：《後哲學文化》，頁189。

〔註52〕〔美〕道金斯著，趙淑妙譯：《自私的基因——我們都是基因的俘虜？》（臺北：天下文化出版，2002年），頁195。

〔註53〕正如皮亞傑（Jean Paul Piaget）和柯柏格（Lawrence Kohlberg）所主張，孩童並不懂道德，精確的道德觀念要到青春期才會發展出來。在那之前，幼童的好壞、對錯觀念就只是和獎勵、懲罰與社會習俗相關。雖然高普尼克（Alison Gopnik）反對這樣的說法，並樂觀地表示孩童應該具有某些道德基礎，但她亦不得不否認，嬰孩擁有強大的力量去改變自己的道德判斷與行為，這或許正不自覺地承認了道德是在後天環境中建構出來的。高普尼克甚至說嬰孩在很小的時候就有「同理心」，但她對同理心的說解卻又脫離不了孩童為了得到他人的善意而滿足自己欲望說起，我想這所謂的「同理心」並非具有道德價值的「同理心」，也就不等同孟子所說的「惻隱之心」。因此，幼童的心理狀態應如皮亞傑等發展心理學家所認知的——人沒有天生的道德感。參見〔美〕艾利森・高普尼克著，陳筱宛譯：《寶寶也是哲學家：幼兒學習與思考的驚奇發現》（臺北：商周出版，2010年），頁260～267。

（二）四端是誤將後天修養的結果作天性

在否定了道德感天生內在於人的論述後，我必須進一步指出，孟子的四端之說是誤把後天的文化性作爲人先天的本性而論。孔憲鐸和王登峰就說：「被稱爲仁、義、禮、智的四端不是天賦自然的本性，而是人的社會本性，也就是本書所稱人性中的文化性，這是不能世代相傳下去的，是要靠學習才能得到的。」〔註54〕也就是說，惻隱之心、羞惡之心、辭讓之心、是非之心都應該是後天學習後才有的，不可能是先天內在於人的。徐復觀曾說：「我們可以了解，孟子不是從人身的一切本能而言性善，而只是從異於禽獸的幾希處言性善。幾希是生而即有的，所以可稱之爲性；幾希即是仁義之端，本來是善的，所以可稱之爲性善。」〔註55〕我可以了解孟子從「幾希處」言人性——也就是所謂的道德感，但重點就在於他不該把後天逐漸形成的道德感當作人的本性而論。

我想我並沒有誤解孟子四端的意義，我所要否定的就是那未完成義的「善端」，我必須強烈地指出，人天生就是沒有一絲一毫的道德感與價值判斷的標準，「人的天性是在 100%的動物性和 0%的文化性的水平上。」〔註56〕正如前文所提到的嬰幼兒的行爲，完全展現出人動物性的一面，而沒有所謂仁義禮智的表現，仁義禮智的行爲是人經過後天文化薰陶的產物。對於道德的形成，徐宗良有著正確的說明：

> 原初道德的產生與形成是一個無意識的非自覺的過程，是一種自然的生活方式，不是像康德所言是自覺地爲自己立法。在長期的共同生活中，人們逐漸會滋長出一定的道德意識和道德情感，此時的道德意識還不會是理性自覺的產物，而是共同體生活中形成的經驗直覺，此時的道德情感也不可能是理性指引下的情感，更多的是非理性的社會本能與心理積澱。〔註57〕

章斐宏也指出：

> 人性是一個過程。它隨著人的（總體和個體）自然本質的發展而發展；它隨著人的（先天和後天）理性能力的發展而發展；它隨著人的（繼承和突破）社會理性的發展而發展。〔註58〕

〔註54〕孔憲鐸、王登峰：《基因與人性》，頁 51～52。

〔註55〕徐復觀：《中國人性論史·先秦篇》，頁 165。

〔註56〕孔憲鐸、王登峰：《基因與人性》，頁 63。

〔註57〕徐宗良：《道德問題的思與辨》，頁 19～20。

〔註58〕章斐宏：《第三種人性》（上海：學林出版社，2006 年），頁 56。

藉此我們可以了解到，孟子所謂的仁義禮智道德四端，都是人經過後天學習所逐漸形成的，而這樣的道德感透過學習的確是有可能內化成為孟子所謂的「良知」，但那決不是先天內在於人的。將這樣的文化性當作先天的人性，其實是因為我們受到文化的薰陶，道德逐漸內化後，有種自然而然根值於心的感覺，進而把這樣的道德感當作是天生而有的，王鈞林即明白指出這點：

> 孟子的性善論畢竟是一種先驗的人性論，他也在自覺或不自覺中，將人的自然屬性和社會性割裂開來，有時又將兩者混為一談。尤其是孟子將屬於社會性範疇的仁、義、禮、智等也規結為人的固有之性，將人的社會性限定為道德性，因而有時又具有片面性。〔註59〕

的確如此，嬰兒孩童又怎麼會有道德感呢？「剛剛生下來的孩子，連大小便都不能自理，哪裡又能有羞惡之心呢？其他的是非之心、惻隱之心和辭讓之心更談不上了，哪個小孩不搶東西吃？」〔註60〕

（三）性善說消解了「生物性意義的人」存有空間

孟子四端之心的說法，造成了人初生就必須以「哲學意義上的人」受到檢視，而不單純是「生物意義上的人」。或許有人會說，孟子的學說是一種哲學理論，一種對人價值的理想與期待，不能一味以現實與科學檢驗其學說，實然與應然是須要分開而論的。我當然同意如孟子這樣講求人具四端、道德天生內在於人的思想有其價值與意義，但絕不能說我以現實與經驗的角度檢視人性論是錯誤的，只能說二者所思維的進路是以不同的角度來呈現。但我必須指出，無論這樣的哲學思維是就理想而言、或是從形上學的角度來思考，他都必然會對人的現實生活造成影響。而四端說造成的影響就是，「人」一出生就無法做一個「人」，因為孟子的哲學只談「哲學意義上的人」而不談「生物意義上的人」〔註

〔註59〕參見孔憲鐸、王登峰：《基因與人性》，頁189～190。

〔註60〕孔憲鐸、王登峰：《基因與人性》，頁186。

〔註61〕我所謂的「不談」不是指孟子沒有注意到人有與禽獸同樣的欲望衝動（否則他不會說「幾希」），而是他的理論太過注重理想的人格，也就是針對「人之所以為人」的價值而論，對於人禽所同之處則不加以關注。而且當他把「人之所以為人」的意義賦予人生而有的「性」之時，含有自然情欲的「生物意義的人」的存有空間就被消解了。我的意思是說，既然孟子預設了人生而有的四端，那麼今天我們設想一個嬰兒初生時，他表現出了人禽所共有的欲望衝動，而沒有保養四端之心而為善，那這個嬰兒就是孟子所說的放失其四端之心，他也就不能稱之為「人」。這意味著什麼？這個初生的嬰兒完全沒有修養的機會，就被判定為「非人也」，何其無辜？何其悲哀！這也就是為什麼我認為孟子的人性論消解了「生物意義的人」存在的正當性。

61〕，正如前文所說，人初生時動物性是 100％而文化性卻是一點都沒有的，那麼照孟子的理論來看，人天生具有道德感，也就是天生就具有「哲學意義上的人」的特質，那麼我們豈不一出生就「不是人」了嗎？正如楊國榮說的：「當人還只是生物學上具有新陳代謝等功能的個體時，他顯然無法被視爲本來意義上的人；惟有融入包含多方面內容的社會實踐過程，不斷確證其內在的本質，個體才能走向眞正的人。」〔註62〕我們初生時都只是「生物意義上的人」，而不該是「哲學意義上的人」，孟子這樣的學說，並未給予「生物意義上的人」一個空間。孔憲鐸等人即點出了孟子學說造成「做人」的難處：

> 中國人需要努力才能「做人」，而西方人則生來就是人，這裡差別就在於人性中的惡是自發的，而人性中的善則需要培植。更重要的是，在中國文化中「做人」的壓力主要來自將人性的起點放在與人性修養的目標接近相同的水平上，「做人」等於是「做聖人」，太難了。〔註63〕

正是因爲如此，造成大部分華人相信人性本善，所以一生下來就不夠做人的資格，做人更是逆水行舟，那就難上加難，或是假裝已有做人的資格，這就是又假又難了。〔註64〕我以爲這樣的學說造成華人心理上的矛盾，在面對自己生命中的動物性時，總不能坦然面對，並試著將這樣的衝動與欲望導向正常的紓解與表現，反而是一味地壓抑，造成了變態的人格。所以我認爲，就如孔憲鐸和王登峰所說的，「中國的人性本善論是不眞實的」也因此「在人的語言行爲上或人格上就少不了各式各樣的掩飾，於是，就有了掩飾文化」〔註65〕，掩飾過了頭，就成了十足的僞善文化！這也就是爲什麼我會對孟子這樣的四端之說感到不安的原因。

二、荀子「人性論」的內涵與特質

我花了不少筆墨談孟子的人性論的意義及其讓我感到焦慮之處，我的用意既不在於刻意開展論述孟子的人性論，也不在於樹立思想上的稻草人用以攻訐孟學思維；而是藉由荀孟性論觀點的比較，的確能夠凸顯出荀子人性論

〔註62〕楊國榮：《倫理與存在——道德哲學研究》，頁 6。
〔註63〕孔憲鐸、王登峰：《基因與人性》，頁 65。
〔註64〕參見孔憲鐸、王登峰：《基因與人性》，頁 63。
〔註65〕孔憲鐸、王登峰：《基因與人性》，頁 107。

的意義與內涵，我想要說明的是：荀子的人性論不同於孟子的人性論，荀孟之間是兩種不同的思維進路，孟學論者不要以形上思維與基礎主義來理解荀學，荀學論者也不必汲汲於荀孟人性論上找尋共同點——替荀子找尋人性論中人的內在道德與價值。我必須明確指出，荀子的人性論根本上就與上述孟子人性論的方向不同，透過以上對孟子人性論的梳理與探問，我們可以更進一步了解到荀子人性論的特色所在。

（一）「人之性」：「生物意義的人」之本有欲望

如前文所說，孟子的人性論自始至終都以「哲學意義的人」為標準來論「人」，因此造成了在現實上「人」出生就「不是人」的困境。當然我了解孟子的基礎主義論述，設定了人性本善的哲學思維，有其整體脈絡的價值，這樣的思想在西方像是盧梭也有著類似的想法，他說：「在我們的靈魂深處生來就有一種正義和道德的原則；儘管我們在判斷我們和他人行為是好或者是壞的時候，都要以這個原則為依據，所以我們把這個原則稱為良心。」〔註66〕但是這類的人性思維儘管美好而莊嚴，卻容易與現實形成斷裂。就像孔憲鐸所說的：

> 嬰兒在呱呱墜地之時，只有天賦的人性，也就是通常所說的「天性」，那就是「飢而欲食，渴而欲飲，寒而欲暖，勞而欲息」等維持生命的本領，還沒有學習而得的文化性，如惻隱之心、羞惡之心、辭讓之心和是非之心的四端。這四端不是維持生命所必需的條件，所以初生嬰兒的動物性是100%，文化性是零。〔註67〕

我們在面對現實的生活狀況，就是這樣的嬰兒、這樣的行為表現，孟子的四端說就造成了我們的恐慌與矛盾。

荀子的論述就沒有這個問題，他一再強調人天生的性是惡的，人是「生而有好利焉」、「生而有疾惡焉」、「生而有耳目之欲，有好聲色焉」〈性惡〉〔註68〕，如此也就符合我們觀察到的嬰兒出生後的情狀，是充滿欲望與衝動的，而不是如孟子所說人生來就有羞惡、辭讓等道德心。荀子就很坦率地點出了人在未受到禮義化導前的狀態：「今是人之口腹，安知禮義？安知辭讓？

〔註66〕　參見徐宗良：《道德問題的思與辨》，頁41。

〔註67〕　孔憲鐸、王登峰：《基因與人性》，頁41～42。

〔註68〕　〔清〕王先謙撰，沈嘯寰、王星賢點校：《荀子集解》，頁434。

安知廉恥隅積？」（〈榮辱〉）〔註69〕那麼這樣的「性」其實是與動物的性無別的，也就是說同「牛之性」，亦同於「犬之性」。或許有人至此會於倏然躍於起案前，認為荀子果然是「儒學之歧途」〔註70〕，竟然說人獸無別，如此人的尊嚴與價值何在？肯定是自甘墮落，為縱欲找藉口。或許也有人會勃然而怒，指責我怎麼可以如此詮釋荀子，將荀子的人性論說成人與動物相同而無別。我想這必須特別澄清的是：我說荀子所謂的「人之性」同「牛之性」、「犬之性」，但我並沒有說「人」等同牛、等同犬啊！我們必須把握一個重點即是如路德斌所說：「荀子的『性惡』說原本就不具有『人之所以為人』的形上學意義。」〔註71〕所以說，荀子言人獸之別的關鍵根本不在於「性」，那麼他在講「人之性惡」的時候，這裡所謂的「人」就根本只是「生物意義上的人」，更直接地說，這裡所敘述的人根本就只是一種「動物」。

　　如此我們就可以說，荀子對於「人之性」、「人之情」、「人生而有」之類的描述，可以說幾乎都是就「生物意義的人」而論，也就是就情欲、衝動、傾向等等方面來談。因為這些論述中所強調的都是所謂「不可學、不可事而在人者」的「性」（〈性惡〉）〔註72〕；且荀子又說「人之性惡」（〈性惡〉）〔註73〕，那麼對於這樣「生物意義的人」的描述，也就可以幾乎確定是為負面的論述。所以荀子會引舜之言說「人情甚不美」（〈性惡〉）〔註74〕，會說「人生而有欲，欲而不得，則不能無求；求而無度量分界，則不能不爭；爭則亂，亂則窮。」（〈禮論〉）〔註75〕由此，我們可以藉由「人之性惡，其善者偽也」（〈性惡〉）〔註76〕把握一個重點：荀子所謂人天生而有的都是人禽所共有的、負面的（至少就社會脈絡而言）；而「人之所以為人」、正面的部分，都是後天人為的。〔註77〕

〔註69〕〔清〕王先謙撰，沈嘯寰、王星賢點校：《荀子集解》，頁64。
〔註70〕勞思光語，參見氏著：《新編中國哲學史（一）》，頁315。
〔註71〕路德斌：《荀子與儒家哲學》，頁101。
〔註72〕〔清〕王先謙撰，沈嘯寰、王星賢點校：《荀子集解》，頁436。
〔註73〕〔清〕王先謙撰，沈嘯寰、王星賢點校：《荀子集解》，頁434。
〔註74〕〔清〕王先謙撰，沈嘯寰、王星賢點校：《荀子集解》，頁444。
〔註75〕〔清〕王先謙撰，沈嘯寰、王星賢點校：《荀子集解》，頁346。
〔註76〕〔清〕王先謙撰，沈嘯寰、王星賢點校：《荀子集解》，頁434。
〔註77〕荀子在描述天生而與禽獸所共有的特質時，多以「人之性」、「人之生」、「人之情」、「人之欲」、「人生而有」等等用語作為敘述的主體（也就是就「生物意義的人」而論）；而在描述理想人格應有的特質時，多以「人」以及社會脈絡上據以指稱人格層級的語彙如「士」、「君子」、「聖人」、「士君子」、「大人」

（二）「人」：「哲學意義的人」之理想人格

　　既然我們了解到，荀子在談「人之性」時，完全是就「飢而欲飽，寒而欲煖，勞而欲休」（〈性惡〉）〔註78〕以及「耳目之欲」（〈性惡〉）〔註79〕的「動物性」而論，則我們就必須明白荀子在談「人性論」時，根本就是從「生物意義上的人」來論性，而沒有就「哲學意義上的人」而論之。也就是說，所謂的「人性」依照其對於「性」的定義「天之就也」（〈性惡〉）〔註80〕來說，就應該是人天生而有的特質，所以所謂的「人性論」也就應該是就人本有之處而論，也就是荀子所謂人禽之所同的欲望、衝動處而論；至於人之所以為人之善的行為與價值，都不可謂是「人性」，因為那是人透過後天為學修養而有的。這點我們可以透過檢視荀子在論述「性」與「偽」的分別中得到一些線索：

> 凡性者，天之就也，不可學，不可事；禮義者，聖人之所生也，人之所學而能，所事而成者也。不可學、不可事而在人者謂之性，可學而能、可事而成之在人者謂之偽。是性、偽之分也。（〈性惡〉）
>
> 〔註81〕
>
> 若夫目好色，耳好聽，口好味，心好利，骨體膚理好愉佚，是皆生於人之情性者也，感而自然，不待事而後生之者也。夫感而不能然，必且待事而後然者，謂之生於偽。是性、偽之所生，其不同之徵也。
>
> （〈性惡〉）〔註82〕

我們必須注意到，荀子所謂「偽」是「可學而能、可事而成之在人者」、「感而不能然，必且待事而後然者」，如照楊倞對《荀子》「偽」所做的解釋是：「偽，為也，矯也，矯其本性也。凡非天性而人作為之者，皆謂之偽。」〔註83〕「偽」就是後天人為所做的一種改變，那麼這就凸顯出了荀子所謂「性」是「不可學、不可事而在人者」，是「感而自然，不待事而後生者」，是不經人為學習、

等等作為敘述主體（也就是就「哲學意義的人」而論）。總之，我們只要把握住一個關鍵：人本有的欲望、衝動與傾向都是負面的、惡的；人後天所有而能的都是正面的、善的。

〔註78〕　〔清〕王先謙撰，沈嘯寰、王星賢點校：《荀子集解》，頁436。
〔註79〕　〔清〕王先謙撰，沈嘯寰、王星賢點校：《荀子集解》，頁434。
〔註80〕　〔清〕王先謙撰，沈嘯寰、王星賢點校：《荀子集解》，頁435。
〔註81〕　〔清〕王先謙撰，沈嘯寰、王星賢點校：《荀子集解》，頁435～436。
〔註82〕　〔清〕王先謙撰，沈嘯寰、王星賢點校：《荀子集解》，頁437～438。
〔註83〕　〔清〕王先謙撰，沈嘯寰、王星賢點校：《荀子集解》，頁434。

改變而有的自然存在。至此我們可以確定，荀子對於正面價值的論述，都不在人本有的性中，而在性之外。

　　進一步來說由荀子所謂「故學數有終，若其義則不可須臾舍也。為之，人也；舍之，禽獸也」（〈勸學〉）〔註84〕來看，就可以明白荀子對於「人」的定義是一種「哲學意義的人」。因為他將「人」與「禽獸」對立而言，而「學」正是「人」與「禽獸」的分別，那麼「人」的價值就是靠著後天學習而顯現、而不同於禽獸。如果以此與荀子所謂「人之性」是與禽獸所同之處的脈絡相對視之，就可以凸顯出「人」在荀子論述脈絡中的理想性意義。他所謂的「人」不是「生物意義的人」，而是「哲學意義的人」所應該有的理想人格。也就是說，「人之性」的內涵是針對「生物意義的人」所作的論述，是一種實然的敘述；而「人」的內涵則是針對「哲學意義的人」所作的論述，是一種應然。關於這兩者的分別，可明晰於下表：

人之性	生物意義的人	人生而有	實然	負面價值
人	哲學意義的人	後天人為	應然	正面價值

　　由此，我們還可以透過《荀子》中的幾則論述作應證：

　　學莫便乎近其人。（〈勸學〉）〔註85〕

　　人無禮則不生。（〈修身〉）〔註86〕

　　人無法，則倀倀然；有法而無志其義，則渠渠然；依乎法而又深其類，然後溫溫然。（〈修身〉）〔註87〕

從第一則引文來看，這裡所謂的「人」是「師」，也就是一種具有理想人格的「哲學意義的人」──正所謂「師者，所以正禮也」、（〈修身〉）〔註88〕、「君師者，治之本也」（〈禮論〉）〔註89〕，可見「師」對於「禮」有著透徹的理解，甚至可以說就是「禮義」的代表典範，所以荀子又說「有師法者，人之大寶也；無師法者，人之大殃也。人無師法則隆性矣，有師法則隆積矣。」（〈儒

〔註84〕〔清〕王先謙撰，沈嘯寰、王星賢點校：《荀子集解》，頁 11。
〔註85〕〔清〕王先謙撰，沈嘯寰、王星賢點校：《荀子集解》，頁 14。
〔註86〕〔清〕王先謙撰，沈嘯寰、王星賢點校：《荀子集解》，頁 23。
〔註87〕〔清〕王先謙撰，沈嘯寰、王星賢點校：《荀子集解》，頁 33。
〔註88〕〔清〕王先謙撰，沈嘯寰、王星賢點校：《荀子集解》，頁 33。
〔註89〕〔清〕王先謙撰，沈嘯寰、王星賢點校：《荀子集解》，頁 349。

效〕）〔註90〕在〈儒效〉這則文字中，我們同時也可以看到所謂「人之大寶」、「人之大殃」，這裡雖然「人」不是直接作爲理想人格來論述，但其依然是一種就理想人格所應然的描述與期待。荀子的意思是：要達到理想的人格，有師法會是個至大的幫助，沒有師法則是個大災禍。那麼這個「人」也無疑是針對「哲學意義的人」來作論述的。這樣的論述脈絡同樣可見於上述第二、三則引文。

　　由此我們可以了解到，荀子對於「人」的內涵論述，都具有正面意義，且都是就後天修養、爲學後而論之；而非天生內在於人的。也就是說，荀子所謂的「人」是「哲學意義的人」，其所描述的不是對於其理想人格的描述，就是針對以「理想人格」來說其所應該有或不應該有的特質或情況。所以所謂的「人」就是就哲學上的普遍意義來說的一種理想價值，荀子所謂的「人」已不再是單純的「生物意義的人」而是透過修養轉化爲「哲學意義的人」。這種關於「人」的定義與用法，就類似於楊國榮所敘述的道德情境：

　　　人們常常以「簡直不是人」來譴責某些道德敗壞者，這種譴責中亦蘊含對自我認同與接受規範之間關係的肯定：道德敗壞者的行爲表明他們已無法被歸入「人」這一共同體之中。〔註91〕

但是要注意的是，即便是「哲學意義的人」，其本有的「生物意義的人」之本有之性並不會完全消失，而是透過後天爲學修養後，能夠使禮義與本有之性達到和諧的狀態，這也就是荀子所謂「性僞合」的意義。這也就是說，「生物意義的人」與「哲學意義的人」不是截然二分的，荀子所謂的爲學與修養，就是使人從「生物意義的人」到「哲學意義的人」之連續過程。亦可以如孔憲鐸與王登峰所說：「人＝動物性＋文化性。」〔註92〕人的生命歷程，就是一個動物性逐漸減少比例，而文化性逐漸提升的進程，關於這一點我會在第五章第四節作進一步的論述。而關於荀子「人」與「人之性」用法之區分，我們可以在本文的討論中一再得到印證。

第三節　人性是惡：社會脈絡下的「人性本惡」

　　在了解荀子所謂的「人之性惡」的「人之性」是指「生物意義的人」之

〔註90〕〔清〕王先謙撰，沈嘯寰、王星賢點校：《荀子集解》，頁143。
〔註91〕楊國榮：《倫理與存在——道德哲學研究》，頁141～142。
〔註92〕孔憲鐸、王登峰：《基因與人性》，頁152。

本能與衝動後，那麼接著我們可以討論荀子「人之性惡」的意義究竟爲何？如果從荀子所謂的「人之性」是從「生物意義上的人」而論的動物性本能與衝動來看，我們可以說，這樣的「性」的確是惡的，正如孔憲鐸和王登峰所說：「獸性的本質不是善良的。人的天性也不是善良的。」〔註93〕如果我們承認荀子所謂的「性」是「動物性」的「性」，那麼我們應該可以順理成章地說人性是惡的而無疑。難道我們會說禽獸的天性是善良的嗎？我想不會。那麼既然「人之性」同「牛之性」、「犬之性」，人與犬牛之類有同樣的「性」，爲何我們會得出荀子的人性論中的人性不是惡的呢？我想大部分的學者都如徐宗良所認爲的：「應該在制定某些規範以處理、對待人際衝突時，以開放、包容的心態看待他人的某些『不善』行爲，不要輕易地給人扣上『惡』的帽子。」〔註94〕這就是我在第一章所說的，當代學者受到性善的誘惑之下，對於荀子性惡論中的惡不敢直言不諱，連「惡」也須要避諱而以「不善」代替，甚至非要替荀子找出人性論中善的本質，這恰恰是扭曲了荀子性惡論的眞義。因此，我以爲後新荀學必須打破這樣的詮釋，力圖明晰荀子性惡論的本來面目。

一、荀子明言「人之性惡」

首先我必須說，荀子的人性論可以很明白的說就是「性惡論」，也就是說人性就是惡的，這點荀子說得明白：「人之性惡，其善者僞也。」（〈性惡〉）〔註95〕又說：

> 今人之性惡，必將待師法然後正，得禮義然後治。今人無師法則偏險而不正，無禮義則悖亂而不治。古者聖王以人之性惡，以爲偏險而不正，悖亂而不治，是以爲之起禮義，制法度，以矯飾人之情性而正之，以擾化人之情性而導之也。始皆出於治，合於道者也。（〈性惡〉）〔註96〕

荀子說「人之性惡」，其善在於僞，沒有禮義的話，人必然是「悖亂而不治」的。荀子如此清楚明白地言說「人之性惡」達 15 次之多〔註97〕，爲何我們還

〔註93〕孔憲鐸、王登峰：《基因與人性》，頁 191。
〔註94〕徐宗良：《道德問題的思與辨》，頁 61。
〔註95〕〔清〕王先謙撰，沈嘯寰、王星賢點校：《荀子集解》，頁 434。
〔註96〕〔清〕王先謙撰，沈嘯寰、王星賢點校：《荀子集解》，頁 435。
〔註97〕其中〈性惡〉中有一用例爲「問者曰：『人之性惡，則禮義惡生？』」似非荀子自言爲問句，但亦是荀子自問自答以自明「人之性惡」的論點，儘管扣除

要堅持說荀子的人性論不是「性惡論」呢？為何我們不接受荀子在字面上明示的意義而論之，而要拐彎抹角，從枝微末節中一些不清晰而意味曖昧的文字與脈絡來打破「人之性惡」的說法呢？這豈不是捨本逐末，甚至本末倒置嗎？我們應該以荀子明白言說的「人之性惡」為本，進而去檢視其行文脈絡而解釋之，而不該是以細微而不明的脈絡為本，說荀子是性善說或潛在的性善說才是。

　　或許有如日本學者金谷治所認為，《荀子・性惡》不是荀子所作，而是受到法家學派韓非的影響所寫成〔註98〕，因此我們不該以〈性惡〉為荀子人性論的學說。對此，我有三點看法：第一，這樣的說法未能得到確切的證明，頂多只是推測，在沒有新出土文獻等更有利證據可以證實這樣的說法以前，我們不能貿然將〈性惡〉排除在荀子學說之外。第二，中國古籍不斷傳抄，我們很難保證有任何一部典籍是完完整整不經任何改動或誤寫而流傳下來；如果要如此說，《孟子》一書的傳抄我們是否也可以合理地懷疑有部分為後人所更動或改異？總之在沒有任何有利的證據下，我們毋寧將《荀子》當成一種思維方式與學派，透過《荀子》的文本來詮釋荀子的哲學。我們可以說，長久以來，不管是荀子、孟子還是孔子的思想，都已不再是指稱某一個「個人」的思想，而是一種文化、一種思維；我論述的重點在於文本與文化的詮釋，而不在於文獻的考據。第三，荀子的人性論與韓非的人性論明顯不同，〈性惡〉與《韓非子》中的人性論觀點亦格格不入，說〈性惡〉受韓非影響而寫成恐有疑義。〔註99〕

　　據此，從文字本身而論，我認為荀子的人性論的根本意義就是「人之性惡」，也就是說人性是惡的。應該以文本中這最明顯的論點為基礎，而不能以其他不明顯的脈絡或尚未得到證實的版本問題來推翻這個論點。

二、就社會性脈絡而言「人性本惡」

　　除了從上述荀子言「人之性惡」的文字表面上說明荀子所說的人性是惡

此用例不計，荀子也反覆說了 14 次「人之性惡」，不可說不多也。參見〔清〕王先謙撰，沈嘯寰、王星賢點校：《荀子集解》，頁 437。

〔註98〕參見〔美〕孟旦著，丁棟等譯：《早期中國「人」的觀念》（北京：北京大學出版社，2009 年），頁 85。

〔註99〕關於荀子與韓非人性論的差異，可參考韋政通：《荀子與古代哲學》，頁 239～243 的論述。

的外，當然我也必須從其文本脈絡去進一步論說與證明這樣的論點是正確的。

荀子的理論學說有很強的經驗性格這是沒有疑問的，也因此他的人性論也不是以探尋人性的形上本源爲目標，而是以實際的行爲與治亂來討論善惡。荀子在論述「人之性惡」時，都以實際的動機與行爲進而與社會國家的治亂做連結論述：

> 今人之性，生而有好利焉，順是，故爭奪生而辭讓亡焉；生而有疾惡焉，順是，故殘賊生而忠信亡焉；生而有耳目之欲，有好聲色焉，順是，故淫亂生而禮義文理亡焉。然則從人之性，順人之情，必出於爭奪，合於犯分亂理而歸於暴。故必將有師法之化，禮義之道，然後出於辭讓，合於文理，而歸於治。（〈性惡〉）〔註100〕

> 古者聖王以人之性惡，以爲偏險而不正，悖亂而不治，是以爲之起禮義，制法度，以矯飾人之情性而正之，以擾化人之情性而導之也。始皆出於治，合於道者也。（〈性惡〉）〔註101〕

如此來看，荀子的人性論是建立在實際社會脈絡的治亂之上的。他所強調的禮義文理、辭讓的行爲等等都是偏向從社會性的脈絡而言之，相較於孟子還強調所謂的「良知」、「良能」（〈盡心上〉）〔註102〕，四端中也含有羞惡之心與惻隱之心等較偏向內在性的論述來說，荀子的善惡的確是較注重行爲與社會的治亂來論說。但韋政通認爲「荀子說善說惡純是由人之行爲著眼，不是從動機說的」〔註103〕，這樣的說法並不完全正確，因爲荀子說：「飢而欲食，寒而欲煖，勞而欲息，好利而惡害，是人之所生而有也，是無待而然者也，是禹、桀之所同也。」（〈榮辱〉）〔註104〕所謂「飢而欲食」、「寒而欲煖」、「勞而欲息」、「好利惡害」都是「無待而然者」，也就是「性」，而荀子既言「人之性惡」，那麼這些論述中就含有動機與行爲，不能說荀子的性惡論全是就行爲而論，而只將惡歸諸行爲本身，進而與人性分離，那是不正確的。或者我們應該說，動機與行爲是不能分開而論的，將動機與行爲分開而論是傳統哲學中二元論的思維模式。總之，荀子的性惡論雖然是著重在社會脈絡的治亂來論惡，但絕不能因此把惡定爲在行爲本身而與人性分離而論，進而得到惡的不是人性而是行爲的說法。

〔註100〕〔清〕王先謙撰，沈嘯寰、王星賢點校：《荀子集解》，頁434～435。

〔註101〕〔清〕王先謙撰，沈嘯寰、王星賢點校：《荀子集解》，頁435。

〔註102〕〔漢〕趙岐注，〔宋〕孫奭疏：《孟子注疏》，頁232。

〔註103〕韋政通：《荀子與古代哲學》，頁72。

〔註104〕〔清〕王先謙撰，沈嘯寰、王星賢點校：《荀子集解》，頁63。

就社會脈絡而言，把所謂的「有好利」、「有疾惡」、「有耳目之欲、有好聲色」等衝動與傾向說為是惡的，是很正常且順理成章，並無任何不妥。這些衝動與傾向就是所謂的人性，而這些人性在社會脈絡而言，的確可以說都是惡的、非善的，那麼我們何以可以說荀子的人性論中的人性不是惡的呢？正如前文所說，荀子所謂的「性」是人與禽獸所共有與所同之處，韋政通亦有言：「就具體的呈現而觀性之自然義，則性即生物生理之本能，此所言之性，亦即人之所以同於禽獸者。」〔註105〕「性」是人同於禽獸之處，而非異於禽獸的關鍵，〈非相〉中荀子亦說：

> 人之所以為人者，何已也？曰：以其有辨也。飢而欲食，寒而欲煖，勞而欲息，好利而惡害，是人之所生而有也，是無待而然者也，是禹、桀之所同也。然則人之所以為人者，非特以二足而無毛也，以其有辨也。〔註106〕

可以見得，荀子確實不把「性」作為人禽之辨的關鍵，而是以「辨」的能力來說明人與禽獸的差異，那麼我麼確實可以人之性同禽獸之性的想法來思考人性善惡的問題。

那麼我們就可以試想，今天我們把禽獸擬人化置於社會脈絡之下，狗在餐宴上貪得無厭地不斷拿取骨頭，這是有好利；貓在社交場合看某甲不順眼就睥睨之而絲毫不以禮文飾之，這是有疾惡；豬看到某乙姿色誘人，即以色瞇瞇的眼神視之，甚至直接欲與之交配，這是有耳目之欲、有好聲色。那麼，我們會說這樣的種種衝動與傾向不是惡嗎？我想不會的。而且我們必須緊扣荀子所謂的「性」是人與禽獸所同之處，那麼我們會毫不遲疑地說獸性是「惡」，為什麼會懷疑人性不是「惡」的呢？荀子所謂的「人之性」就是同於「獸之性」啊！我們可以進一步透過人的思維來推論，如果今天不是有禮義道德的教化或是法律規範的制約，一個男子看到一沉魚落雁的女子，難道不會衝動地想一親芳澤，甚至從事性行為嗎？一個人看到滿室的珠寶首飾華服，難道不會衝動地想要都據為己有嗎？那麼這些衝動與行為如果不是經過道德禮義教化，使人產生某種道德感和判斷力進而克制這樣的衝動行為，那這些衝動豈不是「惡」嗎？

所以說，荀子所論述人性中的種種衝動與傾向，在社會脈絡下視之，我們

〔註105〕 韋政通：《荀子與古代哲學》，頁65～66。
〔註106〕 〔清〕王先謙撰，沈嘯寰、王星賢點校：《荀子集解》，頁78。

都可以稱之爲惡而無疑，因此，荀子人性論中所說的人性是惡的也就沒有疑義。

三、「順性而爭」方爲惡？——現實社會下爭亂的必然性

正如我在前一段所說的，荀子所賦予人性的內涵是「生而有好利焉」、「生而有疾惡焉」、「生而有耳目之欲，有好聲色焉」，而這樣的動機在社會脈絡中其實就可以稱之爲「惡」。但是有不少學者根據〈性惡〉中的這段文字表達了相反的意見：

> 人之性惡，其善者僞也。今人之性，生而有好利焉，順是，故爭奪
> 生而辭讓亡焉；生而有疾惡焉，順是，故殘賊生而忠信亡焉；生而
> 有耳目之欲，有好聲色焉，順是，故淫亂生而禮義文理亡焉。然則
> 從人之性，順人之情，必出於爭奪，合於犯分亂理而歸於暴。故必
> 將有師法之化，禮義之道，然後出於辭讓，合於文理，而歸於治。
> 用此觀之，然則人之性惡明矣，其善者僞也。〔註107〕

他們認爲，荀子並沒有說人性的「生而有好利焉」、「生而有疾惡焉」、「生而有耳目之欲，有好聲色焉」是惡，只有順著這樣的人性而造成「爭奪生而辭讓亡」、「殘賊生而忠信亡」、「淫亂生而禮義文理亡」這樣的結果才可謂之「惡」，所以惡的是行爲的結果，不是人性本身。持此看法的如徐宗良就說：

> 荀子心目中的「惡」，實際上是指人的這些本性如果放縱，會導致破
> 壞社會秩序與違背倫理規範的結果。也就是說，這些本性至多只是
> 潛在的「惡端」而已。眞正要成爲「惡」，是要具備內外條件的，如
> 果人們在規範之中或自覺地掌控自己的行爲而表達這些欲望，又有
> 什麼「惡」可言？〔註108〕

陳大齊也藉荀子此段文字而說：「所謂性惡者，其眞實意義，非謂情性這個心理成分本身是惡的，僅謂順從情性所發生的行爲，其結果所造成的事實是惡的，持結果所招致的偏險悖亂以衡量其所從出，遂謂性爲惡。」〔註109〕

我以爲這樣的論述並不恰當。以這樣的論點而言，他們把荀子的論述分爲三層：（1）人性的內涵：「生而有好利焉」、「生而有疾惡焉」、「生而有耳目之欲，有好聲色焉」；（2）「順是」：順此性而爲；（3）「爭奪生而辭讓亡」、「殘

〔註107〕〔清〕王先謙撰，沈嘯寰、王星賢點校：《荀子集解》，頁434～435。
〔註108〕徐宗良：《道德問題的思與辨》，頁59。
〔註109〕陳大齊：《荀子學說》，頁58。

賊生而忠信亡」、「淫亂生而禮義文理亡」：惡。第一層所謂的人性內涵在社會脈絡下就是一種「惡」，這點我已在上一小節說明，我現在將針對此一論述之第二層和第三層的部分做進一步論述。

首先針對「順是」這個關鍵點來討論。如果就荀子所說「人之性惡，其善者偽也」（〈性惡〉）〔註110〕，那麼人之性在沒有禮義化導之前，人就還是初生時的「生物意義上的人」，也就會保持著「欲多而不欲寡」（〈正論〉）〔註111〕、「窮年累世不知足」（〈榮辱〉）〔註112〕的原初之性。也就是說，如果沒有荀子所說的「必將有師法之化，禮義之道，然後出於辭讓，合於文理，而歸於治」（〈性惡〉）〔註113〕，人憑什麼不會「順性」而爲？那麼這個荀子這裡所謂的「順是」就不是一個假設條件，而是一種常態的描述；如果是一種常態描述，那麼人之性必然會形成「爭奪生而辭讓亡」、「殘賊生而忠信亡」、「淫亂生而禮義文理亡」之順性而爲的結果，也是陳大齊等學者所稱之「惡」。關於人性沒有禮義就無法遏止「順是」的衝動，韋政通倒是有著不錯的了解，他說：「由自然之性到性惡既是必然的，所以要使性的需求向下滾的趨勢止煞住不流於惡，則不能不有賴於客觀之禮義（偽）。」〔註114〕那麼人性如果沒有任何外在的制約與化導，則必然會形成所謂的惡的結果，那麼荀子這一段的描述，就不該看成是三個層次的條件敘述，而整體是爲一個常態性的敘述。也就是說「人生而有欲，欲而不得，則不能無求；求而無度量分界，則不能不爭；爭則亂，亂則窮。」（〈禮論〉）〔註115〕是一種常態，並不是假設。這正如黎鳴所說的：

> 在不存在競爭的情況下，利己不必是惡。但在有競爭的情況下則不然，利己對他人來說往往構成惡。而在社會人群中，至少迄今爲止，物質常顯得匱乏，因此競爭是常態。人們又會辯論說，合度的利己不會構成對他人的惡。而我要問，這個「度」是什麼？又由誰掌握？顯然這個度不會與生俱來，而是後來人們的共同的約定或至少是默許。〔註116〕

〔註110〕〔清〕王先謙撰，沈嘯寰、王星賢點校：《荀子集解》，頁434。
〔註111〕〔清〕王先謙撰，沈嘯寰、王星賢點校：《荀子集解》，頁345。
〔註112〕〔清〕王先謙撰，沈嘯寰、王星賢點校：《荀子集解》，頁67。
〔註113〕〔清〕王先謙撰，沈嘯寰、王星賢點校：《荀子集解》，頁435。
〔註114〕韋政通：《荀子與古代哲學》，頁68。
〔註115〕〔清〕王先謙撰，沈嘯寰、王星賢點校：《荀子集解》，頁346。
〔註116〕黎鳴：《問人性：東西文化500年的比較》（上海：上海三聯，2011年），頁31。

我們必須了解到，生活在這個世界上，不可能處於一個不競爭的情境之中，尤其是荀子針對社會國家治亂而發的人性論，更不可能脫離社會的脈絡而論。因為社會的資源就是那麼多，某甲多拿，某乙就勢必少拿，這是一種零和（zero-sum）的關係〔註117〕，也是社會上的常態。霍布斯曾對這樣存在社會上競爭的常態有著寫實而深刻的描述：

> 任何兩個人如果想取得同一東西而又不能同時享用時，彼此就會成為仇敵。他們的目的主要是自我保全，有時則只是為了自己的歡樂；在達到這一目的的過程中，彼此都力圖摧毀或征服對方。……由於人們這樣互相疑懼，於是自保之道最合理的就是先發制人，也就是用武力或機詐來控制一切他所能控制的人，直到他看到沒有其他力量足以危害他為止。〔註118〕

也就是說，處在社會之中，爭奪必然是常態；如果你認為這樣的說法太黑暗而反駁我說：我們現在所處的社會不是有著不少辭讓與講求道德的感人事蹟嗎？如果你是這麼想的，那麼我必須提醒你，那正是因為我們的社會上存在著荀子所說的禮義，或是霍布斯所謂的共同權力的存在〔註119〕，才會有今日相對有秩序的社會狀態。我承認，如果我們不順性而為，人性不必然會在現實中形成惡；如果我們不爭奪淫亂，人也未必是惡，但要達到這個情況的前提是：偽起而生禮義。要注意的是，我們討論的既然是人性是否為惡，豈可在「如果有禮義的狀況」下做討論？我們應該就完全沒有禮義化導下的情境來討論「人性」，因為「性」的定義正是「不可學、不可事而在人者」（〈性惡〉）〔註120〕，是人生而有的。當我們將「偽」與「禮義」的因素加入討論，就混

〔註117〕「零和」這個詞源於賽局理論（game theory），所謂的「零和賽局」是指加總報酬為固定的賽局。「最好的例子是撲克牌遊戲，玩家把錢投入錢罐，贏家可以取走罐裡的錢。只要有人贏一美元，總有另一人輸一美元。」而這樣的概念用到社會之上，即是所謂「零和社會」，意思是有人得就有人失。也就是說，資源是固定的，社會上的每個人都只能在這固定的資源中去競爭。參見〔美〕威廉·龐士東著，黃家興譯：《囚犯的兩難：賽局理論與數學天才馮紐曼的故事》（臺北：左岸文化，2012年），頁81。

〔註118〕〔英〕霍布斯著，黎思復、黎廷弼譯：《利維坦》（北京：商務印書館，1997年）。，頁93。

〔註119〕霍布斯說：「在沒有一個共同權力使大家懾服的時候，人們便處在所謂的戰爭狀態之下。」參見〔英〕霍布斯著，黎思復、黎廷弼譯：《利維坦》，頁94。

〔註120〕〔清〕王先謙撰，沈嘯寰、王星賢點校：《荀子集解》，頁436。

淆了對於人性的定義。因此，荀子這段論述中，是一種常態的情境表達，也顯露出「人之性惡」的意義而無誤。

　　更確切的說，荀子所謂的「人性」根本就不應該分為三個層次來討論，他所謂的「人性」不是「生而有好利焉」、「生而有疾惡焉」、「生而有耳目之欲，有好聲色焉」，而是「生而有好利焉，順是，故爭奪生而辭讓亡焉」、「生而有疾惡焉，順是，故殘賊生而忠信亡焉」、「生而有耳目之欲，有好聲色焉，順是，故淫亂生而禮義文理亡焉」。因為在沒有禮義化導之下，「順是」是必然，並不是說「人性生而有好利」，如果我們順性而為才會產生惡的結果。因此「順是」就是「性」的必然傾向，而不是一種偶然的條件。

四、「本始材朴」是為惡

　　順著社會脈絡而論人性，我們接著可以面對一個問題即是：當代學者認為荀子的人性論中，人性不但不是惡的，甚至可能還有內在價值的存在，至少也必須說荀子的性是「本始材朴」而不是惡的。他們所據以說明的是〈禮論〉中的這一段論述：

> 性者，本始材朴也；偽者，文理隆盛也。無性則偽之無所加，無偽則性不能自美。性偽合，然後成聖人之名一，天下之功於是就也。
> 故曰：天地合而萬物生，陰陽接而變化起，性偽合而天下治。天能生物，不能辨物也；地能載人，不能治人也；宇中萬物、生人之屬，待聖人然後分也。〔註121〕

也就是說學者們認為，荀子既然在這裡說「性者，本始材朴」，則荀子所謂的人性應該不是惡的，而是樸實的、無善無惡的。當然這裡也涉及到荀子人性論的詮釋者受到性善誘惑的問題：當荀子所說的「人之性惡」（〈性惡〉）〔註122〕與「性者，本始材朴」的論述看似相衝突時，詮釋者多半選擇捨棄「性惡說」，而朝向「性朴說」發展並以此來否定荀子的「性惡說」。總之，藉由此段文字，部分學者認為荀子所謂的「性」如一塊白板，沒有所謂的善惡可言，進而能夠受到外在的禮義薰陶教化，朝向善或惡的方向開展。人們當然也因此會將此段論述與告子的人性論做比較與連繫，告子曰：「性猶湍水也，決諸東方則東流，決諸西方則西流。人性之無分於善不善也，猶水之無分於東西

〔註121〕〔清〕王先謙撰，沈嘯寰、王星賢點校：《荀子集解》，頁366。
〔註122〕〔清〕王先謙撰，沈嘯寰、王星賢點校：《荀子集解》，頁434。

也。」（〈告子上〉）〔註123〕如徐復觀即言：「荀子對於性的規定，與告子『生之謂性』，幾乎完全相同。而『可與如此，可與如彼』的說法，也與告子的『決諸東方則東流，決諸西方則西流』的說法，毫無二致。」〔註124〕儼然將荀子的人性論等同於告子「無善無惡」的人性論。

但是這樣的論述基本上有幾個問題可以進一步探討。第一，荀子的「性」不爲沒有定向的「無善無惡」；第二，現實社會脈絡中不可能有「無善無惡」的可能；第三，「本始材朴」不等同「無善無惡」的質樸之性。以下茲循序論之。

（一）荀子的「性」不爲沒有定向的「無善無惡」

荀子所謂的「性」是否「無善無惡」？所謂的「無善無惡」應如徐復觀所說的：「荀子也是主張性無定向的。既無定向，即不應稱之爲惡。」〔註125〕但是顯然荀子所說的人性是惡的，而不是沒有定向的。荀子所謂的人性「生而有好利焉」、「生而有疾惡焉」、「生而有耳目之欲，有好聲色焉」（〈性惡〉）〔註126〕，這些衝動與傾向是不是定向呢？更何況如前文所說的，人的這種傾向與衝動如果沒有外在禮義的化導制約，是必然會順是而爲形成惡的結果，如此說來，荀子所謂的「性」是惡的，而非沒有定向。當然，我同意徐復觀說荀子所謂的性是可以塑造的，不然荀子不會提出「化性起僞」的論述，也不會提出「塗之人也，皆有可以知仁義法正之質，皆有可以能仁義法正之具，然則其可以爲禹明矣」（〈性惡〉）〔註127〕這樣的理論。但是我們不能夠把性可以爲善、可以爲惡就當作性無善惡。在荀子的理論中，它是有著動物性的傾向，所以我們應該稱之爲「性惡論」；這就如同孟子所謂的「人性」中有善端所以稱之爲「性善論」是一樣的道理。他們都賦予「人性」一個傾向與特質，而既然有那樣的傾向，我們就不能說其人性論是無善無惡的。孔憲鐸與王登峰就表示：

> 在人的行爲上，動物性易於表達，文化性則難以實現。俗語說「學壞容易，學好難」。爲什麼這樣說呢？因爲所謂的「壞」就是依照人的動物性辦事，人有天生的動物性，只管按照人性任意地做就行了，用不著學。〔註128〕

〔註123〕〔漢〕趙岐注，〔宋〕孫奭疏：《孟子注疏》，頁192。
〔註124〕徐復觀：《中國人性論史·先秦篇》，頁230。
〔註125〕徐復觀：《中國人性論史·先秦篇》，頁235。
〔註126〕〔清〕王先謙撰，沈嘯寰、王星賢點校：《荀子集解》，頁434。
〔註127〕〔清〕王先謙撰，沈嘯寰、王星賢點校：《荀子集解》，頁443。
〔註128〕孔憲鐸、王登峰：《基因與人性》，頁60。

如果以荀子的人性論來說，性當然可以透過禮義的教化而改變使人為善，但是假使沒有禮義的化導，人自然會順性而為產生惡的結果，如此就不能說人性是質樸的、沒有定向的，而必須說人性是惡的。

（二）現實社會脈絡中不可能有「無善無惡」的可能

就社會脈絡而言人性論，不可能有所謂的「無善無惡」的價值，因為所謂的「無善無惡」必須要在在一個沒有「價值」的世界才有可能，一旦人進入社會，就社會脈絡而言，必然有是非善惡，就像荀子所說的：「人生而有欲，欲而不得，則不能無求；求而無度量分界，則不能不爭；爭則亂，亂則窮。先王惡其亂也，故制禮義以分之，以養人之欲，給人之求。」（〈禮論〉）〔註129〕在社會脈絡中，就是以治為善、以爭亂為惡，所以人性本有的爭亂衝動與傾向，就是所謂的性惡。徐宗良對於人性無善無惡這樣的說法如何而可能，有著很不錯的解說：

> 說人性無善無惡，則是因為從人類整體而言，在人類文明史之前實際上無所謂善和惡，因為，當時還沒有人類的自覺反思，還沒有善惡之概念，人類對自身也不可能作善和惡的評價，在這個意義上，人性似乎是無善無惡。就個體而言，如果一個人完全脫離社會而生活（設想他如果能長久生存下去的話），那麼就此人而言，便無所謂善與惡。〔註130〕

如此來看，在荀子以社會治亂為基礎的論述脈絡中，不可能形成無善無惡的人性論，因為在社會脈絡下，每一個動機、傾向與行為，都會形成評價，有評價也就有價值存在，有價值是非的標準自然也就有所謂善惡的區別。當然或許如韋政通所說的：「自然而有性情欲，是一個事實，凡是人，都不可缺，亦不可無。故只是自然的性情欲，它本身並不含價值的意味：不能說它是善，亦不能說它是惡，它只是自然。」〔註131〕但問題正在於我們不可能處於社會之外〔註132〕，即便食色在自然的脈絡下無所謂善惡，但是到了社會脈絡中而

〔註129〕〔清〕王先謙撰，沈嘯寰、王星賢點校：《荀子集解》，頁346。

〔註130〕徐宗良：《道德問題的思與辨》，頁48。

〔註131〕韋政通：《荀子與古代哲學》，頁67～68。

〔註132〕美國社會學大師庫利曾說：「人是與人類整體不可分割的，是其中的活生生的一分子。……他不能脫離人類整體。」即便我們跑到荒野與世隔絕，但我們的思想已經在社會脈絡中形成，所以說人也不可能真正脫離社會，所以庫利也表示：「如果你獨自生活在荒野，你的思想仍然是在社會中形成的，你靠

言，它就是惡的。楊國榮說：「深山中的花自開自落，本身無所謂好與否，惟有相對於人的審美需要而言，它才呈現『好』的品格。」〔註133〕這說明了一切的道德是非價值都是因人而生，沒有人也就沒有道德是非可言，自然也就沒有善惡。但是，只要有人，就必定有善惡的區別，不可能有任何一個動機與行為是不被納入價值判斷之中的。所以正如莊錦章所說的：「告子的人性論──『性無善無不善』，是強調道德範疇完全不適用於關於人性的討論。」〔註134〕我們不可能說荀子的人性論是無善無不善的。

（三）「本始材朴」不等同「無善無惡」的質樸之性

在了解荀子的人性論不可謂與告子「性無善無不善」（〈告子上〉）〔註135〕的論述等而視之後，我們最後還必須處理一個問題即是：荀子所說的「本始材朴」不能等同於告子的「性無善無不善」，更不能藉此來說荀子的人性論不是性惡論。如徐復觀等學者，或許見到《荀子》中言「性者，本始材朴」，就認為荀子並不是性惡論，那是因為我們都直覺把「朴」當做正面的意義，覺得那只是指「性」是原始未經教化的狀態，既然是素樸的，也就是無善無惡的狀態。

但是我們必須注意的是，如果「朴」是指人未經禮義教化的原始情狀，那麼這個「朴」在《荀子》的脈絡中就應該是惡的。我們不要忘記荀子所謂人性在沒有禮義化導前的內涵是什麼？是「生而有好利焉」、「生而有疾惡焉」、「生而有耳目之欲，有好聲色焉」（〈性惡〉）〔註136〕，而且是必然會順性而發展為惡的結果之「性」，也就是荀子所謂的「人之性惡」。我們也不要忽略了，荀子所謂「性者，本始材朴也」所對應的是「偽者，文理隆盛也」，「性」與「偽」相對而言，「偽」在荀子人性論的脈絡中即是禮義與教化，可說是一種善，那麼相對而言「性」就是一種惡的原始狀態。你或許會認為，即便「偽」

記憶和想像或者書籍繼續進行著社會交流。……一個離棄社會的人若不能保持對社會的想像中的把握，他就只能像一頭聰明的野獸那樣生活。」參見〔美〕查爾斯・霍頓・庫利著，包凡一、王源譯：《人類本性與社會秩序》（臺北：桂冠，1993年），頁25、34～35。

〔註133〕楊國榮：《倫理與存在──道德哲學研究》，頁73。

〔註134〕莊錦章：〈荀子與四種人性論觀點〉，《國立政治大學哲學學報》第11期（2003年12月），頁187。

〔註135〕〔漢〕趙岐注，〔宋〕孫奭疏：《孟子注疏》，頁194。

〔註136〕〔清〕王先謙撰，沈嘯寰、王星賢點校：《荀子集解》，頁434。

是善的，相對言之的「性」也未必就是惡的，它也可以是質樸的啊！但我們必須注意，荀子對於「性」的定義就是「不可學、不可事而在人者」（〈性惡〉）〔註137〕，那麼這個未經禮義加以文飾的本原之性就必然是荀子所賦予「性」之惡的內涵；相對「偽」的定義是「可學而能、可事而成之在人者」（〈性惡〉）〔註138〕，也就是禮義的文理隆飾。楊倞對於荀子之「偽」亦注曰：「偽，為也，矯也，矯其本性也。」〔註139〕那麼荀子將善的可能都加之於「偽」，而「性」在未經人為矯飾的本然狀態下，必然沒有道德價值而呈現出「惡」的特質，如此「性」的「本始材朴」就社會脈絡來說，它就是惡的，因為它還未經禮義的化導而成為善。

　　讓我們進一步順著〈禮論〉以下幾段文字的脈絡來看，都顯現出了禮義、文理具有高度正面意義：

> 故禮者，養也。芻豢稻粱，五味調香，所以養口也；椒蘭芬苾，所以養鼻也；雕琢、刻鏤、黼黻、文章，所以養目也；鐘鼓、管磬、琴瑟、竽笙，所以養耳也；疏房、檖貌、越席、牀第、几筵，所以養體也。故禮者，養也。〔註140〕

> 凡禮，始乎梲，成乎文，終乎悅校。故至備，情文俱盡；其次，情文代勝；其下，復情以歸大一也。〔註141〕

> 故厚者，禮之積也；大者，禮之廣也；高者，禮之隆也；明者，禮之盡也。〔註142〕

那麼就儒家的社會觀來看，「本始材朴」就是一種負面意義的論述。荀子說「至文以有別」（〈禮論〉）〔註143〕，「無文」則「無別」，「曷謂別？曰：貴賤有等，長幼有差，貧富輕重皆有稱者也。」（〈禮論〉）〔註144〕荀子又說：「辨莫大於分，分莫大於禮。」（〈非相〉）〔註145〕可以見得，無禮無文則無分無別，無分

〔註137〕　〔清〕王先謙撰，沈嘯寰、王星賢點校：《荀子集解》，頁436。
〔註138〕　〔清〕王先謙撰，沈嘯寰、王星賢點校：《荀子集解》，頁436。
〔註139〕　〔清〕王先謙撰，沈嘯寰、王星賢點校：《荀子集解》，頁434。
〔註140〕　〔清〕王先謙撰，沈嘯寰、王星賢點校：《荀子集解》，頁346～347。
〔註141〕　〔清〕王先謙撰，沈嘯寰、王星賢點校：《荀子集解》，頁355。
〔註142〕　〔清〕王先謙撰，沈嘯寰、王星賢點校：《荀子集解》，頁358。
〔註143〕　〔清〕王先謙撰，沈嘯寰、王星賢點校：《荀子集解》，頁356。
〔註144〕　〔清〕王先謙撰，沈嘯寰、王星賢點校：《荀子集解》，頁347。
〔註145〕　〔清〕王先謙撰，沈嘯寰、王星賢點校：《荀子集解》，頁79。

無別也就沒有辨，而人之所以爲人的關鍵在荀子來說就是「辨」〔註146〕，如此看來，在未經禮義文飾的「性」所顯現的質樸狀態就儒家社會脈絡來說，應該是惡的。而所謂分者，別也；何以有分，義也，這正是人禽之辨的關鍵。如此看來，「本始材朴」就道德意義上來說，是惡的、負面的，絕非中性的無善無惡！正如楊國榮所說：

> 從事親送終，到祭祀征戰，行爲過程都離不開修持文飾。作爲外在規定，「文」包含著行爲方式文明化的要求。如果缺乏這種文飾，則行爲往往會導向「野」：「敬而不中禮，謂之野。」（《禮記‧仲尼燕居》）野與文相對，意指不文明、粗野等……在這裡，道德的形式之維表現爲行爲方式的文明化和完美化，日常語言中的所謂行爲美，從道德實踐的角度看，也意味著肯定道德行爲在形式上的完美性。〔註147〕

荀子所謂「性」是「本始材朴」，是一種未經禮義文飾的狀態，那這樣的「朴」是無禮而流於野的，而「野」與「文」、「禮」相對，我想沒有人會說「野」是善的吧！依此，「本始材朴」的「性」自然也就是惡的而不是善的。

對於荀子「性朴說」的說法還有一個問題必須處理，即如大陸學者周熾成指出，荀子〈性惡〉中關於「性朴」的文字與前引〈禮論〉「本始材朴」的論述相矛盾，因此認爲荀子的人性論不爲性惡論。〔註148〕關於這個問題，讓我們來看看〈性惡〉中的這段文字：

> 今人之性，生而離其朴，離其資，必失而喪之。用此觀之，然則人之性惡明矣。所謂性善者，不離其朴而美之，不離其資而利之也。使夫資朴之於美，心意之於善，若夫可以見之明不離目，可以聽之聰不離耳，故曰目明而耳聰也。（〈性惡〉）〔註149〕

我以爲「今人之性，生而離其朴，離其資，必失而喪之」的論述與〈禮論〉所言「性者，本始材朴」並不衝突，並不如周熾誠認爲〈性惡〉所言的「性」是「離朴離資」，而〈禮論〉的「性」確是「本始材朴」，前者的「性惡」與

〔註146〕《荀子‧非相》：「人之所以爲人者，何已也？曰：以其有辨也。」參見〔清〕王先謙撰，沈嘯寰、王星賢點校：《荀子集解》，頁78。

〔註147〕楊國榮：《倫理與存在——道德哲學研究》，頁245。

〔註148〕參見周熾成：〈荀子非性惡論者辯〉，《廣東社會科學》2009年第2期（2009年2月），頁46。

〔註149〕〔清〕王先謙撰，沈嘯寰、王星賢點校：《荀子集解》，頁436。

後者的「性朴」之區別非同小可。〔註150〕荀子所謂「性者，本始材朴」顯然是針對「性」的普遍概念而言，是在說明「性」之「不可學、不可事」而未經教化的本然狀態與特質；而「生而離其朴，離其資，必失而喪之」是在「今人之性」的脈絡下而論，也就是針對現實社會的情況而言。即人出生即開始一點一滴接受社會禮義的化導與制約，那麼那樣的質朴之性在現實社會中，不可能保持那原來質朴而未經教化的的狀態的。也就是說，那本原的「性惡」之「性」，在人進入到這個世界，也就是進入社會脈絡之中，未經文飾的質朴之性就必然受到社會禮義的雕琢與化導，而逐漸失去、喪失。只是其接受的多寡而已。如從荀子對「性善論」的定義來看也十分明白，他說：「所謂性善者，不離其朴而美之，不離其資而利之也。」荀子認為，如果人性能夠在原始未經教化時就顯現出美好的特質，也就是不須離開那未經教化的本性（朴、資），那麼才叫做「人性本善」；而在現實上，人人都不得不受到禮義教化而改化本原之性才能夠為善，因此人性為惡。

　　由此，我們必須說，荀子所謂的「性者，本始材朴」並不是「質朴」的正面意義，而是指一種未經教化的惡狀態。

第四節　性惡論的建構：從「重禮隆法」到「人之性惡」

　　在說明了荀子的人性論確實為性惡論，不為潛在性善觀後，我將接著論述為何荀子要堅持人性本是惡的這樣的論述。徐復觀認為，荀子的性惡論對孟子的批評，只是因為他「不曾看到後來所流行的孟子一書，而只是在稷下時，從以陰陽家為主的稷下先生們的口中，聽到有關孟子的傳說」〔註151〕，才會對孟子產生誤解，而以性惡論來反駁孟子。當然，這樣的說法是以孟學本位的視角來看荀子性惡說，甚至帶著荀子為歧出的思維，我們不能夠從這裡去了解。更甚者如郭沫若所說：「大抵荀子這位大師和孟子一樣，頗有些霸氣。他急於想成立一家言，故每每標新立異，而很有些地方出於勉強。他這性惡說便是有意地和孟子的性善說對立的。」〔註152〕他認為荀子是標新立異，

〔註150〕參見周熾成：〈荀子非性惡論者辯〉，頁46。
〔註151〕徐復觀：《中國人性論史‧先秦篇》，頁237。
〔註152〕郭沫若：《十批判書》（北京：人民出版社，2012年），頁172。

為立說而立說，這當然更是徹徹底底誤解了荀子！荀子的性惡論之提出，自有其思考進路及論述所必要，我們當明白此道，而不應一味批判或閃躲性惡論。大體來說，荀子談性惡論形成的原因與必要性，主要可針對以下三點來討論：（1）辨合符驗：「性惡論」開展的經驗論性格；（2）天人相分：「性惡論」發展的合理性；（3）重禮隆法：「性惡論」形成的必要。以下即針對這三個部分論說。

一、辨合符驗：「性惡論」闡發的經驗性

我們可以了解到，荀子學說的經驗性格，也就是其論說的立足點在於經驗感官之上，而不喜言形上思維。正如路德斌所說的：「孟子道性善是專從形上學層面以立論，而荀子言『人之性惡』則實乃一純粹的經驗命題。」〔註153〕這從他對天的理解就可以感受到其理智主義的傾向，對於形上與神祕思維絲毫不認同與追究，只願意承認現實與經驗能夠把握的。故其言：

> 大天而思之，孰與物畜而制之？從天而頌之，孰與制天命而用之？望時而待之，孰與應時而使之？因物而多之，孰與騁能而化之？思物而物之，孰與理物而勿失之也？願於物之所以生，孰與有物之所以成？故錯人而思天，則失萬物之情。（〈天論〉）〔註154〕

由此可以看出荀子實用主義的傾向。又其對於流星等現象，也以自然現象視之，完全沒有神祕主義的信仰與解讀。〔註155〕如此我們可以了解到，荀子這樣的經驗主義性格，對於人性的觀察必然從實際行為與可驗證處入手，而不會從形上的思維去思考。韋政通說：「荀子因不滿孟子之內轉，而要自覺向外轉，自覺地要表現客觀精神，重客觀性，故以具有客觀功能之『義』來規定『禮』；同時亦即欲以『禮』來完成『義』的表現。」〔註156〕其實荀子性惡論的提出以及對孟子性善論的批評倒不在內轉與外轉的問題，關鍵在於孟子的性善論無法以經驗證實，他說：

> 故善言古者必有節於今，善言天者必有徵於人。凡論者，貴其有辨

〔註153〕路德斌：《荀子與儒家哲學》，頁103。
〔註154〕〔清〕王先謙撰，沈嘯寰、王星賢點校：《荀子集解》，頁317。
〔註155〕《荀子・天論》：「星隊、木鳴，國人皆恐。曰：是何也？曰：無何也，是天地之變，陰陽之化，物之罕至者也，怪之可也，而畏之非也。」（〔清〕王先謙撰，沈嘯寰、王星賢點校：《荀子集解》，頁313。）
〔註156〕韋政通：《荀子與古代哲學》，頁8。

合，有符驗，故坐而言之，起而可設，張而可施行。今孟子曰：「人之性善」，無辨合符驗，坐而言之，起而不可設，張而不可施行，豈不過甚矣哉！故性善則去聖王，息禮義矣；性惡則與聖王，貴禮義矣。（〈性惡〉）〔註157〕

荀子認為孟子的四端之說的錯誤就在於沒有「辨合符驗」，也就是不能在現實經驗中得到驗證——孟子說人有「良知」、「良能」（〈盡心上〉）〔註158〕，說人有「惻隱之心」、「羞惡之心」、「辭讓之心」、「是非之心」（〈公孫丑上〉）〔註159〕，但這要如何證明？這種超越時空與行為的道德根源，是無法以經驗與感官驗證之的。荀子對於這樣先驗道德的反對，就如同杜威所反對的一個觀點：「存在著超越行為之上的最終目的——這種目的可能是永恆的，或是在某種柏拉圖的意義上是先天的。」〔註160〕荀子大抵也不會認同孟子這樣的先驗道德理論，就像實用主義者不會同意盧梭（Rousseau J. J, 1712～1778）從內心呼喚道德那般：

德行阿！……你的原則不就銘刻在每個人的心裡嗎？要認識你的法則，不是只消返求諸己，並在感情寧靜的時候諦聽自己良知的聲音就夠了嗎？〔註161〕

這也就是為什麼荀子會強調人是性惡——因為就經驗觀察，人就是「生而有好利焉」、「生而有疾惡焉」、「生而有耳目之欲，有好聲色焉」〔註162〕、「飢而欲飽，寒而欲煖，勞而欲休」（〈性惡〉）〔註163〕，而且是可以在實際生活中得到驗證的。荀子從經驗體認到人之性惡，而孟子則藉著人得以行善，進而去設想人性之中必然有一種善端，才使人得以為善，所以他才會說「先王有不忍人之心，斯有不忍人之政矣。」（〈公孫丑上〉）〔註164〕——這是一種內在有善端，才能夠有善行之思考進路。多數學者正是以這樣的孟學思維去檢視荀子的人性論，也就會以人性中沒有本有的善端，如何可能為善的詰問？殊不

〔註157〕〔清〕王先謙撰，沈嘯寰、王星賢點校：《荀子集解》，頁440～441。
〔註158〕〔漢〕趙岐注，〔宋〕孫奭疏：《孟子注疏》，頁232。
〔註159〕〔漢〕趙岐注，〔宋〕孫奭疏：《孟子注疏》，頁65～66。
〔註160〕參見〔美〕托德・萊肯著，陶秀璈等譯：《造就道德——倫理學理論的實用主義重構》（北京：北京大學出版社，2010年），頁32。
〔註161〕〔法〕盧梭著，何兆武譯：《論科學與藝術》（上海：上海人民出版社，2007年），頁61。
〔註162〕〔清〕王先謙撰，沈嘯寰、王星賢點校：《荀子集解》，頁434。
〔註163〕〔清〕王先謙撰，沈嘯寰、王星賢點校：《荀子集解》，頁436。
〔註164〕〔漢〕趙岐注，〔宋〕孫奭疏：《孟子注疏》，頁65。

知荀子的人性論自不是以這樣的形上邏輯思維去思考的，其自有一套能夠以認知心成就道德與善的理論，關於這一點我會在第五章第一節做詳細的說明。

二、天人相分：「性惡論」開展的合理性

荀子的性惡論得以發展與形成的另一重要原因即在於其對於「天」的認識。誠如前文透過〈天論〉以闡述荀子的經驗性格時所揭示的，荀子對於天的認知是一自然的存在，其所謂「天行有常，不爲堯存，不爲桀亡。」（〈天論〉）〔註165〕由此可知他認爲天是不具有道德意識的。又其言：「列星隨旋，日月遞炤，四時代御，陰陽大化，風雨博施，萬物各得其和以生，各得其養以成，不見其事而見其功，夫是之謂神。」（〈天論〉）〔註166〕得以了解他對於天的認知就只是一種自然流轉的規律，其中並不帶有道德意涵。由此，荀子更進一步提出「明於天人之分」（〈天論〉）〔註167〕，如此人與天就沒有道德上的連繫，自然也就能夠順利開展其性惡的理論。爲何說「明於天人之分」有助於性惡論的開展？因爲假使如孟子所謂的「盡其心者，知其性也；知其性則知天矣。存其心，養其性，所以事天也。」（〈盡心上〉）〔註168〕將人性與道德天連繫在一起，則必然不能說人是性惡的，否則會一併造成天也是惡的窘境。且孟子的天是一種「道德天」，是價值根源所在，孟子當然不可能將此價值根源定爲惡，否則整個世界與萬物皆是惡，便無善的可能。如徐復觀所說，孟子的人性與道德天的關係是一貫的：

> 性在其「莫之致而至」的這一點上，感到它是由超越的天所命的；所
> 以知道了所受以生之性，即知道性之所自來的天。落實下來說，心的
> 作用是無限的，所以他說「萬物皆備於我矣」（〈盡心上〉）。〔註169〕

孟子如此的形上學思維，將形上的道德天與人性做連繫，必然不會是荀子這類不喜形上思維論述者所接受，馮友蘭即認爲孟子所謂盡心知性以知天進而達到「萬物皆備於我」的境界「有神祕主義之傾向」。〔註170〕就荀子而言，天

〔註165〕〔清〕王先謙撰，沈嘯寰、王星賢點校：《荀子集解》，頁306～307。
〔註166〕〔清〕王先謙撰，沈嘯寰、王星賢點校：《荀子集解》，頁308～309。
〔註167〕〔清〕王先謙撰，沈嘯寰、王星賢點校：《荀子集解》，頁308。
〔註168〕〔漢〕趙岐注，〔宋〕孫奭疏：《孟子注疏》，頁228。
〔註169〕徐復觀：《中國人性論史・先秦篇》，頁180～181。
〔註170〕馮友蘭：《中國哲學史》（上），收入氏著：《三松堂全集・第二卷》（鄭州：河南人民出版社，2001年），頁366。

是一種自然天，沒有所謂的道德意義，他所謂的人要「參於天地」，也只是「天有其時，地有其財，人有其治」(〈天論〉) [註171]，指人應該順應與利用天地，使人能夠安樂而不亂地生活在其間，一點形上與神祕的意涵都沒有。天不但不作為人性的根源價值，對於天的認知反而應該建立在人之上，固其言：「善言天者必有徵於人。」(〈性惡〉) [註172] 連天的現象也必須是就能夠辨合符驗者而論之，對於那些帶有神祕主義對天的頌揚與解釋，則都是不必要的，這正是荀子所說：

> 大天而思之，孰與物畜而制之？從天而頌之，孰與制天命而用之？
> 望時而待之，孰與應時而使之？因物而多之，孰與騁能而化之？思
> 物而物之，孰與理物而勿失之也？願於物之所以生，孰與有物之所
> 以成？故錯人而思天，則失萬物之情。(〈天論〉) [註173]

也可以說，荀子的論述充滿了人文主義的意涵，一切以社會的治亂為理論的核心與出發點。我們可以看到，荀子〈性惡〉一篇所藉以談論人性的，多是以實際的行為與治亂與否來討論，其重點在論人而不在論天，這與孟子的人性論進路是不同的。因為正如徐復觀所說：「人只站在人的現實上，盡自己應盡的職分，而不必在天那裡找什麼根據。在天那裡找人的行為的根據，在荀子認為是一種無實際意義的混亂。」[註174] 也就是這樣「天人相分」的思維，才能夠讓性惡論有其合理性與順利開展的可能。我們亦不可以孟學天人合一的形上思維來檢視荀子人性論，否則便會以此來質疑荀子談論禮義與善的可能時是無根的探討，這是不恰當的，關於這點我將在第四章第一節做進一步地說明。

三、重禮隆法：「性惡論」形成的必要性

細究荀子〈性惡〉一篇，荀子討論性惡論的論點與論證，最重要的就是建立在治亂的問題之上。從以下幾段論述就可以探得端倪：

> 人之性惡，其善者偽也……故必將有師法之化，禮義之道，然後出
> 於辭讓，合於文理，而歸於治。[註175]

[註171]　〔清〕王先謙撰，沈嘯寰、王星賢點校：《荀子集解》，頁308。
[註172]　〔清〕王先謙撰，沈嘯寰、王星賢點校：《荀子集解》，頁440。
[註173]　〔清〕王先謙撰，沈嘯寰、王星賢點校：《荀子集解》，頁317。
[註174]　徐復觀：《中國人性論史・先秦篇》，頁227。
[註175]　〔清〕王先謙撰，沈嘯寰、王星賢點校：《荀子集解》，頁434～435。

> 今人之性惡，必將待師法然後正，得禮義然後治。今人無師法則偏
> 險而不正，無禮義則悖亂而不治。〔註176〕

> 凡古今天下之所謂善者，正理平治也；所謂惡者，偏險悖亂也。是
> 善惡之分也已。〔註177〕

所以我們可以了解到，荀子的人性論與現實社會的治亂問題有著密切的關係，其論證與立說，必然都由此而發。徐復觀說：「荀子性惡的主張，並非出於嚴密地論證，而是來自他重禮，重師，重法，重君上之治的要求。」〔註178〕說荀子論證非出於嚴密，這要端看以什麼樣的角度來檢視之，如果以基礎主義、形上學或是孟學的觀點來討論之，其必然是不嚴密的；又或者以現代邏輯思維並吹毛求疵審視之，進而說其不嚴密，我想那是不公允的。但無論如何，徐復觀對於荀子性惡論建立在重師法治亂的要求上這點是正確的。龍宇純雖然誤將荀孟的人性論說得太相似，但的確也點出了荀子性惡論形成的關鍵所在，他說：

> 荀子性惡之說，顯然不是因為他所見人性與孟子全不相同，於是據
> 理力爭：只是有鑒於聖王禮義與性善說不能相容，乃不得不斟酌取
> 舍，避開了連自己亦不能否認，在孟子看來便是仁與智的人性的成
> 份，僅憑欲望可致爭亂的觀點，而改言性惡。換言之，性惡說乃是
> 有所為而發，故表面上雖取與性善說相對，出發點不在性本身，而
> 是在聖王禮義；不在性之果為惡，而在聖王禮義之不可無。〔註179〕

龍宇純點出了聖主禮義與性善說不相容之處，這點是正確的，但真正的關鍵不在於兩者的不相容，而在於孟子的性善說對於經驗論者而言是與現實脫節的。也就是荀子所謂的無辨合符驗，在現實社會中難以落實──我們怎麼樣也無法在現實社會中以性善論建立一套可行的制度，我想中國歷朝歷代也從沒有以性善論作為現實制度的依據。孔憲鐸和王登峰倒是銳利地劃破了這個美好想像：

> 中國古代哲人對人性的認識與真實的人性不相符合，性本善的觀點
> 更是一廂情願的空想。不可能每個人都是聖賢，更不可能用一部《論
> 語》就可以治理天下，這太不現實了。西方古代哲人和宗教先知關

〔註176〕〔清〕王先謙撰，沈嘯寰、王星賢點校：《荀子集解》，頁435。
〔註177〕〔清〕王先謙撰，沈嘯寰、王星賢點校：《荀子集解》，頁439。
〔註178〕徐復觀：《中國人性論史・先秦篇》，頁238。
〔註179〕龍宇純：《荀子論集》，頁74。

於人性的認識基本上是符合真實的人性的。他們的人性本惡的觀
點，也許是「歪打正著」，但是因為人性本惡，所以需要用宗教和法
制來治理天下的做法就變得很現實了。〔註180〕

也就是說，荀子反對性善論而建立性惡論，正是因為性善論不符合人性的真
實情況與現實社會的情境，因此不得不另尋出路。所以他對於孟子性善論提
出了詰問：「今誠以人之性固正理平治邪？則有惡用聖王，惡用禮義矣哉！雖
有聖王禮義，將曷加於正理平治也哉！」（〈性惡〉）〔註181〕這正如唐端正所說
的：「荀子所以要反對孟子之性善論，其中一個重要的理由，是以為一主張性
善，說人天生就是善的，便不必師法、積文學、道禮義，不再需要後天人事
上的努力。」〔註182〕想必荀子當初在思考孟子性善論時，必定也感到困惑，
尤其在兵荒馬亂的戰國末年，一定會對於現實社會情境與孟子性善論的巨大
鴻溝而難以釋懷。的確，如果人性本善為什麼還須要聖王禮義呢？想必是人
之性惡，才須要聖王禮義來幫助人為善，否則人性本善，人人都能自覺，又
何必須要聖王？何必須要禮義呢？即便是因為如孟子所說人放失其心而喪失
了本性的美善，但如果真的人性本善，豈會形成絕大部分的人皆喪失其性的
窘境？如此豈可說人性本善呢？

據此，我們可以說荀子的經驗性格正是透過觀察現實社會治亂的問題，
來思考人性究竟如何，進而提出性惡論。我們可以說，荀子的性惡論是透過
現實經驗的觀察，發現人須要聖王禮義的制約化導來使之為善、維持社會的
安定而建立起來的。但不能因此如龍宇純所說，荀子的性惡論不是其學說的
重點，這同樣是有著性善的誘惑，試圖要將荀子脫離「性惡論」的開脫之道。
從以下幾則〈性惡〉中的文字我們可以看出荀子性惡論是由重禮隆法的思維
進而開展論述的：

性善則去聖王，息禮義矣；性惡則與聖王，貴禮義矣。〔註183〕

今人之性，固無禮義，故彊學而求有之也；性不知禮義，故思慮而
求知之也。〔註184〕

〔註180〕孔憲鐸、王登峰：《基因與人性》，頁61。

〔註181〕〔清〕王先謙撰，沈嘯寰、王星賢點校：《荀子集解》，頁439。

〔註182〕唐端正：《先秦諸子論叢（續編）》，頁163。

〔註183〕〔清〕王先謙撰，沈嘯寰、王星賢點校：《荀子集解》，頁441。

〔註184〕〔清〕王先謙撰，沈嘯寰、王星賢點校：《荀子集解》，頁439。

順是，故淫亂生而禮義文理亡焉。〔註185〕

從第一則引文來看，依照荀子論證「性惡論」爲是，駁斥「性善論」爲非的思維，則其行文脈絡應該是「性善則＋『不好的論述』；性惡則＋『好的論述』」；而第二則引文也表達了「無禮義」是不好的，必須「求有之」才是正確的；第三則引文則將「禮義文理亡」與「淫亂生」相對。由此我們可以了解到，荀子在論證「性惡論」爲是、「性善論」爲非時，已經先預設了「聖王禮義」是好的、是必要的。也就是說，他先假定了人性論必須配合「聖王禮義」的興存才是正確的人性論，這也就如李亞彬所說：「荀子在論證人性惡的同時，已經預設了道德的存在，並以之去評價由人追求欲望所產生的結果。」〔註186〕由此我們可以知道，荀子透過對現實的觀察而預設了人須要聖王禮義這樣的價值，進而反觀人之性惡的現實而主張性惡。所以說其性惡論正是順其重禮隆法脈絡而立論。可以說，荀子的「人之性惡」與其「重禮隆法」的論述是相輔相成，形成一融攝爲學、修養、治亂等效果的理論系統。

小結　打破性惡的偏見，打破黑暗向光明

透過本章的論述，我們必須把握到荀子人性論的一個重點即是：「人性」所論的是人生而有的、是人禽所共有的欲望與衝動。而正如荀子所謂「人之性惡，其善者僞也」（〈性惡〉）〔註187〕，他將一切的道德價值都賦予後天的人爲，如此我們也就不可屢屢欲將道德價值賦予人的本性之中。當然，我們不必因爲荀子談人性惡，將人之性同於禽獸之性而批判之，我們應該打破對於性惡的偏見！因爲即便荀子言人天生就是惡，其性與禽獸無異，但是他並沒有要人順情縱欲，與禽獸一樣啊！荀子不但沒有要人與禽獸一樣無限放縱本有之性，相反的，其理論正是在於要人警醒到我們天生的「惡」性，進而要人努力爲學，去成就禮義而形成一個禮教斯文的社會。正如其所強調的：「人無禮義則亂，不知禮義則悖。」（〈性惡〉）〔註188〕荀子正是因爲看重禮義對於人的重要，看重禮義是使「人之所以爲人」、是人禽之所別的關鍵，所以才藉

〔註185〕〔清〕王先謙撰，沈嘯寰、王星賢點校：《荀子集解》，頁434。

〔註186〕李亞彬：《道德哲學之維——孟子荀子人性論比較研究》（北京：人民出版社，2007年），頁57。

〔註187〕〔清〕王先謙撰，沈嘯寰、王星賢點校：《荀子集解》，頁434。

〔註188〕〔清〕王先謙撰，沈嘯寰、王星賢點校：《荀子集解》，頁439。

以開展性惡論，以凸出禮義的重要性。如果我們沒有禮義，就不能有辨——也就是一種倫常禮儀，那麼我們就會與禽獸一樣，「有父子而無父子之親，有牝牡而無男女之別」（〈非相〉）〔註189〕，那才真是會形成淫蕩亂倫的局面。顯然，荀子極力認為人不該淪為與禽獸一纇，這由其賦予「禮義」極高又極廣泛的道德價值即可得知。如陶師承即言：

> 卿之性惡論雖不免對孟子之性善而立言，而其實則荀子觀察當日社
> 會情形，風俗頑鈍，而發之論也。荀子以為孟子性善之說，已無益
> 於社會人心，故反而主張性惡，使夫天下之人，注重於偽，注重於
> 積文而歸於善。〔註190〕

陶師承對荀子性惡論提出的用心，是有其道理的。荀子對於孟子性善說的反對，正在於其無「辨合符驗」，也就是在現實社會中，既無法證實、體會，其理論亦與現實的亂象形成扞格。荀子正是思考了禮義對於人為善、社會治亂的重要性，進而思考人為什麼須要聖王禮義，並由此觀察現實情境中人的行為，大概就是以此認知到「人之性惡」這個事實，有感而發論之。這正是為什麼荀子會對於性善論提出這樣的疑問：「今誠以人之性固正理平治邪？則有惡用聖王，惡用禮義矣哉！」（〈性惡〉）〔註191〕由此可知，荀子倡議「性惡論」正是為達到正理平治、使人為善，知乎此則對於性惡的偏見可破矣！既破之，以荀子之說為警醒，警醒自己的欲望與衝動，進而積學向善，如此生命價值可顯現矣！是為打破黑暗向光明！

〔註189〕〔清〕王先謙撰，沈嘯寰、王星賢點校：《荀子集解》，頁79。
〔註190〕陶師承：《荀子研究》，頁31。
〔註191〕〔清〕王先謙撰，沈嘯寰、王星賢點校：《荀子集解》，頁439。

第三章　打破性善的誘惑：對荀子性惡論具內在價值說法的批判

本章將對於荀子人性論中最常遭到誤解爲人本有內在價值根源的幾個方面作澄清。首先即是學者屢屢將荀子所謂的「可以知仁義法正之質」、「可以能仁義法正之具」（〈性惡〉）〔註1〕類同甚至等同於孟子所謂的「良知」，我將指出這是誤將人的中性認知能力誤解爲道德內在根源的論述。其次，即是學者以「人有氣、有生、有知，亦且有義」（〈王制〉）〔註2〕一段爲依據，認爲這是荀子認爲人天生有「義」這樣的內在道德價值，我將論證，這裡所謂的「有義」是人後天獲得而非天生內在於人的。再者，學者們還將荀子所謂人有「辨」的能力作爲一種人天生的道德判斷力，我認爲這也是誤將後天培植而成的能力誤爲先天道德價值的說法。最後，針對學者認爲荀子的論述中，人具有利他性傾向，如其言「有血氣之屬必有知，有知之屬莫不愛其類。」（〈禮論〉）〔註3〕我將指出，這是將低層次的動物本能與高層次的利他性德行混淆所致。

第一節　人沒有良知：勿把「心知」當「良知」

關於荀子的人性論中，人有沒有本然的道德價值內在於心，是一個持續

〔註1〕　〔清〕王先謙撰，沈嘯寰、王星賢點校：《荀子集解》，頁443。
〔註2〕　〔清〕王先謙撰，沈嘯寰、王星賢點校：《荀子集解》，頁164。
〔註3〕　〔清〕王先謙撰，沈嘯寰、王星賢點校：《荀子集解》，頁372。

受到討論，也持續處在爭議之中的議題。往日宋明儒如朱熹者，憑著荀子「性惡」兩字就可以將其棄之如敝屣，判爲「不須理會」〔註4〕的論述。近現代學者則是以「客觀」的角度審視了荀子的內容，點出了荀子的價值，但依舊受到性善的誘惑，非要以顯現出荀子人性論中有性善的因子來凸顯其價值所在。更有甚者，直言荀子的人性論中，人是有良知良能的，這與孟子的理論是相融而不悖的；而他們據以說荀子所謂的人性之中有良知良能的文字，即是以下〈性惡〉中的這段話：

> 凡禹之所以爲禹者，以其爲仁義法正也。然則仁義法正有可知可能之理，然而塗之人也，皆有可以知仁義法正之質，皆有可以能仁義法正之具，然則其可以爲禹明矣。今以仁義法正爲固無可知可能之理邪？然則唯禹不知仁義法正，不能仁義法正也。將使塗之人固無可以知仁義法正之質，而固無可以能仁義法正之具邪？然則塗之人也，且內不可以知父子之義，外不可以知君臣之正。<u>今不然。塗之人者</u>，皆內可以知父子之義，外可以知君臣之正，然則其可以知之質，可以能之具，其在塗之人明矣。今使塗之人者，以其可以知之質，可以能之具，本夫仁義之可知之理，可能之具，然則其可以爲禹明矣。今使塗之人伏術爲學，專心一志，思索孰察，加日縣久，積善而不息，則通於神明，參於天地矣。故聖人者，人之所積而致矣。〔註5〕

龍宇純藉此段話，最爲直接地判定荀子人性論中，人有良知良能，且與孟子所謂的「良知」與「是非之心」沒有任何的不同，他說：

> 依荀子「生之所以然者謂之性」的說法，塗人所具可以知仁義法正之質及可以能仁義法正之具，當爲天性所本然。用孟子的話說，此可以知之質及可以能之具，便是良知良能……然則荀子的「可以知之質」與孟子的「良知」或「是非之心」，便看不出有任何的不同了。〔註6〕

又說：

〔註4〕 〔宋〕黎德靖編：《朱子語錄》，頁3254。
〔註5〕 〔清〕王先謙撰，沈嘯寰、王星賢點校：《荀子集解》，頁443，加底線處據王先謙注解改正。
〔註6〕 龍宇純：《荀子論集》，頁64。

> 這等於是引孟子以自難，而其結果則不得不承認智之端之根於天
> 性，無異接受了性善說的部分論證，且是性善說中一個最爲主要的
> 論證。〔註7〕

然而，如龍宇純這樣的論斷，是沒有明析荀子人性論的內涵與爲文的脈絡，甚至是以孟子「人性本善」先入爲主的觀念去檢視荀子「性惡論」，才會一見到荀子說人皆有「可以知仁義法正之質」、皆有「可以能仁義法正之具」就見獵心喜，將荀子與孟子的人性論劃爲一纛。以下我將針對「可以知仁義法正之質」、「可以能仁義法正之具」不能作爲人有內在道德本性的證據作論證。

一、「質」、「具」不在人的本然之性中

對於荀子所謂「可以知仁義法正之質」與「可以能仁義法正之具」是否可以說是等同於孟子所謂的「良知良能」，或是所謂的「是非之心」，我們必須先了解這「可以知仁義法正之質」、「可以能仁義法正之具」究竟是不是「人」所本有？而且是「生物意義的人」性中所本有之，如果眞是如此，我們才可以說這是人性善的根據。

先以「質」與「具」兩字來檢視，我們可以了解到，在荀子的爲文脈絡中質具都有著「本來有的」、「原有的」之義涵。如「蘭槐之根是爲芷。其漸之滫，君子不近，庶人不服，其質非不美也，所漸者然也。」（〈勸學〉）〔註8〕由「漸」字可知蘭槐之根本來不是不美的，顯現「質」爲「本來的特質」；而「習俗移志，安久移質。」（〈儒效〉）〔註9〕透過「移質」而可知「質」是本有之義。又「堯、禹者，非生而具者也，夫起於變故，<u>成乎修爲</u>，待盡而後備者也。」（〈榮辱〉）〔註10〕與「故雖爲守門，欲不可去，性之具也。」（〈正名〉）〔註11〕都可以看出「具」有「本有」之義。李滌生也注「質」爲本質，「具」爲才具〔註12〕，那麼我們初步可以推論出，荀子所謂「可以知仁義法正之質」、「可以能仁義法正之具」是「人」所本有的。

〔註7〕　龍宇純：《荀子論集》，頁64～65。

〔註8〕　〔清〕王先謙撰，沈嘯寰、王星賢點校：《荀子集解》，頁6。

〔註9〕　〔清〕王先謙撰，沈嘯寰、王星賢點校：《荀子集解》，頁144。

〔註10〕　〔清〕王先謙撰，沈嘯寰、王星賢點校：《荀子集解》，頁63，加底線處據王先謙注解改正。

〔註11〕　〔清〕王先謙撰，沈嘯寰、王星賢點校：《荀子集解》，頁428。

〔註12〕　參見李滌生：《荀子集釋》（臺北：學生書局，1994年），頁553。

　　但是進一步來說，我們還要確定荀子這裡的「人」是就「生物意義的人」之性而言嗎？也就是這是一個實然的描述嗎？如果荀子在這段文字所說之「人」是就「哲學意義的人」而論，也就是從應然的理想層面論述，則不能說這樣的特質是人性中本有的。因為就如我在第二章第二節所強調的，荀子所談「人之性」、「人生而有」的內涵都是就「生物意義的人」而論，這是人先天有之且與禽獸所同的；當他談「人」或社會脈絡下對人的指稱（如士、君子、聖人）的內涵，都是就「哲學意義的人」而發，也就是人受到禮義教化後的理想應然狀態。

　　依「塗之人」而論，是就普遍之人來說，也就是說，這應該是在描述人天生就有的一種特質，所以「塗之人」照理說應該歸類於不具道德意義的「生物意義的人」而論。但是如果這是就「生物意義的人」所有的特質而論，在荀子的論述中又不合理。因為「生物意義的人」所有的特質是人禽所共的，如此就會形成禽獸也有「可以知仁義法正之質」、「可以能仁義法正之具」；這似乎就會變成禽獸也可以為堯舜的怪異論述。

　　其實問題的關鍵在於，我們不該把荀子的這段敘述視為人性所本有的特質，也不該看作理想人格的特質描述，因為這「可以知仁義法正之質」、「可以能仁義法正之具」的關鍵在於「心」而不在於「性」，這正如徐復觀所觀察到的：

　　　　他所說的人「皆可以知仁義法正之質，皆有可以能仁義法正之具」，
　　　　又指的是什麼呢？前者指的是心，後者指的是耳目等官能的能力、
　　　　作用。但「能」依然要靠心知的判斷；所以心，在他是由惡通向善
　　　　的通路。〔註13〕

這點正如李滌生所說，荀子這裡所謂的「質」、「具」是「先天之本然，但出於心而不出於性。」〔註14〕那麼這樣的能力應該就是一種先天的心知能力。既然是天生本有的能力，為何我說荀子這裡所謂的「質」、「具」不能說是「生物意義的人」性中所本有的呢？因為就如我在第二章第二節所說的，雖然荀子所謂的「心」符合荀子對於「性」的定義：「不可學、不可事而在人者」（〈性惡〉）〔註15〕，但荀子的「性」是就人的欲望、衝動與傾向而論，故荀子在論「心」時，皆沒有將其當作「性」來討論。

〔註13〕徐復觀：《中國人性論史・先秦篇》，頁239。
〔註14〕李滌生：《荀子集釋》，頁553。
〔註15〕〔清〕王先謙撰，沈嘯寰、王星賢點校：《荀子集解》，頁436。

　　如果明析以上我所論述的重點所在，就不會有勞思光如此以「質」、「具」
來質疑荀子性惡說的正確性：

　　　　荀子承認常人（塗之人）皆有一種「質」與「具」，能知仁義法正，
　　　　能行仁義法正。則此種質具屬性乎？不屬性乎？惡乎？善乎？何自
　　　　而生乎？若此種質具非心靈所本有之能力，則將不能說明其何自
　　　　來；若此種質具是心靈本有，則此固人之「性」矣，又何以維持「性
　　　　惡」之教？〔註16〕

因為我們必須了解荀子所謂「可以知仁義法正之質」、「可以能仁義法正之具」
是屬於「心知」，所以荀子這裡所謂的「質」、「具」不屬於「性」，我們當然
也就不能夠將之當作人內在所本有善的價值之論據。

二、「質」、「具」本身不具有道德價值

　　所以說，荀子所謂「可以知仁義法正之質」、「可以能仁義法正之具」不
是人「性」中所本有，所以荀子在這段論述中，沒有用「人之性」也沒有用
「人生而有」這樣的論述，而是採用了「塗之人」這樣的說法。「塗之人」照
楊倞的注解是：「塗，道路也。舊有此語。」〔註17〕也就是荀子用了當時的慣
用語，大概就是用以強調隨便什麼人都有這樣的「質」、「具」，藉此強調其普
遍性。這就可以了解到，荀子有意不使用「人之性」與「人生而有」來論述，
正是因為他這裡所要強調的不是人人本有這樣的特質，而是要藉此凸顯出人
人可以達到「知仁義法正」、「能仁以法正」這樣的行為特質與修養境界。

　　順此，我們可以了解到，荀子不以此言「人性」正因為這樣的能力沒有
價值傾向存在，也就是說它不具有道德價值。像「人生而有欲，欲而不得，
則不能無求；求而無度量分界，則不能不爭；爭則亂，亂則窮。」（〈禮論〉）
〔註18〕或是「今人之性，生而有好利焉，順是，故爭奪生而辭讓亡焉」（〈性
惡〉）〔註19〕這樣的欲望、衝動都存在著可以作為善惡的價值評斷，且又是人
生而有，故荀子稱人之為「性惡」。也就是說「可以知仁義法正之質」與「可
以能仁義法正之具」都只是一種可以知、可以行的能力，其中並無所謂善惡，

〔註16〕勞思光：《新編中國哲學史（一）》，頁 321。
〔註17〕〔清〕王先謙撰，沈嘯寰、王星賢點校：《荀子集解》，頁 442。
〔註18〕〔清〕王先謙撰，沈嘯寰、王星賢點校：《荀子集解》，頁 346。
〔註19〕〔清〕王先謙撰，沈嘯寰、王星賢點校：《荀子集解》，頁 434。

因此即便如王靈康、路德斌、東方朔所言以「人觀」來檢視荀子哲學，將這樣的「心知」能力納入人之中，我們一樣不能據此說人性中有善，因為「心知」就只是一種中性的能力，不具有善的價值。如果你要藉此說人是無善無惡、可善可惡的也不能成立，因為「心知」這樣的能力並沒不含有衝動與傾向，只要你不去觸發它，它不會有任何反應；但人的欲望（也就是荀子所謂的「性」）卻會自然而然地表現出來，天生就有「順性」的衝動，因此必須說人是「性惡」的。就如王楷所說的：

> 在荀子，人沒有天賦的德性，就如同人沒有天賦的語言表達能力。但是，人擁有天賦的通過實踐獲得德性的能力，就如同人擁有通過學習而掌握語言的能力一樣（當然，這一比喻只是在喬姆斯基之前的語言學形態之下才是貼切的）。〔註20〕

所謂「人沒有天賦的德性」就是說人沒有內在善的價值根源，而所謂「擁有天賦的通過實踐或德性的能力」就是荀子所說的「可以知仁義法正之質」與「可以能仁義法正之具」這樣的能力。這樣的知道德、行道德的能力就如同人天生有語言能力一樣，但是當後天沒有這樣的環境或沒有去觸發這樣的能力時，這樣的能力也就完全不會有任何顯現——就好比傳說被遺棄在森林而被狼養大的孩子不會說話那樣。同樣地，「可以知仁義法正之質」、「可以能仁義法正之具」的能力，就只是一種中性的能力，無關道德。

三、「質」、「具」不是內在道德或良知

在了解「可以知仁義法正之質」、「可以能仁義法正之具」這樣的能力是中性的而不是善的之後，我們就必須明白，這樣的「質」、「具」是不能與孟子的「良知」與「是非之心」混為一談的。正如我所說，荀子所謂的「質」、「具」是一種「心知」的能力，而這樣的能力本身並不具有價值。也就是說，荀子所謂的「知仁義法正」、「能仁義法正」，都只是一種認知性的「知」與行為上的可能，並不是一種道德判斷的「知」。正如荀子在〈解蔽〉中所說：「心知道，然後可道；可道，然後能守道以禁非道。」〔註21〕可以見得，「知道」本身並不是道德價值的判斷，「知道」就只是「認識」了「道」，對於認知本身來說，並不是道德的；因為荀子說人在「知道」後還要「可道」、「守道」、

〔註20〕 王楷：《天然與修為——荀子道德哲學的精神》，頁 89～90。
〔註21〕 〔清〕王先謙撰，沈嘯寰、王星賢點校：《荀子集解》，頁 395。

「禁非道」，如果「知道」本身就是道德的，又何必還要接著強調「可道」、「守道」、「禁非道」？這也是爲什麼荀子要強調「虛壹而靜」的原因。正是因爲我們獲得了各種「知識」，我們要在各種可能互相衝突的「知識」中去判斷了解什麼是「道」，因爲我可能認識了錯誤的「道」，也就是所謂「不可道而可非道」（〈解蔽〉）〔註22〕。關於「知道」與「虛壹而靜」的這個部份我會在第五章第二節中做詳細的說明。

總之，我們在這裡只須要把握到這樣的心知能力本身不是善的，而只是一種單純的中性能力，荀子這裡雖然說的是「可以知仁義法正之質」、「可以能仁義法正之具」，但是我們必須注意的是，依照這樣的心知能力來說，這樣的「質」、「具」同樣可以是「可以知爭奪淫亂之質」、「可以能爭奪淫亂之具」，只是荀子這裡是在強調人人有著堯舜一樣成聖的「能力」，而不是說人人有著和禹一樣的「道德感」。

而孟子所謂的「良知良能」、「是非之心」，本身就是一種道德價值，也就是說那是一種內在的道德標準。如果照孟子所謂「人之有是四端也，猶其有四體」（〈公孫丑上〉）〔註23〕來說，四端之一的「是非之心」是天生內在於人的，而「是非之心」本身就是一種道德判斷力，本身就含有道德標準於其中；又就「不學而能」、「不慮而知」的「良能」、「良知」（〈盡心上〉）〔註24〕來說，孟子所舉其內涵的例子是：「孩提之童，無不知愛其親者；及其長也，無不知敬其兄也。」也就是說「愛親敬長」這樣的道德感是天生內在於人性之中的，這點可從孟子強調義內而非外證明之。〔註25〕由此可知孟子的所謂的「良知良能」與「是非之心」本身就是作爲一種道德標準與道德判斷力內在於人性之中；這與荀子所強調的「可以知」與「可以能」的中性能力可說南轅北轍，

〔註22〕 〔清〕王先謙撰，沈嘯寰、王星賢點校：《荀子集解》，頁394。
〔註23〕 〔漢〕趙岐注，〔宋〕孫奭疏：《孟子注疏》，頁66。
〔註24〕 〔漢〕趙岐注，〔宋〕孫奭疏：《孟子注疏》，頁232。
〔註25〕 〈告子上〉：「孟季子問公都子曰：『何以謂義內也？』曰：『行吾敬，故謂之內也。』『鄉人長於伯兄一歲，則誰敬？』曰：『敬兄。』『酌則誰先？』曰：『先酌鄉人。』『所敬在此，所長在彼，果在外，非由內也。』公都子不能答，以告孟子。孟子曰：『敬叔父乎？敬弟乎？彼將曰『敬叔父』。曰：『弟爲尸，則誰敬？』彼將曰『敬弟。』子曰：『惡在其敬叔父也？』彼將曰：『在位故也。』子亦曰：『在位故也。庸敬在兄，斯須之敬在鄉人。』』季子聞之曰：『敬叔父則敬，敬弟則敬，果在外，非由內也。』公都子曰：『冬日則飲湯，夏日則飲水，然則飲食亦在外也？』」見〔漢〕趙岐注，〔宋〕孫奭疏：《孟子注疏》，頁194。

又豈會有龍宇純所說的「看不出有任何的不同」！荀子所講的只是「可以」的能力，而孟子說的卻是道德價值本身。就好比電鋸可以鋸開鐵門救人於火海之中，但我們會因此說電鋸本身是善的嗎？不要忘了，電鋸同樣可以作為殺人的工具。當然我們不會對一樣物品評斷善惡，我只是要用以說明，就如我在第二章第一節所強調「心」的中性能力一樣，荀子的「質」、「具」只是一種中性能力，藉以使人由「生物意義的人」過渡到「哲學意義的人」，所以其不謂之「性」。

以此來看荀子所謂「塗之人可以為禹」與孟子所謂的「人皆可以為堯舜」，兩者所論的重點是不同的。孟子論「人皆可以為堯舜」的一段文字是這麼記載的：

> 曹交問曰：「人皆可以為堯舜，有諸？」孟子曰：「然。」「交聞文王十尺，湯九尺，今交九尺四寸以長，食粟而已，如何則可？」曰：「奚有於是？亦為之而已矣。有人於此，力不能勝一匹雛，則為無力人矣；今曰舉百鈞，則為有力人矣。然則舉烏獲之任，是亦為烏獲而已矣。夫人豈以不勝為患哉？弗為耳。徐行後長者謂之弟，疾行先長者謂之不弟。夫徐行者，豈人所不能哉？所不為也。堯舜之道，孝弟而已矣。子服堯之服，誦堯之言，行堯之行，是堯而已矣；子服桀之服，誦桀之言，行桀之行，是桀而已矣。」（〈告子下〉）〔註26〕

從敘述的用語來看，就可以發現，孟子「人皆可以為堯舜」的論述充滿了自信與一蹴可幾的感覺；而「子服堯之服，誦堯之言，行堯之行，是堯而已矣」也表現出了一種盡其在我的思維，因為孟子所要強調的是人與聖人同樣的四端之心，只要自覺讓那本有的四端之心顯發出來，當下即是聖人，大有所謂「自覺當下即是聖人」的感覺，這很顯然是一種理想性的論述。然而荀子所說的是塗之人「可以為禹」，顯然他只是就人現實的「認知能力」敘說人有成聖的可能，但人要達到聖人的條件是依此能力「伏術為學，專心一志，思索孰察，加日縣久，積善而不息」，可見這樣的能力是不具道德價值，而須要靠學以積善，才能夠成聖，而聖人也是由這樣績學為善而來。這正如東方朔所觀察到的：

> 當荀子一方面說「人皆可以為禹舜」時，他所表達的是任何一個人

〔註26〕〔漢〕趙岐注，〔宋〕孫奭疏：《孟子注疏》，頁210。

> （普遍判斷）在理論的邏輯上皆有可以成爲聖人的潛能；但當荀子
> 說「禮義生於聖人之僞」時，他所要說明的是聖人（特殊判斷）所
> 以爲聖人必須有異於或過於常人的積僞功夫，蓋「可欲」並不等於
> 「可實現」，而作爲已實現形態的聖人或有德之君子，必有其不同於
> 常人的地方，所謂「所以異而過眾者，僞也。」（〈性惡〉）〔註27〕

由此，我們可以清楚認識到，荀子在論述塗之人「可以爲禹」的時候是以一種現實人的認知能力來論說，勉人可以藉由這樣的能力積學爲善而成聖，那是一種經驗式與條件式的敘述；而孟子則是就人本有的內在道德良知而論，因而理想地指出，只要人的良知一顯現，就是聖人。荀孟這樣的區別，類似羅蒂所說的柏拉圖主義者與實證主義者所呈現出的不同思維面向：

> 柏拉圖主義者希望看到一個得到某種永恆的東西指導的文化。而實
> 證主義者希望看到的一個文化則是受到某種暫時性的東西即世界的
> 存在方式的直接影響的。〔註28〕

荀子所強調的是外在現實禮義的教化影響，所以強調的是一種中性的認知能力，而孟子則訴諸永恆的天理良知來達到成聖的可能，因此著重於自覺的理想。這就形成了如同東方朔所說的現象：對於「人皆可以爲聖人」這件事，荀子明白冷靜地昭告了世人，而孟子對此雖有開示，卻不免流於輕易之嫌，甚至有滿街聖人的疑慮。〔註29〕

第二節　性不知禮義：「禮義」價值的外在性

《荀子・王制》中一段敘述人的特質及其與萬物蟲魚鳥獸不同的文字，常被學者用來指稱荀子的人性論中人具有內在善的價值存在，我將重新檢視這段文字，以明晰不能據此言說荀子人性中具有善端：

> 水火有氣而無生，草木有生而無知，禽獸有知而無義，人有氣、有
> 生、有知，亦且有義，故最爲天下貴也。力不若牛，走不若馬，而
> 牛馬爲用，何也？曰：人能群，彼不能群也。人何以能群？曰：分。
> 分何以能行？曰：義。故義以分則和，和則一，一則多力，多力則

〔註27〕東方朔：《合理性之尋求：荀子思想研究論集》，頁169～170。
〔註28〕〔美〕理查德・羅蒂，黃勇編譯：《後哲學文化》，頁15。
〔註29〕參見東方朔：《合理性之尋求：荀子思想研究論集》，頁171～172。

　　彊，彊則勝物，故宮室可得而居也。故序四時，裁萬物，兼利天下，
　　無它故焉，得之分義也。〔註30〕

路德斌認爲「義」是知所當爲，屬於德性〔註31〕，並就藉此來說人內在善的
價值：

　　如〈王制〉篇就有言：「人有氣、有生、有知，亦且有義。」〈大略〉
　　篇也說：「義與利者，人之所兩有也。……」……在孟子，義之「有」
　　具有天賦觀念的性質，是自足的、現成的「有」；而在荀子則非是，「義」
　　並不是現成的天賦的觀念，而是一種道德的屬性或能力。〔註32〕

龍宇純也認爲，「只需荀子承認人性中具是非之心，義便可以從此是非之心中
生出。」〔註33〕顯然也認爲此「義」便是由人的內心所自發產生的，甚至以
此說荀子所謂的「人性」中有孟子四端中所謂的「義」，也就是有所謂的「是
非之心」。〔註34〕基本上將「義」視爲人性中的內在價值，或許並不恰當，這
可以從以下幾點來商議：(1)「義」不爲人性中本有的德性(2)「義」是爲「禮」、
「禮義」(3)人沒有天生喜好「禮義」的內在價值。茲分別論述於下。

一、「義」不爲人性中本有的德性

　　對於荀子這裡所說的「人有氣、有生、有知，亦且有義」，都直接認定所
謂的「有義」就是天生內在於人，因此會據以論證荀子的人性論中有內在善
的根據。如王靈康所論：「根據引文脈絡，水火有氣、草木有生、禽獸有知，
這些『有』都是『天生本有』，所以人之『『有』義』應該也和上文對仗，作
『天生本有』解釋。」〔註35〕但我們似乎不該就直接認定，荀子所運用的對
仗必然有其一致性——即其「有」皆是天生本有之義。我們不能排除荀子如
此行文只是爲了行文的流暢與工整才如此言之，因此應該從整體的行文脈絡
來探析之。

　　從這段文字來看，荀子除了強調人因爲「有義」故最爲天下貴，也就是
人因爲「有義」故能勝御牛馬等禽獸，使其爲人類所用外，他還進一步分析

〔註30〕〔清〕王先謙撰，沈嘯寰、王星賢點校：《荀子集解》，頁164。
〔註31〕參路德斌：《荀子與儒家哲學》，頁107。
〔註32〕路德斌：《荀子與儒家哲學》，頁115。
〔註33〕龍宇純：《荀子論集》，頁66。
〔註34〕參見龍宇純：《荀子論集》，頁57～68。
〔註35〕王靈康：《荀子哲學的反思：以人觀爲核心的探討》，頁52。

道：人能勝於牛馬在於「能群」，「能群」在於「能分」，「能分」在於「有義」。如此看來，應該說是人們必須要「有義」才能夠「有分」，「有分」之後才能夠「群」。荀子同樣在〈王制〉中也說：「故人生不能無群，群而無分則爭，爭則亂，亂則離，離則弱，弱則不能勝物。」（〈王制〉）〔註36〕就此而論，人是否「能群」是人能否勝物而為天下貴的重要因素，但若更往上推，要達到能群還必須「有分」，否則即會有爭亂的行為產生；而更進一步推極之則真正的關鍵處在於「有義」。如果照荀子對於「人性」內涵的敘述：「人之性惡，其善者偽也。今人之性，生而有好利焉，順是，故爭奪生而辭讓亡焉。」（〈性惡〉）〔註37〕那麼人天性在沒有禮義化導前必然會順性好利而生爭奪，故而荀子又說：「人生而有欲，欲而不得，則不能無求；求而無度量分界，則不能不爭；爭則亂，亂則窮。先王惡其亂也，故制禮義以分之，以養人之欲，給人之求。」（〈禮論〉）〔註38〕至此，我們可以很明顯地看出，人必須要有禮義才能夠「有分」，而「分」正是要對治人的本性，以防止爭亂的產生。那麼人在沒有禮義之前，必然是「無分」也「無群」的爭亂狀態，可見在人性的本原狀態下，人是無法成就為荀子此段話所說的「最為天下貴」。

圖2：荀子說「人有義」是就修養後的「哲學意義的人」而論

簡單來說，荀子的論述可以簡化為「有義——能分——能群——無爭亂」的連繫系統，今天就荀子「人之性惡」的論述來看，人性在未受禮義化導前不可能「無爭不亂」，人沒有聖人制禮義前也「不能分」亦「不能群」，顯然「有義」所應該形成的一連串效果——「能分」、「能群」與「無爭不亂」在人的本性之下都是闕如的，那麼人性本原中也就必然沒有「義」，因此我們可

〔註36〕〔清〕王先謙撰，沈嘯寰、王星賢點校：《荀子集解》，頁164～165。
〔註37〕〔清〕王先謙撰，沈嘯寰、王星賢點校：《荀子集解》，頁434。
〔註38〕〔清〕王先謙撰，沈嘯寰、王星賢點校：《荀子集解》，頁346。

以說荀子這裡所說的「有義」不是人天生本有的。這也正如何艾克（Eric Hutton）所主張的：「有」未必只能作「天生本有」解，應該可以解釋作「擁有」、「具有」；這樣的解釋，重點在於列舉出「人」所具有的重要特點，而不在於追問這些特點的來源。〔註39〕但何艾克卻也表示這樣的論述在《荀子》中可能造成矛盾，因為「氣、生和知似乎並不是水火、草木和禽的未填充的能力。」又如果「『義』只是一種視某物為責任，而可被填充至非道德之目的的空的非道德的能力，則荀子似乎不可能主張『義』使人『最為天下貴』。」〔註40〕其實並沒有這樣的問題存在，因為荀子所言「人有氣、有生、有知，亦且有義」（〈王制〉）〔註41〕是對於「哲學意義的人」之描述，那麼受到禮義教化後的「哲學意義的人」，應該同樣也有著「氣」、「生」、「知」，這是人所固有之「性」；而「義」則是後天起偽而內化於人的。也就是說，當只有「氣」、「生」、「知」之「生物意義的人」獲致了「義」之後，他就成為同時擁有「氣」、「生」、「知」、「義」之「哲學意義的人」，這已是一種理想人格的描述，就是荀子所說的「性偽合」後的「第二人性」。如此雖然這四個成分有先天本有者、有後天填充至人性中者，但對於「哲學意義的人」而言都已是其所擁有的，荀子當然不必特別分別「氣」、「生」、「知」與「義」的先天與後天的差別，而可以如此一貫論述。如此一來，李哲賢所說的第二個問題也就可以迎刃而解：荀子正是以後天的「禮義」，也就是人類特有的文化來作為「人之所以為人」的根據，也就是「人」因為有後天建構的文化而「最為天下貴」。李哲賢的思考無疑是受到孟子「性善論」的影響，認為人所以「最為天下貴」的關鍵必定是要天生本有而異於禽獸的。我們必須跳脫這樣的思維，才能探得荀子「性惡論」眞義矣！

　　透過以上論證，我們了解到這裡所謂的「有義」不是人性中所本有的，所以不能據以作為荀子人性論中有道德價值的根據。荀子這裡所謂的「人有氣、有生、有知，亦且有義」是「哲學意義上的人」，而不是「生物意義上的人」。正如我在第二章第二節所說的，荀子在談「人性」（荀子稱「人之性」）

〔註39〕參見 Eric Hutton, "Does Xunzi Have a Consistent Theory of Human Nature？" 收入 Kline III,T. C. and Philip J Ivanhoe,ed., *Virtue,Nature,and Moral Agency in the Xunzi*, Indianapolis／Cambrige：Hackett, 2000, p222.

〔註40〕參見李哲賢：〈論荀子思想之矛盾〉，《興大中文學報》第 22 期（2007 年 12 月），頁 161～167。

〔註41〕〔清〕王先謙撰，沈嘯寰、王星賢點校：《荀子集解》，頁 164。

時是就「生物意義上的人」而論之，而在討論理想的人格與應有的作爲時，
則以「人」稱之，也就是就「哲學意義上的人」而論。由此我們應該了解到，
荀子說「人有義」是理想狀態的人，也就是「人」的「應然」而不是「實然」，
如果不明白荀子的論述特色與脈絡，則會如部分學者誤將「人有義」當作荀
子據以稱人有內在道德是非的論述，也就不會認爲這「與〈性惡篇〉『今人之
性，固無禮義，固彊學而求有之也；性不知禮義，故思慮而求知之也』的說
法嚴重衝突，導致『荀子人性論』的一致性岌岌可危。」〔註42〕這個問題也
凸顯出未明析荀子「人」與「人之性」的論述脈絡的關鍵所在，而誤將荀子
對「生物意義的人」與「哲學意義上的人」的論述混淆了——荀子不正說了
嗎？「今人之性，固無禮義」，這是就「生物意義的人」的人而論的，與「人
有義」的應然論述是不同層面的。

二、「義」即是「禮義」

　　透過上一段我對「人有義」的「義」是外在於人而非天生內在於人性之
中的道德價值的論證，我們可以順著這個論證，進一步闡發這個所謂的「義」
其實就是所謂的「禮義」。何以如此說？因爲透過上述荀子該段文字來看，「義」
是人能夠「群」、得以「分」，進而治亂的關鍵，而作爲治亂關鍵的論述，從
荀子，〈禮論〉中的說明：

> 禮起於何也？曰：人生而有欲，欲而不得，則不能無求；求而無度
> 量分界，則不能不爭；爭則亂，亂則窮。先王惡其亂也，故制禮義
> 以分之，以養人之欲，給人之求，使欲必不窮乎物，物必不屈於欲，
> 兩者相持而長，是禮之所起也。〔註43〕

我們可以發現，「禮」和「義」有著同樣治亂的功效。如果再從「分」的角度
來看，〈非相〉所說的：「分莫大於禮。」〔註44〕與〈王制〉所謂的：「人何以
能群？曰：分。分何以能行？曰：義。」〔註45〕亦可以看出在荀子的論述脈
絡來看，「禮」和「義」有著同樣的功效，這就如陳大齊所觀察到的：

> 分之所以能行，因其有據於義。故在此一點上，禮與義又有著同樣

〔註42〕 王靈康：《荀子哲學的反思：以人觀爲核心的探討》，頁52。
〔註43〕 〔清〕王先謙撰，沈嘯寰、王星賢點校：《荀子集解》，頁346。
〔註44〕 〔清〕王先謙撰，沈嘯寰、王星賢點校：《荀子集解》，頁79。
〔註45〕 〔清〕王先謙撰，沈嘯寰、王星賢點校：《荀子集解》，頁164。

的功用。有著同樣功用的，當然不一定是異名同實，亦可能是異名異實，自不得因此遽予論定，謂禮即是義。但禮與義既有著同樣的功用，則在功用的觀點上，無庸爲之細加分別。〔註46〕

也就是說，在荀子的論述中，「禮」與「義」並沒有特別的區分，在實際作用上我們幾乎可以將之等而視之。同時，如就《荀子》中「禮義」一詞的用例與脈絡來觀察，我們亦可發現「禮義」與「禮」、「義」同樣有著治亂群分的功效：

> 先王案爲之制禮義以分之，使有貴賤之等，長幼之差，知愚、能不能之分，皆使人載其事而各得其宜。（〈榮辱〉）〔註47〕

> 故人生不能無群，群而無分則爭，爭則亂，亂則離，離則弱，弱則不能勝物，故宮室不可得而居也，不可少頃舍禮義之謂也。（〈王制〉）〔註48〕

> 亂禮義之分，禽獸之行。（〈正論〉）〔註49〕

至此我們可以推論出，《荀子》中的「禮」、「義」與「禮義」具有相同的內涵、功效與位階，可以如陳大齊所言等而視之。

在確認荀子所謂的「人有義」其實就是「人有禮」、「人有禮義」後，那麼我們就不該把「義」當作內在於人的道德價值，我們會誤將「義」推論爲內在於人性之中，正是因爲我們把這個「義」誤解爲和孟子四端中「仁義禮智」的「義」相似的德性——就如路德斌所認爲的那樣：「『義』則知所當爲，屬於德性。」〔註50〕龍宇純更是直接將「義」等同於孟子所謂的「智」——是非之心。〔註51〕顯然荀子的「禮義」並非出於人之性，而是生於聖人之僞，有其外在性，他說：「凡禮義者，是生於聖人之僞，非故生於人之性也。」（〈性惡〉）〔註52〕又說：「先王惡其亂也，故制禮義以分之。」（〈禮論〉）〔註53〕那

〔註46〕陳大齊：《荀子學說》，頁167。

〔註47〕〔清〕王先謙撰，沈嘯寰、王星賢點校：《荀子集解》，頁70。

〔註48〕〔清〕王先謙撰，沈嘯寰、王星賢點校：《荀子集解》，頁164～165。

〔註49〕〔清〕王先謙撰，沈嘯寰、王星賢點校：《荀子集解》，頁324。

〔註50〕路德斌：《荀子與儒家哲學》，頁107。

〔註51〕龍宇純：《荀子論集》，頁67：「荀子之所謂『義辨』，其實也便是孟子的『是非之心』。在荀子的思想中，於人性裏肯定一個同於孟子說的『是非之心』，這一點是極爲重要的。」

〔註52〕〔清〕王先謙撰，沈嘯寰、王星賢點校：《荀子集解》，頁437。

〔註53〕〔清〕王先謙撰，沈嘯寰、王星賢點校：《荀子集解》，頁346。

麼如果荀子此處的「義」等同於「禮」、「禮義」，我們就可以再次肯定荀子所謂的「人有義」不是內在於人的價值，而是表達人能認知禮義、內化禮義，故最為天下貴。所以說人之所以尊貴在於後天的文化——禮義的教化，而不在於人天性比禽獸更美好，這裡是人之「應然」，是就「哲學意義的人」而論的。

三、人不具天生好「禮義」的內在價值

　　既然誠如上述所言，「人有義」是一種「應然」的論述，是一種針對「哲學意義的人」而言說，那麼「義」就是外在的「禮義」，一種外在的規範與道德價值。在肯認了「禮義」是為外在人性的某種道德價值後，還有學者會進一步表示：儘管「禮義」在某種意義並非在人性之中，而是一種外在價值，但人性之中可能會有「喜好」禮義的道德意識，這不可不說是人內在善的根據。他們據以立論的是《荀子・彊國》中的這一段文字：

> 夫桀、紂何失？而湯、武何得也？曰：是無它故焉，桀、紂者，善為人所惡也；而湯、武者，善為人所好也。人之所惡何也？曰：汙漫、爭奪、貪利是也。人之所好者何也？曰：禮義、辭讓、忠信是也。〔註54〕

劉又銘就據此段文字，說明荀子的人性論中，人具有內在的道德直覺，他說：

> 在「爭」、「亂」、「窮」的現實情境的對照下，一旦遇見具體的善行或善的人格典範便懂得去肯定、企慕的心，容或在強度上比不上許多欲望和情感，或往往後繼無力，卻也已經是一種內在的價值意識和道德直覺的初步呈現了。〔註55〕

路德斌也藉此說荀子所謂的「人有向惡之『性』，亦有好善之德，這是一種源於人自身的內在張力。」〔註56〕

　　當然，正如我所一在強調的，荀子這裡所論述的是「人之所好」與「人之所惡」，是一種「哲學意義的人」的描述，也就是受到禮義教化後所「應該」

〔註54〕〔清〕王先謙撰，沈嘯寰、王星賢點校：《荀子集解》，頁298。加底線處原為分號，筆者據文義及沈、王兩人的點校用例而改為冒號。

〔註55〕劉又銘：〈從「蘊謂」論荀子哲學潛在的性善觀〉，收入國立政治大學文學院編：《「孔學與二十一世紀」國際學術研討會論文集》（臺北：政大文學院，2001年），頁61。

〔註56〕路德斌：《荀子與儒家哲學》，頁120。

呈現出的理想狀態；否則這裡所謂「人之所好：禮義、辭讓、忠信」與「人之所惡：汙漫、爭奪、貪利」，就會與荀子所說的人之性：「飢而欲食，寒而欲煖，勞而欲息，好利而惡害」、「生而有好利焉，順是，故爭奪生而辭讓亡焉」、「生而有疾惡焉，順是，故殘賊生而忠信亡焉」、「生而有耳目之欲，有好聲色焉，順是，故淫亂生而禮義文理亡焉」矛盾，也是學者通常藉以推論荀子的人性論不是性惡說的根據。其實正如我所說的，前者的論述是對受禮義教化後「哲學意義的人」之描述，而後者是針對「生物意義的人」的原初之性的敘述。

但是針對這段文字，我還要做更進一步的梳理。這裡荀子所說的人之所好、人之所惡，並不是指人本身對「禮義、辭讓、忠信」和「汙漫、爭奪、貪利」這些特質與行為的好惡，而是針對政治上而言，也就是針對湯武與桀紂而言。也就是說我們要注意這段文字的脈絡：荀子說人惡桀紂而好湯武，接著才問人所惡者何？所好者何？所以荀子所說的意思是：人們所惡的是桀紂的「汙漫、爭奪、貪利」，人們所好的是湯武的「禮義、辭讓、忠信」。這是很直觀的情感，並不須推源至道德直覺之類的內在道德問題。況且就人性惡來說，人會有「汙漫、爭奪、貪利」的傾向，那是因為對自己有利，而這裡所呈現的「汙漫、爭奪、貪利」是他人的行為，這反而會造成自身的傷害，當然為人所不喜，這是一種人性中利己動機的自然表現，並沒有什麼好懷疑，關於利己動機我將在本章第四節做說明。

再者，〈彊國〉同段文字荀子亦言：「人莫貴乎生，莫樂乎安；所以養生安樂者莫大乎禮義。」〔註57〕依照人的本性而言，人好逸惡勞〔註58〕，且以求生為目的，也就是荀子所謂的「貴生樂安」。而正如其所言，要達到「貴生樂安」最好的途徑就是「禮義」，如此受過禮義教化的「人」，當然會喜好禮義之行為，因為那能夠達到「養人之欲，給人之求」（〈禮論〉）〔註59〕的目的，這也就是人不須要自覺也能夠有行禮義的動力所在，也是我在第四章第三節所要說明的。

以上，我已說明「人之所惡：汙漫、爭奪、貪利」不是人道德直覺的顯

〔註57〕〔清〕王先謙撰，沈嘯寰、王星賢點校：《荀子集解》，頁 299。

〔註58〕〈性惡〉：「若夫目好色，耳好聽，口好味，心好利，骨體膚理好愉佚，是皆生於人之情性者也，感而自然，不待事而後生之者也。」見〔清〕王先謙撰，沈嘯寰、王星賢點校：《荀子集解》，頁 437～438。

〔註59〕〔清〕王先謙撰，沈嘯寰、王星賢點校：《荀子集解》，頁 346。

現，而是出於人性所必然的現象；由此我們了解到，荀子所謂「性」中無禮義，其所論「人性」是惡的而無善端。

第三節　生無辨是非：後天形成的道德判斷力

在上一節中我論證了荀子所言的「禮義」是外在於其所謂「人性」，而不能以「人有義」或「人好禮義」等論述而推翻荀子的性惡論而言其「人性」中具有道德根源的善。接著這個問題來說，在這一節我將證明：荀子所謂的「辨」亦不可作為人性內在善的根據，其所謂「辨」的能力亦是經過禮義教化後「哲學意義的人」而言的，並非人內在本有此道德判斷力。荀子人性論中的正面價值概念：「辨」、「分」、「義」、「群」常被學者一併而論，作為荀子人性論中內在善價值的依據。如韋政通即言：「荀子對當時的社會政治問題所提供的一個總標準是禮，那末對當時社會政治問題解決的內容，即必須通過辨、分、義、群等概念的涵義去認取。」〔註60〕陳大齊也說：

> 故「有辨」與「有義」可以融合而為一，且亦不妨比附荀子「義法」「義志」等用語，簡稱之為義辨，而以之為人的一大特色。「人何以能群？曰，分」，能群有賴於分，而分即是辨，然則能群亦有賴於辨，能群只是辨的結果，與辨有著密切的關係。〔註61〕

學者們把「義」與「辨」駢置而論之言其密切相關的確有其道理，這點我們可以從〈非相〉中的一段文字來看：

> 人之所以為人者，何已也？曰：以其有辨也。飢而欲食，寒而欲煖，勞而欲息，好利而惡害，是人之所生而有也，是無待而然者也，是禹、桀之所同也。然則人之所以為人者，非特以二足而無毛也，以其有辨也。今夫狌狌形笑，亦二足而<u>無毛</u>也，然而君子啜其羹，食其胾。故人之所以為人者，非特以其二足而無毛也，以其有辨也。夫禽獸有父子而無父子之親，有牝牡而無男女之別，故人道莫不有辨。〔註62〕

又根據荀子的同篇文字所說：「辨莫大於分，分莫大於禮，禮莫大於聖王」〔註

〔註60〕韋政通：《荀子與古代哲學》，頁31。

〔註61〕陳大齊：《荀子學說》，頁35。

〔註62〕〔清〕王先謙撰，沈嘯寰、王星賢點校：《荀子集解》，頁78～79，加底線處據王先謙注改「毛」為「無毛」。

〔註63〕〔清〕王先謙撰，沈嘯寰、王星賢點校：《荀子集解》，頁79。

63〕，我們的確可以確認「辨」與「禮」的緊密關係。荀子所謂的「辨」是為後天所有的能力，不能據以說人有天生的內在價值，以下即就此論述之。

一、「辨」的兩個層次：「義辨」與「辨」

首先必須特別注意的是，荀子所謂的「辨」有兩個層次上的差別，這兩者分別屬於人本有的感官能力以及「人之所以為人」的道德判斷力。上述所引〈非相〉所言之：「人之所以為人者何已也？曰：以其有辨也。」是屬於受禮義薰陶後之「哲學意義的人」所擁有的道德判斷力；而在〈榮辱〉中的以下這段文字所論述的「辨」則是指人本有的感官能力：

> 凡人有所一同：飢而欲食，寒而欲煖，勞而欲息，好利而惡害，是人之所生而有也，是無待而然者也，是禹、桀之所同也。目辨黑白美惡，耳辨音聲清濁，口辨酸鹹甘苦，鼻辨芬芳腥臊，骨體膚理辨寒暑疾養，是又人之所常生而有也，是無待而然者也，是禹、桀之所同也。〔註64〕

很明顯地，上述〈非相〉的「人之所以為人」者的「辨」與〈榮辱〉這段文字中「目辨白黑」的「辨」是不同層次的論述。前者作為「人之所以為人」的關鍵所在，可以很清楚地與後者所謂的「人之所常生而有也，是無待而然者也，是禹桀之所同也」〔註65〕做出區別。假使我們沒有在這兩者做出層次上的區別，就會覺得荀子的論述矛盾而混亂，或如莊錦章將兩者混而論之，而形成所謂「辨」為「道德中立」能力的偏誤觀點：

> 荀子為了談到辨別顏色、聲音、味道、以及其他的感覺方面的能力而使用「辨」字，但在此「辨」沒有像「分」清楚地是指具有把社會差等區分的能力。在此再一次主張這些感覺欲望與能力是道德上中立的觀點，因為在這一方面就如同禹、桀一樣彼此並無差異。〔註66〕

〔註64〕〔清〕王先謙撰，沈嘯寰、王星賢點校：《荀子集解》，頁63。

〔註65〕這樣的定義可說與荀子對「飢而欲食」等「人性」的定義如出一轍。雖然如同我在第二章第二節所說的，荀子對人性的定義只在於欲望與衝動的傾向而論，而感官心知等能力雖然也符合其對於「性」的定義：「不可學，不可事，而在人者」（〈性惡〉），但荀子並沒有就此直接言其為「性」，因此在這裡我們同樣不將此「目辨白黑」的「辨」納入「性」中。

〔註66〕莊錦章：〈荀子與四種人性論觀點〉，頁198～199。

或是如王靈康認爲荀子「辨」的問題在文獻上不足證明其是否爲天生，而認爲此問題在學界中向無妥善的處理。〔註67〕

其實只要把握住我在第二章第二節所說的，荀子所言「人之性」或「人之所生而有」的特質，幾乎可以說都是就「生物意義的人」而論的；而荀子所言之「人」之特質者，則可說是「哲學意義的人」所應該有的特質與內涵。因此我們可以了解到，「目辨白黑」的「辨」只是一種感官的能力，而我們所要討論的則是「人之所以爲人」道德上的「辨」，陳大齊稱之爲「義辨」〔註68〕，我想這對於「人之所以爲人」的「辨」是很好的定義，故爲了方便區分，我們的確可以在討論時採用這樣的說法。

荀子認爲「義辨」是「人之所以爲人」的關鍵，這很明顯是一個「哲學意義的人」之命題，故他也特別將「義辨」的能力與「飢而欲食，寒而欲煖，勞而欲息，好利而惡害」這些「是人之所生而有也，是無待而然者也，是禹桀之所同」之性相對比，如此就更加凸出「義辨」對於理想人格的重要性意義。因此我們在探討荀子「義辨」時，必須把握這其作爲「人之所以爲人」這樣的特質所在，而不當把一般感官性的「辨」一併納入討論，否則將會造成荀子思想上的扞格。

二、「義辨」：後天修養而成的道德判斷力

在明析「辨」與「義辨」的區別後，我們可以接著針對「義辨」來做討論。我在上一段說到，陳大齊用「義辨」指稱「人之所以爲人」的「辨」是正確的，這是就「辨」與「義」的關係而言；但另外一個重點是，我們必須同時了解到「義」與「義辨」都是後天經過禮義教化而使人擁有的能力，而不能是先天內在於人之中的。也就是說陳大齊雖然正確地了解到「辨」與「義」的密切關係，卻未能指出兩者皆是後天加諸於人的特質，甚至有把這兩項特質視爲人所本有的能力，他說：「辨是理智方面的現象，故荀子所舉的此一特色，相當於亞里士多德所說的『人是理性的動物』。其另一特色的『能羣』，又正是亞里士多德所說的『人是社會動物』。」〔註69〕這就有著指涉荀子的人性論意義在於：人是天生有辨、有義的動物——這是不正確的。除了陳大齊

〔註67〕參見王靈康：《荀子哲學的反思：以人觀爲核心的探討》，頁65。
〔註68〕參見陳大齊：《荀子學說》，頁35。
〔註69〕陳大齊：《荀子學說》，頁36。

將「辨」作爲人的內在能力外，路德斌也將其作爲「別異定分」的「知性」，也就是相對於「義」所謂的「德性」而言人的兩種內在道德根源〔註70〕，他說：

> 荀子所發現之作爲「人之所以爲人者」的「辨」和「義」。而「辨」、「義」之作爲統一的理性，它顯然並非單純是一個知性，同時也是一個價值理性即德性。〔註71〕

東方朔更是順著張亨的論點加以發揮，直言荀子所謂人「有辨」可作爲其人性論內在具有「善」的觀念：

> 人之所以爲人，則在於其「有辨」、能辨。依此，義、辨顯然不是外在於人本身，而是人（person）所固有的能力。……但顯然，此義、辨卻具有正面積極的意義。極言之，荀子雖主人之性惡，但若就應於其有關人的整體觀念而言，我們實不妨説，荀子還有義、辨等有關人的能力之「善」的觀念。〔註72〕

這樣的論述正體現出了近現代學者受到性善的誘惑下所做出的論述。他們多將荀子所言「人」所具有的各種能力納入「人」的內在；雖然他們也了解這些能力在《荀子》的脈絡中無法逕歸於「性」中，於是不少學者就像東方朔一樣提出了這樣的論點：「人性問題在荀子有關『人的理論』（concept of person）中並不具有根本意義。」〔註73〕也就是以「人論」、「人觀」代替「人性論」以化解荀子人性惡的議題。對此，我必須在此釐清荀子所謂的「義辨」是後天受禮義化導而有之，並非人天生的能力。

就如我一再強調的，荀子對「人之性」、「人生而有」的論述都是就「生物意義的人」而論，也就是所謂人天生而有的特質來說；對「人」及其他社會脈絡對人的指稱（如「士」、「君子」、「聖人」）的論述都是就「哲學意義的人」而論，也就是人受到禮義教化後所應有的內涵、人格與特質。那麼很明顯的，所謂的「義辨」既然作爲「人之所以爲人」的關鍵，其必然是人應有的理想人格特質，而不應該是人生而有的本性。當然，我們也能夠透過《荀子》的脈絡中證實這樣的論點。

〔註70〕參見路德斌：《荀子與儒家哲學》，頁107。
〔註71〕路德斌：《荀子與儒家哲學》，頁119。
〔註72〕東方朔：《合理性之尋求：荀子思想研究論集》，頁219～220。
〔註73〕東方朔：《合理性之尋求：荀子思想研究論集》，頁219。

荀子在〈非相〉中說：「辨莫大於分，分莫大於禮，禮莫大於聖王。」〔註74〕如此就可以說「義辨」來自於分、來自於禮、來自於聖王，沒有聖王、沒有禮、沒有分就不可能有「辨」。如就「分」而言，荀子言「分何以能行？曰：義」（〈王制〉）〔註75〕，而「義」正如在第二節所論證是為「禮」、「禮義」。那麼，「禮起於何也？」正是「先王惡其亂也，故制禮義以分之，以養人之欲，給人之求。」（〈禮論〉）〔註76〕由此而論，人何以能夠有「辨」，可以說其來自於有「分」、有「禮義」、有「聖王」。人無禮則不能分，如就楊倞注所言：「辨，別也。」〔註77〕，而《荀子》中「分」又與「別」連用而同義〔註78〕，韋政通也說：

> 蓋「別」與「辨」通。荀子禮論篇言「別」者，史記禮書多言「辨」。荀子言「禮別異」（樂論），又說「禮者，治辨之極也。」（議兵）「別異」與「治辨」同為禮之作用，故「別異」亦同於「治辨」。禮論篇云：「禮者養也，君子既得其養，又好其別。曷謂別？曰：貴賤有等，長幼有差，貧富輕重皆有稱者也。」然則「別」之意義與「治辨」、「辨異」、「曲辨」本無殊。〔註79〕

那麼也可以說有「辨」就是「有分」、就是「有別」，那麼「有別」的關鍵正在於「禮義」，荀子說：「禮義不修，內外無別，男女淫亂，則父子相疑，上下乖離，寇難並至：夫是之謂人祆。」（〈天論〉）〔註80〕如此就荀子的論述所謂「今人之性，固無禮義」（〈性惡〉）〔註81〕，則無論如何都可以了解到，「辨」不應該是人性所本有的，而是後天透過聖人、透過禮義的教化而使之有的。由此我們亦可以了解到，在荀子的論述脈絡中，「禮」、「義」、「群」、「分」、「別」、「辨」都有著緊密的關係，儘管不能一筆將之劃為同義，但至少可說是有此方有彼、無彼則無此之環環相扣的系統。

〔註74〕〔清〕王先謙撰，沈嘯寰、王星賢點校：《荀子集解》，頁79。
〔註75〕〔清〕王先謙撰，沈嘯寰、王星賢點校：《荀子集解》，頁164。
〔註76〕〔清〕王先謙撰，沈嘯寰、王星賢點校：《荀子集解》，頁346。
〔註77〕〔清〕王先謙撰，沈嘯寰、王星賢點校：《荀子集解》，頁78。
〔註78〕〈非相〉：「分別以喻之。」〈王制〉：「兩者分別，則賢不肖不雜，是非不亂。」〈正名〉：「故知者為之分別，制名以指實。」見〔清〕王先謙撰，沈嘯寰、王星賢點校：《荀子集解》，頁86、149、415。
〔註79〕韋政通：《荀子與古代哲學》，頁33。
〔註80〕〔清〕王先謙撰，沈嘯寰、王星賢點校：《荀子集解》，頁314。
〔註81〕〔清〕王先謙撰，沈嘯寰、王星賢點校：《荀子集解》，頁439。

　　而且如果就《荀子・王制》所言「人生不能無群，群而無分則爭，爭則亂，亂則離，離則弱，弱則不能勝物」〔註82〕，而人的天性卻是「生而有好利焉，順是，故爭奪生而辭讓亡焉」（〈性惡〉）〔註83〕，那麼人本性是爭亂的，其本原定無「群」亦無「分」，也就是無「義辨」，假使荀子所謂的「義辨」是人所本有的，就會造成「今誠以人之性固正理平治邪？則有惡用聖王，惡用禮義矣哉！」（〈性惡〉）〔註84〕的困境。所以說荀子所謂人性之中必不能有「義辨」，否則就會形成人天生能群、能分，也就無須荀子所強調的禮義與聖王了。

　　在理解了「辨」在荀子人性論中的脈絡後，我們就不能夠如龍宇純一般，將「義辨」等同於孟子的「是非之心」〔註85〕，並以此來判斷荀子的人性論說：

> 言人有辨，也顯然都屬性分內所有。這裏荀子所說的義指的是什麼，是否就是孟子書中的義，或者是否相關？都不重要。因為我在前文已說，只需荀子承認人性中具是非之心，義便可以從此是非之心中生出。〔註86〕

就龍宇純如此來看，便會形成這樣的錯誤結論：荀子的性惡說與孟子的性善說便可以互容而成為十分接近的人性論述了。〔註87〕而王靈康雖極欲在荀子「性惡論」中探究其本來面貌並開展出新視野，因而以「人觀」來檢視荀子，但在「辨」的問題仍然顯得保守，他說：

> 如果不強調「辨」這種能力，而直接說「有辨」就是「有分」，「分」則根據「禮」，「禮」則來自「聖王」，那麼即便說人能「有辨」是因為先有聖王之禮所薰陶培養出來的後天能力，我們還是可以問，天生稟賦與「塗之人」相同的聖王又是如何能夠制定社會差等的？如此只是將問題延後……。〔註88〕

顯然他已經理解荀子所謂的「辨」有來自「禮義」、「聖王」的可能，也就是

〔註82〕〔清〕王先謙撰，沈嘯寰、王星賢點校：《荀子集解》，頁164～165。
〔註83〕〔清〕王先謙撰，沈嘯寰、王星賢點校：《荀子集解》，頁434。
〔註84〕〔清〕王先謙撰，沈嘯寰、王星賢點校：《荀子集解》，頁439。
〔註85〕參見龍宇純：《荀子論集》，頁67。
〔註86〕龍宇純：《荀子論集》，頁66。
〔註87〕參見龍宇純：《荀子論集》，頁67。
〔註88〕王靈康：《荀子哲學的反思：以人觀為核心的探討》，頁63～64。

承認其可能爲後天所賦予人的能力，但他終究因爲性惡的聖王如何能制定「禮義」而形成「分」、形成「辨」而感到質疑。其實這並不成問題，我將會在第四章第三節接著梳理這個王靈康所謂的困境。

　　總之，我們必須把握荀子藉以說人所具有的道德價值面向，也就是「人之所以爲人」之處，皆是就外在禮義教化後所說的，也就是「生物意義的人」性中本沒有的，其所言「人有辨」是就「哲學意義的人」之理想人格而言的。所以說「人有辨」不能作爲人有內在道德價值判斷能力的依據。

第四節　孰能不爲己：利他行爲的迷思

　　荀子的人性論中，人究竟有沒有天生的愛人之性、孝敬之心，這一直是個爭議性的問題。學者們認爲，如果荀子承認了人性中天生有著愛人、孝敬等等利他性情感，則不能說荀子的人性論中沒有善端，荀子的性惡說也就無法成立。歷來學者們據以說人性中有天生的孝親與利他心，主要是根據《荀子・禮論》中以下這段文字：

> 凡生乎天地之閒者，有血氣之屬必有知，有知之屬莫不愛其類。今夫大鳥獸則失亡其群匹，越月踰時則必反鉛過故鄉，則必徘徊焉，鳴號焉，躑躅焉，踟躕焉，然後能去之也。小者是燕爵，猶有啁噍之頃焉，然後能去之。故有血氣之屬莫知於人，故人之於其親也，至死無窮。〔註89〕

據以論者認爲，如果如荀子所說，人天生有著「愛其類」的傾向，那麼就不能說人性是惡的，而說人性之中沒有道德價值存在。徐復觀即言荀子「把『知』與『愛』，作必然的連結，則是人心之有知，即等於人心之有愛；因而從這一點也可以主張人之性善。因此，他的性惡說，實含有內部的矛盾。」〔註90〕龍宇純更是藉此大書特書來論說荀子的人性論並非「性惡論」：

> 以爲凡有血氣之屬莫不愛其類，而人爲最，顯然也屬天性如此。這種有血氣之屬同具的愛類愛親之心自然不就是儒家的仁；但對於主張性善的人來說，固不妨說推此愛親之心以及於人，及於物，即便成仁，無疑便可以謂之「仁之端」。是故主性善的孟子便強調說，「孩

〔註89〕〔清〕王先謙撰，沈嘯寰、王星賢點校：《荀子集解》，頁372～373。
〔註90〕徐復觀：《中國人性論史・先秦篇》，頁255～256。

提之童無不知愛其親者」，而且還接著說，「親親，仁也」。這就難怪
性善說中屬於基本層次的仁智兩端，荀子何以根本不曾想要試著去
排除。然而他竟在如此情況下欲以其性惡易性善，難道他真能認為
已徹頭徹尾的駁斥了孟子的論點麼？在正名篇他曾教人要「以仁心
說，以學心聽，以公心辨」，難道這便是所謂的「以公心辨」麼？這
究竟是什麼緣故？〔註91〕

照龍宇純之說，則荀子既然承認人有愛類愛親之心，這無疑也就是孟子所說
四端中的「仁」，也就是人天生有著惻隱之心。如果真是如此，那麼荀子就不
能說「人之性惡」了，因為他這也就無疑承認了孟子的良知良能。但我必須
說的是，荀子此處所言「愛其類」並不同於孟子所說「孩提之童，無不知愛
其親者」（〈盡心上〉）〔註92〕的良知良能，也就是說我們不能以荀子此段文字
來論說其人性論中含有道德本心。我將從以下幾點來說明其理由：（1）「愛其
類」是人禽所共的低層次情感；（2）孝親不是天生的道德；（3）利他背後的
自私動機。

一、「愛其類」是人禽所共的低層次情感

　　首先我要說明為何上述〈禮論〉此段文字不能作為荀子人性論中具有本
有的道德價值的理由即在於：這裡所論的不是「人之所以為人」的特異之處，
而是人禽之所同之處。我們必須注意荀子所說「愛其類」的行為不是針對人
所立說，而是「有血氣之屬」、「有知之屬」所共有的特質。如果就荀子在〈王
制〉對於萬物層級的歸類而言：「水火有氣而無生，草木有生而無知，禽獸有
知而無義，人有氣、有生、有知，亦且有義」〔註93〕，那麼這裡所謂的「有
知之屬」就包括了禽獸。也就是說，「愛其類」這樣的特質並不是「人之所以
為人」的特質所在，反而是人禽所共有的。正如黎鳴所說：「動物同樣有利他
性情感活動。」〔註94〕章斐宏也表示：「具有同種相護本能的生物，即具有保
群性的生物，在進化中具有較大優勢，較能在進化競爭中保存下來。而保群
性中，必然內含為他性。」〔註95〕以此而言，如果像部分學者將愛其類當作

〔註91〕龍宇純：《荀子論集》，頁67～68。
〔註92〕〔漢〕趙岐注，〔宋〕孫奭疏：《孟子注疏》，頁232。
〔註93〕〔清〕王先謙撰，沈嘯寰、王星賢點校：《荀子集解》，頁164。
〔註94〕黎鳴：《問人性：中西文化500年的比較》，頁176。
〔註95〕章斐宏：《第三種人性》，頁261。

人性中的「仁之端」、當作「惻隱之心」，這豈不是說禽獸的天性中也有「惻隱之心」？那麼如此人何以能說是「最爲天下貴」？就此而言，「愛其類」不能當作人性中本有的「惻隱之心」來看。

那麼，荀子這段論述的用意主要想要表達的是什麼呢？我想他只是要藉由人禽所共有的這種天生情感，去提醒人們身爲動物中最爲靈明有高等知辨能力的人，不要連禽獸都做得到的事也辦不到，那就眞的是禽獸不如了。我想荀子想要表達的，正是以社會道德的角度來檢視人的行爲，其意思正如楊國榮所說的：

> 人們常常以「簡直不是人」來譴責某些道德敗壞者，這種譴責中亦
> 蘊含對自我認同與接受規範之間關係的肯定：道德敗壞者的行爲表
> 明他們已無法被歸入「人」這一共同體之中。〔註96〕

也就是說，荀子站在道德的角度而論，如果不能做到「愛其類」這樣事情的人，是不符合「道德意義的人」之所應有的特質的。關於這一點我們可以在接著〈禮論〉該段文字後的論述探得端倪：

> 將由夫愚陋淫邪之人與？則彼朝死而夕忘之，然而縱之，則是曾鳥
> 獸之不若也，彼安能相與群居而無亂乎？將由夫脩飾之君子與？則
> 三年之喪，二十五月而畢，若駟之過隙，然而遂之，則是無窮也。
> 故先王聖人安爲之立中制節，一使足以成文理，則舍之矣。〔註97〕

荀子這裡不就說了嗎？有些「愚陋淫邪」的人在親人死了以後就馬上忘了，這比鳥獸「失亡其群匹，越月踰時」猶「徘徊焉，鳴號焉，躑躅焉」的行爲還要不如，也就是所謂的「簡直不是人」的批判。那麼爲了要避免人有這樣的行爲發生，於是必須有聖王以禮義文理制約之，才能使人達到理想的人格狀態。正如我一再強調的，荀子所論述「人」的特質都是「人之所以爲人」的關鍵，也就是「哲學意義的人」之應當有的理想人格這個論述脈絡，所以說，荀子在該段文字所做的定論：「故人之於其親也，至死無窮」，應該如 Burton Watson 所理解的譯爲「therefore man ought to love his parents until the day he dies」，而不是如 Eric Hutton 以「naturally（自然地）」取代「ought to（應該）」。〔註98〕

〔註96〕楊國榮：《倫理與存在──道德哲學研究》，頁141～142。
〔註97〕〔清〕王先謙撰，沈嘯寰、王星賢點校：《荀子集解》，頁373。
〔註98〕參見東方朔：《合理性之尋求：荀子思想研究論集》，頁424。

至此，讀者應該會如東方朔感到困惑：

> 荀子也許真的想說僅有部分的人會自然地愛其父母，這是一個「弱判斷」（weaker claim）。但是如果我們把荀子人之性惡的主張，看作是人不可能有天生的利他傾向的話，那麼，不論是強判斷還是弱判斷，依然難於使荀子擺脫明顯的矛盾。〔註99〕

我想問題的關鍵不在於強判斷或弱判斷，而是存在著這樣一個矛盾：如果照荀子所說有血氣有知之屬「莫不愛其類」，那麼就「生物性意義的人」而言就有「愛其類」的傾向，姑且不論這「愛其類」是否為「人之所以為人」的「人禽之辨」的關鍵，那麼無論如何可以說人天生就有著「愛其類」的本性，這樣豈不是就等於是說人天生有道德判斷力嗎？又如果這是人天生本有的能力與傾向，荀子又為何要將「故人之於其親也，至死無窮」這樣的行為視為「哲學意義的人」的應然而不是實然呢？對此，我必須指出，問題在於我們不能把「愛其類」這樣的本性與「人之於其親也，至死無窮」這樣的道德行為等同，這是兩個不同層次的論述。

二、孝親不是天生的道德

要了解我為何說「愛其類」與「人之於其親也，至死無窮」兩者屬於不同層次前，我想我必須先說明關於「愛其類」這樣的本性的內涵。或許更準確地說，「愛其類」是荀子因為其經驗性格，而從現實環境中所觀察到的現象，就如同他所描述的「今夫大鳥獸則失亡其群匹，越月踰時，則必反鉛；過故鄉，則必徘徊焉，鳴號焉，躑躅焉，踟躕焉，然後能去之也。」藉此他可能也透過生活經驗了解到，人也有著天生的母愛，母親會愛自己的孩子，同伴之間會因為有感情而彼此幫助，由此推論有血氣有知之屬都有「愛其類」這樣的特性。同時我們必須注意這段文字的脈絡是在〈禮論〉之中，更準確地說，是在荀子論「喪禮」的文字脈絡之中。這意謂著什麼？這表示這段文字主要在敘述一種晚輩對長輩應有的禮俗儀式，或許更可以說是子女對父母應有的孝親禮儀。或者說〈禮論〉中為什麼會有這樣一段文字？必然是因為荀子觀察到有不少人未能依禮儀而祭奠之，也就是他所說的「愚陋淫邪之人與，則彼朝死而夕忘之」，這類對於父母長輩親人之死毫不在乎之人。因此荀子舉

〔註99〕 東方朔：《合理性之尋求：荀子思想研究論集》，頁 424～425。

鳥獸都有「愛其類」之性，來批判這些「愚陋淫邪之人」簡直是禽獸不如。

　　由此，我們可以說，荀子所謂「愛其類」所指的是一種人天性的母愛之類的情感，但在這裡並不是十分嚴格的定義，而只是如我上述所說，只是為了凸顯出不孝之人之禽獸不如。而「人之於其親也，至死無窮」，則是一種孝親的行為與特質，對荀子來說，這是一種「道德意義的人」所應有的特質，並不是人天生而有之的。我這麼說是有根據的，因為荀子並未把孝親敬長這樣的特質歸於人性之中，而是作為一種後天禮義教化後的成果。這點可從以下幾則〈性惡〉文字探悉：

> 今人飢，見長而不敢先食者，將有所讓也；勞而不敢求息者，將有所代也。夫子之讓乎父，弟之讓乎兄，子之代乎父，弟之代乎兄，此二行者，皆反於性而悖於情也。然而孝子之道，禮義之文理也。故順情性則不辭讓矣，辭讓則悖於情性矣。〔註100〕

> 假之人有弟兄資財而分者，且順情性，好利而欲得，若是，則兄弟相拂奪矣；且化禮義之文理，若是則讓乎國人矣。故順情性則弟兄爭矣，化禮義則讓乎國人矣。〔註101〕

> 人情甚不美，又何問焉？妻子具而孝衰於親，嗜欲得而信衰於友，爵祿盈而忠衰於君。〔註102〕

透過第一則引文，我們了解人天性是不會孝親敬長的。如果順性而為，我們只想到飢而食、勞而息，根本不想禮讓父兄長輩；第二則引文則表現出人好利的本性，無所謂的長幼有序；第三則引文則道出人好色、人好味、人好利的本性，順此本性就無所謂孝親、信友、忠君。由此可知，孝親敬長的特質是與人的本性悖反的，須要禮義的化導才能顯現出來，這也是為什麼荀子會將「人之於其親也，至死無窮」這樣的人格特質視為應然而非實然了。

　　至此，我們了解到，荀子所謂「愛其類」是一種父愛、母愛，是一種長輩對晚輩的關愛，是一種廣泛來講對親近之人自然而然展現的一種本然的關切之情。正如孔憲鐸和王登峰所說的：「母愛不僅在人類有，在動物界也有，所有的動物都有母愛，沒有母愛的動物是繁衍不下去的，早就絕種了。」〔註

〔註100〕〔清〕王先謙撰，沈嘯寰、王星賢點校：《荀子集解》，頁436～437。
〔註101〕〔清〕王先謙撰，沈嘯寰、王星賢點校：《荀子集解》，頁438～439。
〔註102〕〔清〕王先謙撰，沈嘯寰、王星賢點校：《荀子集解》，頁444。
〔註103〕孔憲鐸、王登峰：《基因與人性》，頁32。

103）相對而言，「人之於其親也，至死無窮」的孝親行為則是一種禮義教化下的文化道德價值，這兩者不能混同而必須明確區分。孔憲鐸等人對於這樣的差異有著很好的說明：

> 一般來講，他在對子女「父慈」上所表現的是動物性，人類要繁衍呀！他在對父母「子孝」上所表現的是文化性，他不能不孝啊！「食色性也」，是動物性，不用學；「孝悌也者」，是文化性，必須學。對子女的疼愛來自天生的動物性，人人都有，古今中外，連惡人都有。
> 可是對父母的孝順就不同了，多來自後天的文化性。〔註104〕

「愛其類」是動物性上所謂的「食色性也」的自然表現，從生物學角度來說，就是展現出人們要繁衍而保護自己的基因的天性，也就如道金斯所表示的：「近親具有相同基因的機會高於一般人，這也就是父母願意一生無怨無悔為孩子奉獻的原因。」〔註105〕而「人之於其親也，至死無窮」則是文化性上所謂的「孝悌也者」後天教化的表現。黎鳴對此也有著一針見血的描述：

> 母愛純屬自然之愛，是動物也普遍具備的愛；性愛雖然也屬於自然之愛，同樣也為動物所普遍具備，但對於人類來說，它卻是社會性的開端；博愛純為社會之愛，愛父母（孝）則是博愛的初階，是它的基礎……
> 孩子愛父母則不然，幾乎完全來自生活中習慣訓練。〔註106〕

這樣的思維提醒著我們，孝悌父母是一種後天文化性的學習所擁有的情感，並非天生根植於人性之中，荀子就清楚看到這一點，才會提出了必須以禮義來化導使人孝親於父母尊長。至於「愛其類」只是其提出用以來凸顯「孝」作為「人之所以為人」的關鍵，因為正如黎鳴所點出的：「孝敬父母是人類愛的精神性的第一創造。與母愛和性愛不同，後二者為人類與動物所共有，但動物絕不懂得愛父母。」〔註107〕

透過以上的論述，我們應該明白孝親在人類社會的可貴，它是人類精神文化的表徵，我們決不可能將之納入人與禽獸所共有的本性之中。而荀子所說的「愛其類」，就應該順其對於「大鳥獸」與「小燕爵」所描述的現象，將之視為一種只是對於親近之類所自然而然發出的關切之情感，而不該將之視

〔註104〕孔憲鐸、王登峰：《基因與人性》，頁44。
〔註105〕〔美〕道金斯著，趙淑妙譯：《自私的基因──我們都是基因的俘虜？》，頁138。
〔註106〕黎鳴：《問人性：東西文化500年的比較》，頁639。
〔註107〕黎鳴：《問人性：中西文化500年的比較》，頁458。

爲「哲學意義的人」才有的惻隱之心，否則將會使荀子的論述形成嚴重的扞格——因人禽無所可分矣！

三、利他背後的自私動機

關於「愛其類」這個問題，最後還有一個問題必須處理就是：「愛其類」這樣的行爲特質究竟是善的還是惡的？如果說其是善的，那麼就會形成荀子所謂的人性中本有善，那麼就與荀子性惡論相矛盾；如果說是惡的，那麼就會形成荀子拿了一個惡的行爲特質來凸顯孝親這樣的道德價值，如此來說並不合理。這裡似乎形成了兩難的局面。其實就如我所說的，從荀子說「愛其類」的行文脈絡來看，他是爲了凸顯孝親這樣的道德價值，而透過經驗性的觀察鳥獸的現象來對比之，我們可以說他是以行爲表面的現象視之，而沒有很嚴謹地定義「愛其類」的內涵。這就是爲什麼我會在第二章第二節中表示，我們必須把握荀子明言「人之性惡」這個要點，進而去梳理其整體脈絡，而不是本末倒反而視之，否則就會如部分詮釋者屢屢提出荀子性惡論的反證，而認爲荀子人性論中充滿了扞格。

所以，「愛其類」是善的或是惡的，必須分別就現象與動機來看。就「愛其類」的現象表面來看，它當然是善的，但是這所謂善只是荀子作爲人孝親理想的一種「現象典範」，只是一種用動物的行爲來訴諸於人的道德理想。這就好比麥特·瑞德里（Matt Ridley）所說的，人類「抓住最輕微的動物道德線索（例如海豚勇救溺水的人類，大象哀悼死者等），拚命大做文章」。〔註108〕這類以動物行爲作爲人類道德典範的習慣，在東西方皆有，像在中國就有羔羊跪乳和慈烏夜啼等說法，這都是將人的道德情感加諸動物之上，事實上動物並沒有這樣的道德意識。荀子這裡對「大鳥獸」與「小燕爵」的描述也是這樣，只是以他的經驗性格，以較爲客觀而較不著痕跡的方式來敘述。因此，說這樣行爲的現象是善，就只是指其行爲表面本身所顯現出可作爲道德典範的意義，其中並沒有眞正所謂道德上的善。

另一方面，如就「愛其類」的深層內涵與動機來看，我們可以說它是惡的。我這裡說它是惡的，在於就荀子社會脈絡中來看，「愛其類」並非一種純然的善。因爲就儒家的道德論述而言，道德與否講求的是動機是否恰當，如

〔註108〕　〔美〕麥特·瑞德里著，范昱峰譯：《德性起源——人性私利與美善的演化》（臺北：時報出版，2006 年），頁 224～225。

果一個行為看似是善的，但是動機並不單純，那麼在儒家禮義的脈絡之下就不能稱之為善。我在這裡要特別指出，我們不要把人類的利他形為神聖化，而用以指稱人性中有利他傾向，也就是有善的內在價值。其實所有的生物都的本性都是自私的，正如孔憲鐸與王登峰從基因的角度來看「食色性也」的論述所觀察到的一樣：「人的天性，也是來自基因的天性，基因既然創造了我們的肉體和心靈，也就主導了我們的天性……基因的天性是自我複製和自私，我們的天性也就在基因的主導下成了『食色性也』。」〔註 109〕他們同時也觀察到，人利他行為的背後其實脫離不了人自私的天性，他們說：「自私的基因帶給我們與生俱來的自私天性，即使在我們日常利他行為背後，也隱藏著出於自私行為的目的。」〔註 110〕瑞德里透過對動物界的觀察，也有同樣的發現，他寫到：「蟻群的無私合作只是一種幻象，因為，實際上每隻工蟻都在為基因能藉著兄弟姊妹——蟻后的後代——不朽而努力。」〔註 111〕

很多時後，我們有所謂的道德意識，講求利他的道德行為，其實背後的動機並不那麼純正、善良而美好。在世界各地發生大地震時，你慷慨捐獻，其動機很可能自覺或不自覺地出於：如果今天換作是我遇到這樣的大災難，我也會希望與須要別人如此的幫助吧！這算不算一種算計呢？要如孟子所說的：「今人乍見孺子將入於井，皆有怵惕惻隱之心。非所以內交於孺子之父母也，非所以要譽於鄉黨朋友也，非惡其聲而然也。」（〈公孫丑上〉）〔註 112〕想都不想就做出道德抉擇，我想這是很高的道德境界，絕非人人皆可以有這樣的道德修養。即便你有著我應該救那個孩子的想法，那也是受到後天禮義教化告訴我們那麼做是對的我們才會有那樣的思維，不然以人天性之自私，是不可能自覺做出這樣的道德抉擇。也就是說這些看似是為利他行為的背後，其實含有自私的動機，這正如德瑞里所說的那樣：

> 人類和動物常受自私動機的驅使，但又經常合作。原因之一恐怕就是互相回饋……可見社會化動物的互助，不但不是出於利他的動機，反而只是自私的希望換取預期的回報而已。〔註 113〕

〔註 109〕孔憲鐸、王登峰：《基因與人性》，頁 37。
〔註 110〕孔憲鐸、王登峰：《基因與人性》，頁 47。
〔註 111〕〔美〕麥特・瑞德里著，范昱峰譯：《德性起源——人性私利與美善的演化》，頁 20。
〔註 112〕〔漢〕趙岐注，〔宋〕孫奭疏：《孟子注疏》，頁 65。
〔註 113〕〔美〕麥特・瑞德里著，范昱峰譯：《德性起源——人性私利與美善的演化》，頁 66。

再捫心自問想想，是不是有些時候，我們有意識的或無意識地也有著德瑞里在這裡所描述的情形：

> 投票、支付小費給不可能再度光顧的餐廳侍者、匿名捐款給慈善機構，甚或飛往盧安達照顧難民營的孤兒，從長遠的觀點而論，都不是理性或自私的行為。這都是因為有了道德情操才有的行為。而道德情操卻另有目的：藉著顯示具有利他的能力而贏得信賴。〔註114〕

又或者我們看似道德的利他行為背後，很可能是如庫利所說，是為了自我的實現：

> 革新的事業和慈善工作以雙重性訴諸於他們的心靈。其中當然有實現某種價值的願望、表達某種看來已被社會誤解了的珍貴情感的願望，以及救濟受難者的願望、豐富人類知識的願望等等。但是，在這些願望的背後存在著對自我表現、創造和奇蹟出現的朦朧需要。
>
> 只有滿足了這些願望，他才能使生活有意義。〔註115〕

也就是說，你所做的利他行為，背後的動機可能是要滿足自我的需求，這就如同馬斯洛（Abraham Maslow, 1908～1970）的需求層次理論（Maslow's Hierarchy of Needs）中所敘述的一般，人隨著自我的發展，需求會逐漸提升，而社會的需求、尊重的需求、自我實現的需求就是人類較高層次的須要，其實那與人的生理需求與安全需求一樣，都是人在發展中的一種求滿足的欲望。〔註116〕

　　舉了這麼多人性自私的例子與說法，並不是要說明人有多壞，而只是要提醒諸君，我們應該如荀子一樣意識到人天性的自私，了解到人天性就是「目

〔註114〕〔美〕麥特·瑞德里著，范昱峰譯：《德性起源——人性私利與美善的演化》，頁149。

〔註115〕〔美〕查爾斯·霍頓·庫利著，包凡一、王湲譯：《人類本性與社會秩序》，頁222。

〔註116〕馬斯洛的需求層次理論包含了五層，由低到高依次為：1.生理需求（physiological needs）：飢餓、口渴、溫暖、性等基本需求；2.安全需求（Safety needs）：免於生理上的傷害與心理上的恐懼，身體、感情的安全、安定與受保護感。3.愛和歸屬的需求（love and belongingness needs）：被愛和有歸屬感，是人際互動、感情、陪伴和友情等需求。4. 自尊需求（self-esteem needs）：追求自我的價值感，被認知、社會地位及成就感。5.自我實現需求（self-actualization needs）：最高的需求層次，指個人有追求成長的需求，將其潛能完全發揮。參見莊耀嘉編譯：《馬斯洛》（臺北：桂冠，1993年），頁58～68。

好色，耳好聽，口好味，心好利，骨體膚理好愉佚」（〈性惡〉）〔註117〕，一切都以自身「食色」為出發點，所以也才會有其所謂「子之代乎父，弟之代乎兄，此二行者，皆反於性而悖於情也」（〈性惡〉）〔註118〕，更能夠從「妻子具而孝衰於親，嗜欲得而信衰於友，爵祿盈而忠衰於君。」（〈性惡〉）〔註119〕這樣的事實體認到人的好色、好味、好利的自私天性。以此觀之，荀子既然有意將「愛其類」這樣的生物本性與「人之於其親也，至死無窮」這樣的孝親之道德行為做區別，在「愛其類」這樣未經禮義教化的一種本能行為，相對於社會禮義下，甚至是在儒家道德價值之下，就可以說是一種未經禮義薰陶的樸質野性〔註120〕，也就不是禮義教化下的純然孝親的道德意識與行為，就這樣的社會脈絡而言，我們可以說那不純粹的動機是惡的。而真正的道德精神，正是荀子在〈解蔽〉中所說的：「夫微者，至人也。至人也，何彊，何忍，何危？」「聖人之行道也，無彊也。」〔註121〕是一種完全無所算計的純然道德表現；所謂的真正的利他行為，正是就這樣的境界而言，這是與動物性的「愛其類」之駁雜動機不同的。

以上，如我所細察《荀子》文字脈絡及其整體行文習慣而梳理「愛其類」此段文字，則我們可以了解，「愛其類」不但不能作為一種內在道德依據，還必須與外在禮義道德教化下所形成的孝親表現相區別，是為一種含有自私動機的利他行為表現。由此也必須再次強調我所一再說明的：荀子藉以言禮義與良善的道德意識，皆具後天教化與「哲學意義的人」立論，而不會就「生物性意義的人」也就是人禽之所同處立說，這是理解荀子性惡論必須把握的重點。

小結　打破性善的誘惑，打破黑暗向光明

透過本章的論述，我們可以了解到，荀子人性論正如其所說的「人之性

〔註117〕〔清〕王先謙撰，沈嘯寰、王星賢點校：《荀子集解》，頁438。

〔註118〕〔清〕王先謙撰，沈嘯寰、王星賢點校：《荀子集解》，頁437。

〔註119〕〔清〕王先謙撰，沈嘯寰、王星賢點校：《荀子集解》，頁444。

〔註120〕楊國榮說：「野與文相對，意指不文明、粗野等……在這裡，道德的形式之維表現為行為方式的文明化和完美化，日常語言中的所謂行為美，從道德實踐的角度看，也意味著肯定道德行為在形式上的完美性。」參見氏著：《倫理與存在──道德哲學研究》，頁245。

〔註121〕〔清〕王先謙撰，沈嘯寰、王星賢點校：《荀子集解》，頁403、404。

惡，其善者僞也」（〈性惡〉）〔註122〕，人性就是惡的，沒有内在善的根源；且即便是針對「人」而言，也沒有善的價值天生内在於其中，這也正如荀子所言：「然則生而已，則人無禮義，不知禮義。」（〈性惡〉）〔註123〕既然「禮義」作爲荀子最根本的道德價值，則人不知禮義，就等於是說人天生就是惡的，沒有任何良知良能内在於其中。一切認爲荀子有内在善的價值根源之說，均屬性善的誘惑——早期孟學本位的思想家，說荀子有内在善的根源，以批判荀子性惡論不能成立，並藉此言其對於孟子的性善說的反對乃無的放矢；而近年同情荀子、理解荀子，欲樹立荀子哲學價值的學者，則說荀子有内在善的根源，以顯現出荀子人性論不爲性惡論，欲藉以凸顯其人性論亦是儒家正統、積極光明的人性論。

我們必須明白，荀子的人性論中不會有天生的良知，其所謂「可以知仁義法正之質」、「可以能仁義法正之具」（〈性惡〉）〔註124〕，只是一種中性的能力，我們不能藉此將這樣的能力說爲良知良能。這就如同我們天生有語言的能力，但是我們今天會說中文，是靠著語言的能力而能言說之，而「中文能力」豈是天生内在於人之中？

如果說人天生有「義」、「禮義」或是天生好禮，那就更加不可能了，因爲這明顯與「人無禮義，不知禮義」相衝突。如果說人天生有惻隱之心、有利他之心，那也是不可能的，因爲就如荀子所說「今人之性，生而有好利焉，順是，故爭奪生而辭讓亡焉」（〈性惡〉）〔註125〕，人天生就是好利而自私的，荀子不就說了：「子之讓乎父，弟之讓乎兄，子之代乎父，弟之代乎兄，此二行者，皆反於性而悖於情也」（〈性惡〉）〔註126〕，人不可能有天生辭讓與利他的心理，這是與人性惡的傾向不相符的。

而學者之所以將以上這些論述當作荀子人性論天生内在的價值，即是不明荀子在論述「人」所有的道德價值時，是就「哲學意義的人」所應該要有的理想人格而論，而不是就「生物意義的人」之本有之性而論。明晰此，則性善的誘惑可破矣！如果我們能打破性善的誘惑，赤裸裸地面對自己惡的本

〔註122〕〔清〕王先謙撰，沈嘯寰、王星賢點校：《荀子集解》，頁434。
〔註123〕〔清〕王先謙撰，沈嘯寰、王星賢點校：《荀子集解》，頁439，據王先謙注，元刻本作「性而已」；然「生」與「性」二者可通，不妨礙對文本的理解。
〔註124〕〔清〕王先謙撰，沈嘯寰、王星賢點校：《荀子集解》，頁443。
〔註125〕〔清〕王先謙撰，沈嘯寰、王星賢點校：《荀子集解》，頁434。
〔註126〕〔清〕王先謙撰，沈嘯寰、王星賢點校：《荀子集解》，頁437。

性，時時**警醒**、刻刻留意，檢視自己是否受到人性慾望與衝動的制約，那麼我們的生命將會更真實、更有價值而不虛偽、不矛盾。唯有承認人性本有欲望的正當性，並以禮義調適之、疏導之、善養之，使其不受到壓抑、也不縱情縱欲，如此才能真正顯透人生的價值，打破黑暗向光明！

第四章 打破形上的權威：荀子無根源性禮義的建構、施行與可能

本章將針對荀子作爲一切道德標準的「禮義」作論述。首先我將指出，荀子的「禮義」不須如孟子或基礎主義者般，從形上根源去探究其正當性與合理性。以荀子經驗性格而論，其禮義是以直觀而經驗的角度來闡發，是因聖王「惡其亂」進而生制「禮義」。進一步我將指出，「禮義」就是聖人依據經驗，透過反思與整合固有的習慣與習俗進而將之具體化、規範化、權威化而形成，這是一種在事理中呈現的道德價值，而非從道德形上根源去賦予其價值與意義。再者，我將說明，即便聖人與塗之人一樣都是性惡的，但是因爲聖人能夠有遠見，透過經驗了解到，我們如果能犧牲一些當下的欲望，尊禮義而尚道德，那麼對長久欲望的滿足，將是有利而無害的。也就是說，道德價值形成與爲善的動力正在於人的欲望在社會中形成的競爭壓力所自然形成，這也就是爲什麼荀子人性論中人沒有內在價值根源，依舊可以生發禮的原因。我們甚至可以說，「禮義」與「道德」所以形成的動力正在於「人之性惡」。最後我將說明，荀子強調聖王的權威與治亂，對於人爲善有其必要性，這是對於性惡之人必然能夠爲善的保證。但荀子絕非因此落入法家權威主義，我們不能因爲荀子強調聖王的權威而將其汙名化。

第一節　禮在事中顯：禮義不須形上根源

「禮義」是荀子最重要的道德價值概念，一切價值的判準都必須以禮義為依歸。正如其所言「禮者，人道之極也」（〈禮論〉）〔註1〕、「治民者表道，表不明則亂。禮者，表也」（〈天論〉）〔註2〕、「故必將有師法之化，禮義之道，然後出於辭讓，合於文理，而歸於治。」（〈性惡〉）〔註3〕再再都顯示了禮對於道德治亂的關鍵性意義——有禮則治，無禮則亂。但是對荀子而言如此重要的道德價值，其合理性卻一再受到學者們的質疑。如勞思光即批評荀子的禮義論述「不得其根」〔註4〕，他說：

> 荀子只識自然之「性」，觀照之「心」，故不能在心性上立價值之源，又不欲取「法自然」之義，於是退而以「平亂」之要求為禮義之源；如是，禮義之產生被視為「應付環境須要」者，又為生自一「在上之權威」者。就其為「應付環境須要」而論，禮義只能有「工具價值」；換言之，荀子如此解釋價值時，所謂價值只成為一種「功用」。另就禮義生自一「在上之權威」而論，則禮義皆成為外在（荀子論性與心時，本已視禮義為外在）。〔註5〕

牟宗三也批判荀子不識道德心與道德天，徒言禮義是一種無根的論述與偏差：

> 荀子所言之天與性，皆應為孔孟及理學家所說之非天非性，而乃人欲之私與自然現象也。而唯是禮義之心方是天，方是性。此義之提醒，唯賴孟子。荀子不能及也。經此點醒，荀子之「禮義之統」方有本，夫而後亦可以言與天地合德也。天與性不為被治，則能治之禮義之統不外在，而即為性分之所具，此即是天。吾人即以此天而治荀子之所謂天。〔註6〕

我們可以發現，當代新儒家或者多數的孟學論者，多半會以荀子的禮義沒有根源來批判之。但是這樣的迷思其實也存在當今青年學者中，或許是受到哲學界長久以來的基礎主義的影響，認為必須從形上思維去思考哲學問題，其論述才有根源性意義。如王楷即便在一定程度上肯定荀學的價值，但亦在一

〔註1〕　〔清〕王先謙撰，沈嘯寰、王星賢點校：《荀子集解》，頁356。
〔註2〕　〔清〕王先謙撰，沈嘯寰、王星賢點校：《荀子集解》，頁319。
〔註3〕　〔清〕王先謙撰，沈嘯寰、王星賢點校：《荀子集解》，頁435。
〔註4〕　參見勞思光：《新編中國哲學史（一）》，頁329。
〔註5〕　勞思光：《新編中國哲學史（一）》，頁326。
〔註6〕　牟宗三：《名家與荀子》，頁221～222。

定程度上陷於對於根源性追求的誘惑，他認爲：「任何對荀子倫理學特定的、具體的層面和問題的討論都必須建立在這一個問題的解決基礎之上方始具有眞正的理論意義，否則只能流於一種『無根的』討論。」〔註7〕對此，我必須說，這類想法都是一種對於形上權威的迷思，我們應該從荀子的經驗性格來思考其禮義根源的問題，才能探得其眞義。以下我將從幾個面向來澄清荀子的「禮義」根源性的問題：（1）破除「禮義」形上根源的迷思；（2）禮義的「內在根據」：人性；（3）禮義的「外在根據」：自然天。

一、破除「禮義」形上根源的迷思

　　學者對於荀子所謂「禮義」形上根源的探問，正是因爲他們認爲，如果禮義不具有形上的絕對價值，那麼這樣的「價值」如何可以成爲一切道德的標準？因此他們認爲荀子的「禮義」論述是一種人爲的偶然性，不具有必然性意義，不能作爲最高道德判準。其實這樣的思考方式正是杜威、羅蒂等實用主義者所要反省與批判的一種迷思——我們非得要靠著形上的絕對價值才能安心嗎？更確切的說，我們是否是依賴著一種形上的權威以求慰藉？這正如萊肯（Todd Lekan）所說：

> 我們對人類的有限性和偶然性的焦慮，致使我們設計出更高級的不變的實在，這就是上帝、形式、道德法則，或世界自身。我們不是運用我們的概念創造去應對我們所面對的不確定的現實（realities），而是設計出一個遠離我們的完美存在的王國，讓我們逃避不確定的現實。〔註8〕

也就是說我們總是不願意面對人類的有限性與偶然性，而必須靠著追求一種形上的永恆價值，取得無限性與必然性的護身符，於是，我們「把我們的偶然性生活加以理想化」，並編造了「終極的永恆眞理，從而歪曲了這樣的事實：我們是生活在一個充滿危險的世界中的理智動物。」〔註9〕

　　況且我必須強調的是，以荀子的經驗性格來說，他的思維方式的確是如

〔註7〕　王楷：《天然與修爲——荀子道德哲學的精神》，頁52。

〔註8〕　〔美〕托德・萊肯著，陶秀璈等譯：《造就道德——倫理學理論的實用主義重構》，頁2。

〔註9〕　參見〔美〕托德・萊肯著，陶秀璈等譯：《造就道德——倫理學理論的實用主義重構》，頁2。

張亨所說「接近西方實用主義者的態度」〔註 10〕，因此我們從後現代的背景反思，以實用主義為進路去思考荀子哲學的意義，絕對是有其正當性與價值性的。如果我們強以基礎主義或形上根源性思維去探究荀子那種「不喜言抽象地原則，而喜言具體地制度、辦法」〔註 11〕的哲學，豈不是削足適履──把一雙纖纖玉足給削得血肉模糊，硬塞到基礎主義的繡花鞋裡，再批評這雙腳長的不好看，這是叫人難以接受的。

因此，我們應該正視荀子對於「禮義」如何形成的論述，而不是先入為主地以形上根源的概念去批判荀子的「禮義」是無根的。荀子不就說了：「凡禮，事生，飾歡也；送死，飾哀也；祭祀，飾敬也；師旅，飾威也：是百王之所同，古今之所一也，未有知其所由來者也。」（〈禮論〉）〔註 12〕可以見得，荀子並不在乎也沒有意願去探尋「禮」的根源；對於「禮」如何而來，正如李澤厚所說，荀子所採取的是一種「理性主義的解釋」。〔註 13〕

二、禮義的「內在根據」：人性

我們可以很清楚的明白，荀子對於禮的起源在於人而不在於天，這在〈禮論〉中的一段文字可以很清楚明白地觀察到荀子如何理性地從人事中分析禮的形成與由來：

> 禮起於何也？曰：人生而有欲，欲而不得，則不能無求；求而無度量分界，則不能不爭；爭則亂，亂則窮。先王惡其亂也，故制禮義以分之，以養人之欲，給人之求，使欲必不窮乎物，物必不屈於欲，兩者相持而長，是禮之所起也。〔註 14〕

如此看來，荀子禮義的起源，就是根據人在現實中的須要與社會的治亂而產生的，這也就是為什麼荀子會說禮義是「人道之極」（〈禮論〉）〔註 15〕的原因──因為這一切都是以人的現實需求而得以產生的。除此之外，透過這段文字，我們亦可以發現，荀子所論述禮義的起源，完全是就經驗觀察與思考來論述，這其中並不蘊含著一絲一毫的形上思維，這也是為什麼路德斌對於荀

〔註 10〕張亨：〈荀子對人的認知及其問題〉，頁 180。
〔註 11〕徐復觀語，參見氏著：《中國人性論史·先秦篇》，頁 253～254。
〔註 12〕〔清〕王先謙撰，沈嘯寰、王星賢點校：《荀子集解》，頁 369。
〔註 13〕李澤厚：《中國古代思想史論》（北京：三聯書店，2009 年），頁 111。
〔註 14〕〔清〕王先謙撰，沈嘯寰、王星賢點校：《荀子集解》，頁 346。
〔註 15〕〔清〕王先謙撰，沈嘯寰、王星賢點校：《荀子集解》，頁 356。

子會有這樣的體悟：「一切形上學問題在一個經驗論者眼裡都是不必要或沒有意義的。故在荀子，對於形上學問題，基本上是『存而不論』的。」〔註16〕以此，我們可以說荀子的禮義是以人現實生活的安定與需求而生的，進一步而言，可以如勞思光所說，荀子的「禮義之源在於『平亂』之要求。」〔註17〕這點從以下幾則荀子的論說就可探得其實：

> 禮豈不至矣哉！立隆以爲極，而天下莫之能損益也。本末相順，終始相應，至文以有別，至察以有說。天下從之者治，不從者亂；從之者安，不從者危；從之者存，不從者亡。小人不能測也。〈禮論〉
> 〔註18〕

> 人之性惡，其善者僞也。今人之性，生而有好利焉，順是，故爭奪生而辭讓亡焉；生而有疾惡焉，順是，故殘賊生而忠信亡焉；生而有耳目之欲，有好聲色焉，順是，故淫亂生而禮義文理亡焉。然則從人之性，順人之情，必出於爭奪，合於犯分亂理而歸於暴。故必將有師法之化，禮義之道，然後出於辭讓，合於文理，而歸於治。用此觀之，然則人之性惡明矣，其善者僞也。〈性惡〉〔註19〕

> 無禮義則悖亂而不治。古者聖王以人之性惡，以爲偏險而不正，悖亂而不治，是以爲之起禮義，制法度，以矯飾人之情性而正之，以擾化人之情性而導之也。始皆出於治，合於道者也。〈性惡〉〔註20〕

然而，儘管荀子的禮義來源是爲了治亂的需求，但這樣的需求絕對不可如勞思光所說：荀子的禮義是爲了應付環境須要而論，因此其禮義只有「工具價值」。〔註21〕

　　的確，荀子說「今人之性，固無禮義」〈性惡〉〔註22〕，其所謂「禮義」自不在於人性之中，而在於人之外，這是與孟子所謂「人之有四端，猶其有四體也」〈公孫丑上〉〔註23〕，仁義禮智之心皆根植於人的心性之中的論述

〔註16〕 路德斌：《荀子與儒家哲學》，頁 101。
〔註17〕 勞思光：《新編中國哲學史（一）》，頁 325。
〔註18〕 〔清〕王先謙撰，沈嘯寰、王星賢點校：《荀子集解》，頁 355～356。
〔註19〕 〔清〕王先謙撰，沈嘯寰、王星賢點校：《荀子集解》，頁 434～435。
〔註20〕 〔清〕王先謙撰，沈嘯寰、王星賢點校：《荀子集解》，頁 435。
〔註21〕 參見勞思光：《新編中國哲學史（一）》，頁 326。
〔註22〕 〔清〕王先謙撰，沈嘯寰、王星賢點校：《荀子集解》，頁 439。
〔註23〕 〔漢〕趙岐注，〔宋〕孫奭疏：《孟子注疏》，頁 66。

不同的。〔註24〕荀子所謂的「禮義」不出於人的天性之中，而出於聖王的制作〔註25〕，但這並不表示這樣的「禮義」是完全與人性截然二分，倏然由外而內用以制約人性的。也就是說，可以認為荀子的「禮義」不是源於人性之中，但不能判定其全然外在於人而沒有「內在根據」。依照孟學論者或基礎主義者來看，所謂的價值要有「根源」，必然是要出自一絕對的、永恆的、形上的基礎方可謂之有根，也就是像孟子一樣，將「禮義」的來源定於人性之中，依自覺而生，正如其所謂：「仁義禮智，非由外鑠我也，我固有之也，弗思耳矣。」（〈告子上〉）〔註26〕如以此標準而論，我可以說荀子的禮義是沒有「根源」的。

然而我們必須了解到，荀子的禮義雖不出於人之內，但其是為聖人所制作，這點殆無可議之處；如此來說，聖人也是人，則禮義出於聖人，也就是禮義出於人，那麼這樣的禮義如何可以說對於人而言是完全外在的呢？如果就「聖人之所以同於眾，其不異於眾者，性也」（〈性惡〉）〔註27〕的論述來說，聖人原初之時也是「生物意義的人」，所以我們可以很確定地說，「禮義」是出於人的，只是並非根植於人性之中。至於「性惡」的聖人如何可以「生禮義」，這是我在下一節所要討論的。在此，我只是要強調，荀子所謂的「禮義」是與人密切相關的。

更確切地說，「禮義」是與「人性」密切連繫的。或許可以說，荀子所謂的「禮義」是依據人性的欲望、衝動與傾向而生發，這就如韋政通說的：「視禮的起源，即由於人自然的情欲，似亦無不可。」〔註28〕這從〈禮論〉開篇所述，禮的起源是聖王為對治「人生而有欲，欲而不得，則不能無求。求而無度量分界，則不能不爭；爭則亂，亂則窮」這樣人性惡造成的爭亂來看，

〔註24〕 荀子所謂的「禮義」是一種最根本的道德價值，因此可說一切正面的道德都可納入其內涵之中。因此，荀子的「禮」實對應於孟子「四端」之整全內涵，而不僅僅是指孟子所謂的「羞惡之心」與「辭讓之心」。這正如陳大齊所言：「荀子所說的禮，其範圍至為廣大，上自人君治國之道，下至個人立身處世之道，乃至飲食起居的細節，莫不為其所涵攝。」參見氏著：《荀子學說》，頁163～169。

〔註25〕 〈王制〉：「先王惡其亂也，故制禮義以分之。」見〔清〕王先謙撰，沈嘯寰、王星賢點校：《荀子集解》，頁152。

〔註26〕 〔漢〕趙岐注，〔宋〕孫奭疏：《孟子注疏》，頁195。

〔註27〕 〔清〕王先謙撰，沈嘯寰、王星賢點校：《荀子集解》，頁438。

〔註28〕 韋政通：《荀子與古代哲學》，頁191。

就可以十分明白「禮義」與人的自然情欲相對，這就是其「禮義」的「內在根據」。那麼我們就可以說，「禮義」是聖王依照人情欲望的衝動與傾向，所藉以制定來使人爲善，而這樣的「禮義」既出於聖王，也就是人，必然是針對人性「量身打造」，而非與人性風馬牛不相及，也不是天外飛來的規範；不從「人性」爲出發點所制定的「禮義」是無法順利施行於人的。這就如徐宗良所指出的：「思考道德，就不能不與利益相結合，從終極層面講，離開了利益問題，道德就失去了其存在之意義，道德就不可能成爲人類必需的社會生活與生存方式。」〔註29〕所謂的「利」即是就人性所需而論，脫離人性所需的道德，在社會上不會出現，即便有人強以制定這樣的道德規範，也會隨著時間而被淘汰。劉又銘也說：

> 禮義並非與欲望、情感的內在動向一無關聯的外來的宰治者；禮義其實蘊藏在欲望與情感的內在結構當中，其實就是當欲望、情感與客觀情境或欲望、情感相互之間有了交會和衝突時，欲望與情感當中所潛在著的節度與分寸的代表。也就是說，禮義不外是欲望、情感自身所蘊含著的一個內在秩序的顯現……這使我們可以提高到宇宙觀的層次來理解、肯定「禮義」作爲欲望、情感的內在律則的意義與可能性。〔註30〕

也就是說，荀子的「禮義」是根據欲望、情感在客觀情境下的衝突與需求所加以制定的，這就可以說是作爲「禮義」的「內在根據」；只是這樣的「根據」與孟學式的直接從內心良知所發「根源」不同，而是一種以「人之性惡」之內在性爲本而開展出的道德價值。但如此來肯認荀子「禮義」與人的內在性之關係就已足夠，而不必如劉又銘特別強調其中所顯現的「內在秩序」、「內在律則」，如此強調有陷於孟學與基礎主義窠臼的危險。這其中的差異在於，劉又銘認爲荀子所謂的「心」中有道德直覺，因此特別藉此強調禮義的內在秩序；但我以爲荀子人性沒有本有的道德直覺，一切都要從外在道德價值，也就是禮義來化導之。我們亦不該如惠吉星所認爲：「人不可避免地受內在感性生命衝動的支配，同時，人又具有抑制感性，使之契合禮義的理性意志。」〔註31〕把人透過後天認知禮義後而能夠不爲欲望所制約的能力當成人天生的

〔註29〕徐宗良：《道德問題的思與辨》，頁33。

〔註30〕劉又銘：〈從「蘊謂」論荀子哲學潛在的性善觀〉，頁57～59。

〔註31〕惠吉星：《荀子與中國文化》（貴陽：貴州人民出版社，1996年），頁107～108。

內在理性、內在價值根源，也就是劉又銘所說的「道德直覺」。

我在這裡所要特別指出的是，荀子所謂的「禮義」有著據人性以生發的「內在根據」，而不須要如基礎主義者般追求與探問那絕對與形上的「內在根源」。我更要強調的是，只要荀子所謂的「禮義」有著「內在根據」，那麼其對於人就是有意義的，不須要強求其「禮義」有「內在根源」，在沒有絕對的形上道德權威之下，人也可以找到其自身的定位與價值，這正是荀孟不同之處，也正是荀學特色所在，不必強求其同。關於不訴諸內在良知根源的外在「禮義」如何開展及其價值所在的問題，我將會一併在下一節當中論述。

三、禮義的「外在根據」：自然天

在了解荀子的「禮義」是對於人性的衝動與須要而發，其講求的不是天生內在於人性中的自覺顯現，而是一種具有「內在根據」的外在道德價值後，我們還可以進一步指出，這樣的禮義觀形成有其理論脈絡及發展的必要，這可以說是荀子「禮義」據以生成的「外在根據」。這點可從其〈天論〉來探得端倪。

以荀子的經驗性格來說，其所認為的天是一種以理性角度來解釋的自然現象與自然規律。這點由他對天的描述：「天行有常，不為堯存，不為桀亡。」〔註 32〕「列星隨旋，日月遞炤，四時代御，陰陽大化，風雨博施，萬物各得其和以生，各得其養以成，不見其事而見其功，夫是之謂神。」〔註 33〕以及其對於天的態度：

> 大天而思之，孰與物畜而制之？從天而頌之，孰與制天命而用之？
> 望時而待之，孰與應時而使之？因物而多之，孰與騁能而化之？思
> 物而物之，孰與理物而勿失之也？願於物之所以生，孰與有物之所
> 以成？（〈天論〉）〔註34〕

我們可以了解到，這樣一種完全訴諸感官經驗的天論思維，其中是不會含有一絲形上的論述方式，也就是說其中不具有道德價值，不是孟子所謂的「道德天」。

這樣的「自然天」觀念，與荀子的人性論與禮義論是一體而相互影響、

〔註 32〕〔清〕王先謙撰，沈嘯寰、王星賢點校：《荀子集解》，頁 306～307。
〔註 33〕〔清〕王先謙撰，沈嘯寰、王星賢點校：《荀子集解》，頁 308～309。
〔註 34〕〔清〕王先謙撰，沈嘯寰、王星賢點校：《荀子集解》，頁 317。

環環相扣的。因爲他不具有孟子那樣的「道德天」思維，也就沒有「盡其心者，知其性也；知其性則知天矣」（〈盡心上〉）〔註35〕天人一貫的論述。孟子可以藉此將禮義的根源訴諸人性，而人性價值的根源又上溯於「道德天」，如此便成爲牟宗三等人所說有「根源」的論述。我必須說，就實用主義者及後現代思維者以至於像我這樣的詮釋者，對於這種根源性的價值是抱持懷疑態度的，正如羅蒂所說：

> 「後哲學」指的是克服人們以爲人生最重要的東西就是建立與某種非人類的東西（某種像上帝，或柏拉圖的善的形式，或黑格爾的絕對精神，或實證主義的物理實在本身，或康德的道德律這樣的東西）聯繫的信念。〔註36〕

就是說，我們並不一定要將人生甚至是世界的價值訴諸一種形上根源的絕對力量，在西方這個絕對的形上力量最後的根源通常是上帝，而在中國則多如孟子訴諸道德天。但是我必須要說，這樣尋找根源對我這樣的人並沒有意義，因爲有種無窮退後論證（regress angument）的意味，其中蘊含了一種超驗的向度。〔註37〕因爲我們說上帝是眞理、是價值的根源，是因爲我們信仰祂，信仰是不須要理由與理性的論證所支持的；然而我說我相信一個理論，卻是須要經過理性的論證與邏輯的思考，而後才能說相信。也就是說，當你追問那上帝的根源是什麼時，我們似乎也無法回答，即便你說出了上帝的根源是什麼，那麼上帝的根源的根源呢？這就是一種無窮後退論證。在我看來，中國的「道德天」也有類似的問題，因此我寧可採取羅蒂的進路：「參與了可錯的、暫時的人類計畫，而不是在於服從永恆的非人類的制約。」〔註38〕

透過這樣的思考，我可以推論，以荀子這樣的經驗性格與理性思維的論述，其對於「天」的理性思考來看，他很可能與實用主義者的思維相似，不訴諸道德天、不追求內在根源，而只相信我們所觀察到與可據以推論的，這就是張亨所觀察到荀子對於天的態度是：

> 天之形上可能已被劃入「括弧」中經「還原」而解消，僅剩於「自然」義，於宇宙之恆常運作中……這樣再行「還原」的結果，便是放棄對

〔註35〕〔漢〕趙岐注，〔宋〕孫奭疏：《孟子注疏》，頁228。
〔註36〕〔美〕理查德・羅蒂，黃勇編譯：《後哲學文化》，作者序頁8。
〔註37〕參見楊國榮：《倫理與存在——道德哲學研究》，頁71。
〔註38〕〔美〕理查德・羅蒂，黃勇編譯：《後哲學文化》，頁241。

生命之起源作進一步的追溯，而歸於經驗中人的當身。〔註39〕

我必須說，這樣的思考進路雖不同於孟學的基礎主義論述，但是絕對是有意義、有價值、有其正當性的。那麼據荀子從感官經驗論述的天論爲基礎，我們就可以了解到，荀子的「禮義」既不會出於人性之內，也不可能上溯於天，因爲「人性」與「天」對於荀子而言都沒有內在價值。那麼其「禮義」的內涵也就不會藉形上的道德價值而論，而會以現實的治亂爲基礎來論述，也就是以上一段所說的人性爲「內在根據」，而以天（也就是所謂自然）爲「外在根據」，在此內外互動之下，聖王藉此生制禮義，以促使人爲善、使社會安定。這也就是荀子所謂「天有其時，地有其財，人有其治，夫是之謂能參」（〈天論〉）〔註40〕的意思。所以說「禮義」就是這樣在天、地、人三者互動下所形成的，他有著「內在根據」與「外在根據」，與孟子所謂具有「內在根源」的「禮義」一樣有其價值與依歸。

而荀子對於「禮義」的涵義似乎幾乎大到無所不包，正如韋政通所說：

> 不僅是人間的一切活動，甚至是宇宙的一切活動，在荀子，一律要統攝於禮義之統的結構中，然後能有其意義。在中國歷史上，荀子以後，除北宋李覯外，從沒有第二人把禮的涵義與效用擴展到如此廣大程度。〔註41〕

的確，「禮義」對於荀子來說，是道德價值的標準，一切都必須以此來判斷其善惡良莠；所以他的「禮義」也常被誤會是具有某種程度上的形上思維。容易爲人所誤會的是以下《荀子·禮論》中的兩段文字：

> 凡禮，始乎梲，成乎文，終乎悦校。故至備，情文俱盡；其次，情文代勝；其下，復情以歸大一也。天地以合，日月以明，四時以序，星辰以行，江河以流，萬物以昌，好惡以節，喜怒以當，以爲下則順，以爲上則明，萬物變而不亂，貳之則喪也。禮豈不至矣哉！〔註42〕

這裡所謂「以歸大一」、「天地合、日月明、四時序、星辰行、江河流、萬物昌」的確會讓人誤以爲荀子的「禮義」有著形上根源的義涵，但其實這都只是根據荀子的理性思維來論述的。「禮義」在這裡並不可以視爲老子那種生發

〔註39〕 張亨：〈荀子對人的認知及其問題〉，頁177。
〔註40〕 〔清〕王先謙撰，沈嘯寰、王星賢點校：《荀子集解》，頁308。
〔註41〕 韋政通：《荀子與古代哲學》，頁199。
〔註42〕 〔清〕王先謙撰，沈嘯寰、王星賢點校：《荀子集解》，頁355，「萬物變而不亂」一句顧千里認爲應是「萬變不亂」；唯此差異無礙對於此段文字之理解。

萬物的「道」，因爲這些現象的描述，其實都是以人爲主體，如果沒有以人爲脈絡，是不可能有這樣萬物隆昌的景象。也就是說我們不能因爲荀子的這段敘述，就將「禮」視爲萬物根源，就像路德斌所詮釋的那樣：

> 它正是天地萬物之所以然——「理」的表現……「理」是「不可兩」的，那麼「禮」當然也是不可移易的。就其爲「理」而言，它是萬事萬物之所以如此而不如彼者，從天地日月、四時星辰到人類社會的存在運轉乃至個體一己的修身養性，這宇中一切，皆莫不有其成立其自身的固有之理。〔註43〕

我的意思是說，荀子的這段論述，不是要將「禮」拉高到萬物生發本源之義，因爲既然「禮」爲聖王所制定，那麼「禮」也就不會先於「人」而存在，何以能將「禮」定爲萬物之所以如此、所以生發、永恆不變的「理」？這也是部分學者無意中因信仰形上的權威，而以根源性的概念來詮釋荀子禮論的結果。

荀子會把「禮」說的如此廣褒，是因爲他把人視爲「最爲天下貴」（〈王制〉）〔註44〕，人所以能爲天下最尊貴者的關鍵就在於「禮」、在於「禮義」。也就是說，只要人能夠了解自然、順應自然、應用自然，藉以生發禮義，以禮義爲行事準則，並「物畜而制之」、「制天命而用之」、「應時而使之」、「騁能而化之」、「理物而勿失之」（〈天論〉）〔註45〕，如此天地萬物自然都會順其自然規則而運行、生長，而使人能夠安居樂業於其中，也就是其所謂「天有其時，地有其財，人有其治，夫是之謂能參。」（〈天論〉）〔註46〕也就是說荀子上述「天地合、日月明」等情況，不是就「禮」直接對自然萬物的作用影響，而是強調人如就「禮義」施行，而這個含有「內在根據」（人性）與「外在根據」（天地，也就是自然規律）的道德價值，自然能夠讓天地人三者和諧，而達到這個社會太平安治的情況，而這樣的情況就稱之爲「參」。這點亦可從〈解蔽〉的一段文字來應證：

> 坐於室而見四海，處於今而論久遠，疏觀萬物而知其情，參稽治亂而通其度，經緯天地而材官萬物，制割大理，而宇宙裏矣。恢恢廣廣，孰知其極！睪睪廣廣，孰知其德！涫涫紛紛，孰知其形！明參

〔註43〕　路德斌：《荀子與儒家哲學》，頁73～74。
〔註44〕　〔清〕王先謙撰，沈嘯寰、王星賢點校：《荀子集解》，頁164。
〔註45〕　〔清〕王先謙撰，沈嘯寰、王星賢點校：《荀子集解》，頁317。
〔註46〕　〔清〕王先謙撰，沈嘯寰、王星賢點校：《荀子集解》，頁308。

日月，夫滿八極，夫是之謂大人。夫惡有蔽矣哉！〔註47〕
就如這段文字所言，所謂的「萬物」、「宇宙」、「日月」、「八極」所以能順規律而運行，其關鍵正在於「人」以禮的了解、參與以及治用；對於荀子來說，沒有「疏觀」而「知」、「參稽」而「通」、「經緯材官」、「制割」等人的作為，那些所謂的日月星辰的運作內涵是沒有意義的。這就好比說我們遵從禮法規範，不因為貪婪而濫墾山坡地、不為了工業生產而排放過量二氧化碳等有毒物質，如此自然環境就不會有土石流、不會有溫氏效應、氣候失常等等自然災害發生。但是這些自然災害是否發生的關鍵卻在於人的作為。瞭解荀子如此的論述脈絡與用心，我們就不會如譚宇權認為，荀子把「人為」的規律運動作為自然現象的依據，是一種將主觀與客觀世界混淆的錯誤，是荀子無法超越主觀而真正進入客觀的領域，是一種侷限。〔註48〕荀子這樣的論述正是以「人」為核心的高度人文主義思維，更能夠注意到人與環境的互動及其密切聯繫，豈有主客混淆之問題！

因此，荀子所強調的還是以人為本的論述，而其禮義是人（聖王）所制作，自然不能作為沒有人以前萬物生發根據之「理」，它也就不會是天地萬物的本源，而是一種以人性為「內在根據」，以天地自然為「外在根據」互動而藉以形成的道德價值。所以說，這樣的道德價值雖然不以「根源義」而論之，但對於人而言有其意義與正當性，足以作為人的道德標準，而不如當代新儒家將荀子的「禮義」斥之為無根的偶然論述。

第二節　禮義的形成：經驗的整合與建構

在上一節中，我們了解到了荀子所謂的「禮義」的生發是依「內在根據」（人之性惡）與「外在根據」（天與地，即自然）的互動而成，而不是從人的「內在根源」（如孟子所說的四端、良知）直接流出。那麼，接著我將要論述在「禮義」沒有「內在根源」的理論下，荀子的「禮義」是如何在現實中透過聖王的制作而形成，也就是聖王如何建構出具體的「禮義」。以下我將先就（1）荀子如何在無「內在根源」論述下開展出「禮義」，並接著論述（2）這樣的「禮義」有何特色與價值。

〔註47〕〔清〕王先謙撰，沈嘯寰、王星賢點校：《荀子集解》，頁397。
〔註48〕參見譚宇權：《荀子學說評論》（臺北：文津出版社，1994年），頁112。

一、從「習慣」到「禮義」：聖人的整合與建構

　　「禮義」如何形成，我們可以透過《荀子‧性惡》中所說：「聖人積思慮，習僞故，以生禮義而起法度」〔註49〕一段檢視。所謂「積思慮，習僞故」，必須從〈正名〉以下文字來推論：

> 生之所以然者謂之性。性之和所生，精合感應，不事而自然謂之性。
>
> 性之好、惡、喜、怒、哀、樂謂之情。情然而心爲之擇謂之慮。心慮而能爲之動謂之僞。慮積焉、能習焉而後成謂之僞。〔註50〕

所謂「情」是人性中自然而然的衝動與傾向，而如果透過心的能力去選擇哪些衝動與傾向是對的、哪些是錯的，那麼就稱之「慮」。而能依據所慮而實際表現出來，即是所謂的「僞」。如此來看，「慮積焉，能習焉」就是指不斷地去對於自身本性的衝動與傾向做出道德判斷，並將這樣的道德判斷不斷實踐，當人習慣了這樣的實踐時，道德行動就會內化於人性中，而形成所謂「習慣成自然」的「第二人性」（the second human nature）——「僞」。〔註51〕當然這樣的「僞」必須由「性」而轉變，並不是徒然而加之於人的。這就是上一節所說，「禮義」是根據「人性」作爲「內在根據」，而以「環境」作爲「外在根據」的意義，也是荀子所謂「無性則僞之無所加，無僞則性不能自美。性僞合，然後成聖人之名一，天下之功於是就也。」（〈禮論〉）〔註52〕但是這裡有個關鍵必須注意的是，這裡的心爲之慮的心並不具有道德價值存在，也不會如韋政通所說認知心能主動接受禮義的導化及辨情欲之過而當節。〔註53〕正如我在第三章中多次提到的，認知心的能力只是一種中性的認知能力，本身並不具有價值，所以不能說這裡的思慮判斷是透過本性自然而然地去思考的，而必須說是受到外在禮義的教化，認知到道德價值，才進而能夠去進行道德的判斷。總之，必須強調的是，這裡的「慮積焉，能習焉」，以及稱爲「第二人性」的「僞」都是後天教化的而非天生內在於人的行爲傾向。爲何要如此強調後天化導這一關鍵？因爲這正是荀子中「性」與「僞」重要的分別之處——人生而有與後天的形成，兩者的關係密不可分，就如孔憲鐸與王登峰所說：

〔註49〕〔清〕王先謙撰，沈嘯寰、王星賢點校：《荀子集解》，頁437。
〔註50〕〔清〕王先謙撰，沈嘯寰、王星賢點校：《荀子集解》，頁412。
〔註51〕參見王楷：《天然與修爲——荀子道德哲學的精神》，頁57。
〔註52〕〔清〕王先謙撰，沈嘯寰、王星賢點校：《荀子集解》，頁366。
〔註53〕參見韋政通：《荀子與古代哲學》，頁80。

> 在世界上沒有文化，基因就不能生存，沒有基因，也就沒有文化，所以文化的存在是依靠基因的。因此，在生物人類學中，把文化視做人的第二本性。在人性裡，動物性不是獨立的純粹動物性，而是受到文化性制約的動物性。同時，文化性也不是獨立的純粹的文化性，而是受到動物性制約的文化性。〔註54〕

藉此我們必須了解到，荀子所謂的「積思慮，習偽故」，是一種經驗的累積以及對過去習慣的一種體會。李滌生對於這段文字有著簡潔而清楚的解說：

> 「故」、即韓非子「去智與舊」之「舊」，謂故事、經驗。「偽故」、由祖宗累積的經驗得來的人生規範，即後世所謂之禮。「積思慮」則心智清明。「習偽故」則知識豐富。此文大意：聖人積學而至智明識博，因應人類社會需要，而創制禮義，又根據禮義而制訂法度。由此可知，禮義法度是生於聖人後天之積學，不是生於先天之本性。〔註55〕

也就是說，針對荀子的這段對於聖人如何「起禮義而生法度」的文字，我們必須把握兩個重點：第一，「積思慮」是在認知現實中的各種事件、意義裡，不斷學習道德價值的判斷力，而逐漸形成的一種經驗。當然所認知的事件可能在最初並不具有道德意義，只是在社會中遇到的各種情境，而逐漸在人的認知中形成一種系統，而歸納出何者為善、何者為惡的道德價值。這就如同社會學大師庫利所說的：

> 所謂正確的意義事實上是以羣體而定的，而「習俗能使任何東西成為正確的，也可以使任何東西成為錯誤的」。偷竊、吃人和許許多多我們譴責的行為，都可以被認為是允許的、值得讚揚的甚或是必須履行的義務。〔註56〕

我們不是從內在根源直接去了解什麼是對的、什麼是錯的，甚至什麼是善的、什麼是惡的。我們只是在透過認知心去認知了偷竊、吃人，或是佈施、分享等等實際情境，並在社會脈絡中累積了這些行為的後果如何，逐漸形成一種判斷價值。這也就是為什麼荀子的人性論沒有第一個聖人的問題——因為

〔註54〕孔憲鐸、王登峰：《基因與人性》，頁152。
〔註55〕李滌生：《荀子集釋》，頁544～545。
〔註56〕〔美〕查爾斯·霍頓·庫利著，包凡一、王湲譯：《人類本性與社會秩序》，頁300～301。

「善」不是從根源中流出，而是在認知中歸納逐漸形成道德價值。關於這點我將在下一節作進一步的論述。第二，「習僞故」是對於過去的人生所累積的經驗，包括先人的經驗、規範、禁忌的傳承，進而透過這些經驗，來增加自己的認知廣度，並提升自己的道德判斷力。如此我們也可以說，這是一種對於習慣、傳統的歸納與整合，甚至是將所謂的「習慣」具體化、禮法化，而這樣的習慣成爲禮法後，在社會脈絡下爲人所遵守，就成了具有規範意義的道德價值。這點由荀子所說「禮上事天，下事地，尊先祖而隆君師，是禮之三本也。」（〈禮論〉）〔註57〕亦可以了解到習慣、習俗對於禮的形成之重要性。

「禮法」的形成類似於魏爾森所說的：「當統治社會的規矩已被神聖化且變成神話之時，社會大眾會認爲這都是理所當然的，而反對即被視爲褻瀆。」〔註58〕當然魏爾森的說法是在論述一種極端的情形，我們所說的「禮法」，是在社會上某種程度被「神聖化」，但是是世俗的神聖化，也可以說就是某種權威。當代新儒家或孟學論者，對這樣的世俗權威頗爲貶抑，但我必須說，荀子所強調道德的權威是有道理也有其必要的；且如孟子訴諸良知、訴諸道德天，只不過是將世俗的權威轉爲形上的權威罷了！這點我會在本章第四節說明我的想法。且孟子者流是誤將後天社會中所形成的這種神聖化的「禮義」與規範誤爲良知，以爲這樣的道德意識是天生就在心性之中的，而忽略的「習慣」規範化、神聖化的過程，這正如王慶光所說：

> 於師友夾輔之中向外學禮義，禮義必將成爲內在自身的自覺命令，
> 即道德自律。於是「善」就好像純然起源於自身，而忘記了它最初
> 本是由外在規範所要求的理性的凝聚。〔註59〕

無論如何，我認爲荀子這樣的「禮法」，從習慣整合爲權威的進路，是較能夠適應社會環境與人性需求的，這樣的世俗神聖化比孟子那樣的道德良知神聖化──「把『自以爲是』轉化成『必需』」〔註60〕，反而更加能夠與社會現實接軌，而不至於僵化，更不會有戴震所說「以意見爲天理」〔註61〕的弊病。

〔註57〕〔清〕王先謙撰，沈嘯寰、王星賢點校：《荀子集解》，頁349。

〔註58〕〔美〕愛德華・魏爾森著，宋文里譯：《人類本性原論》（臺北：桂冠，1992年），頁214。

〔註59〕王慶光：〈論晚周「因性法治」說的興起及荀子「化性爲善」說的回應〉，頁118。

〔註60〕〔美〕愛德華・魏爾森著，宋文里譯：《人類本性原論》，頁214。

〔註61〕戴震在其《孟子字義疏證》中說：「人莫患乎蔽而自智，任其意見，執之爲理

二、具體脈絡下「禮義」的普遍性

在上一段文字中我們了解到荀子所謂的「禮義」是聖人依據在社會生活的認知、經驗、實踐，並體會吸收先人的習慣、習俗，進而歸納、整合成為具體的禮義，也就是所謂的道德；而這樣的習慣在形成禮義、形成道德的過程中，同時也是一種世俗的神聖化、權威化，因此就有了規範性。那麼這樣在現實社會脈絡與事理中所開展出的道德，就有著高度的現實性、時代性與變動性。當然，這樣在現實脈絡中可變動的「禮義」，可能會讓柏拉圖主義者或是基礎主義信仰者感到不安與批判，因為他們希望看到的是一種「得到某種永恆的東西指導的文化」〔註 62〕。他們「希望在後面保留真實的命題，即曾經一勞永逸地被表明是真的命題，它是人類代代相傳的遺產。」〔註 63〕所謂「人類代代相傳的遺產」，也就是孟子所說的良知良能，也就是所謂的四端之心——那種永恆而無限的最高價值，是得於天而具於心的。但這樣一種在事理中呈現的「禮義」，正是荀子思想的特色，這其中蘊涵著一種思維：如以宋明以後理的概念而言，則萬事萬物之中沒有一個永恆不變的「真理」，「理」是在事物的變動中所展現，且不斷隨著時空而修正。以其理論脈絡來說就是「理在氣中」，以實踐意義而言就是「理在事中」。〔註 64〕

正因為荀子的「禮義」是透過聖人對於社會脈絡中逐漸形成的習慣之整合所形成，所以其內涵就較形上的絕對天理、絕對權威來得有彈性。以荀子的經驗性格來說，他也極為重視「禮」是否符合時代性與現實性的意義。就「禮義」是為對先祖習慣、習俗的整合來說，荀子強調「法先王」的面向，他說：「略法先王而足亂世術，繆學雜舉」（〈儒效〉）〔註 65〕又說「略法先王

義。吾懼求理義者以意見當之，孰知民受其禍之所終極也哉！」又說「自宋以來始相習成俗，則以理為『如有物焉，得於天而具於心』，因以心之意見當之也。」見〔清〕戴震：《孟子字義疏證》（北京：中華書局，2009 年），頁 3、4。

〔註 62〕〔美〕理查德・羅蒂，黃勇編譯：《後哲學文化》，頁 15。
〔註 63〕〔美〕理查德・羅蒂，黃勇編譯：《後哲學文化》，頁 17。
〔註 64〕參見劉又銘：〈明清儒家自然氣本論的哲學典範〉，《國立政治大學哲學學報》第 22 期（2009 年 7 月），頁 3～19、劉又銘：〈宋明清氣本論研究的若干問題〉，收入楊儒賓等編：《儒家的氣論與工夫論》（臺北：台大出版中心，2005 年），頁 206～214、劉又銘：《理在氣中：羅欽順、王廷相、顧炎武、戴震氣本論研究》（臺北：五南，2000 年），頁 8～13。
〔註 65〕〔清〕王先謙撰，沈嘯寰、王星賢點校：《荀子集解》，頁 138。

而不知其統，猶然而猶材劇志大，聞見雜博。」(〈非十二子〉) 〔註66〕我們可以看到，荀子認為「略法先王」是一種「繆學雜博」的混亂，正是因為在時間的長河、社會的脈絡之中，自然流傳著各式各樣的習慣、習俗，每個人、每個區域、每個族群可能都有著相異的習慣。那麼我們如能從前人的經驗中，去了解在時代中這樣的衝突如何調和以及認知整合的先例，那麼就可以順著風土民情而整合出這個時空所須要的「禮義」。且習慣與習俗是長時間的積累與發展，如果我們忽略了「法先王」，也就是不去理解這樣的習慣、習俗是在什麼樣的脈絡與情境之下產生的，我們就沒有辦法了解這些習慣如何成為「禮義」，以及其中的價值何在？了解習慣如何成為「禮義」的背後價值，正是人格修養的最高境界，也就是荀子所說「聖人法而知之」(〈法行〉) 〔註67〕、「依乎法而又深其類」(〈修身〉) 〔註68〕。這也就如伍振勳所說，荀子將「詩」、「書」當作「王制」之書來讀 〔註69〕，也唯有如此，才能夠認知到固有的習俗，尤其是先王得以治亂的習俗、體制，並從中體會「禮義」的價值與其現實的意義。

　　但同時荀子又特別強調「禮」在於今日時代的適用性，所以他同時也強調「法後王」的面向，故其言「法後王，一制度，隆禮義而殺詩、書，其言行已有大法矣。」(〈儒效〉) 〔註70〕其實，荀子所謂的「法先王」與「法後王」是不衝突的，重要的是要能夠了解「禮法」的核心價值，而能夠從中抽取合宜適當的價值，而為時代制禮義。故偏執於「法先王」或「法後王」都是不正確的。荀子說：「古為蔽，今為蔽。」(〈解蔽〉) 〔註71〕必要達到「坐於室而見四海，處於今而論久遠」(〈解蔽〉) 〔註72〕才能夠使天地人三者和諧而人道至極。由此，荀子進而強調「類」的概念，他說：「知通乎大道，應變而不窮，辨乎萬物之情性者也。大道者，所以變化遂成萬物也」(〈哀公〉) 〔註73〕。又說：「齊明而不竭，聖人也。人無法，則倀倀然；有法而無志其義，則渠渠

〔註66〕　〔清〕王先謙撰，沈嘯寰、王星賢點校：《荀子集解》，頁94。
〔註67〕　〔清〕王先謙撰，沈嘯寰、王星賢點校：《荀子集解》，頁533。
〔註68〕　〔清〕王先謙撰，沈嘯寰、王星賢點校：《荀子集解》，頁33。
〔註69〕　參見伍振勳：〈道統意識與德行論述：荀子非難思、孟的旨趣重探〉，《臺大中文學報》第35期（2011年12月），頁21～25。
〔註70〕　〔清〕王先謙撰，沈嘯寰、王星賢點校：《荀子集解》，頁140。
〔註71〕　〔清〕王先謙撰，沈嘯寰、王星賢點校：《荀子集解》，頁388。
〔註72〕　〔清〕王先謙撰，沈嘯寰、王星賢點校：《荀子集解》，頁397。
〔註73〕　〔清〕王先謙撰，沈嘯寰、王星賢點校：《荀子集解》，頁541。

然；依乎法而又深其類，然後溫溫然。」(〈修身〉)〔註74〕正是因為荀子注意到其「禮義」出於事理之中，是一種較為具體的習慣與習俗的整合，其必然有著一定程度的具體性，而不如孟子那種形上道德價值來得有普遍性意義。所以他在〈解蔽〉中說：「夫道者，體常而盡變，一隅不足以舉之」、「其所以貫理焉雖億萬，已不足浹萬物之變，與愚者若一。」〔註75〕這正是荀子體認到，透過經驗中整合的具體性「禮義」，有其時空的具體脈絡，而在億萬種情境中，就會有億萬種情境，我們當然無法以具體的「禮義」去窮盡所有現實的事件。荀子據以應對的做法就是強調「知通統類」的重要性，以解決其在現實脈絡中顯現之「禮義」普遍性不足的問題。正如韋政通所說的：「知統類一義是為發現禮義發展中之共理而提供者，共理者即禮義法制所共有或共同所依之理。」〔註76〕而這樣的一種過程，也可以說是以荀子所謂的「認知心」認知現實中的各種事件，並藉此認知其中的意義，在逐漸累積這樣的經驗後，進而能形成一種道德判斷力，也就是所謂的能「知通統類」。這樣從現實事理中抽取出的共理，也並非孟子那種永恆不變的至高天理，而只是就現實事理中歸納出的共同原則，荀子就說：

> 故學也者，固學止之也。惡乎止之？曰：止諸至足。曷謂至足？曰：
> <u>聖王也</u>。聖也者，盡倫者也；王也者，盡制者也。兩盡者，足以為
> 天下極矣。(〈解蔽〉)〔註77〕

荀子所強調的，還是所謂現實的倫理與制度，因此其中還是有著相當的具體性，只是透過事件與事件中的彼此相似性，歸納出一種原則性的概念，這種概念還是具有對現實行為的指導特質，而不是一種抽象的、形上的道德概念。所以不能如韋政通將這樣一種「類化」的過程視為抽象化的過程，而暗指其中具有的形上的義涵。〔註78〕

關於儒家道德的普遍性與具體性的問題，黃俊傑曾對此提出看法，他說：

> 在儒家經典中所見的對黃金古代或典範人格的敘述，都是以朝向建
> 立普遍的道德理則或抽象命題為其目的。因此，儒家歷史學實質上

〔註74〕 〔清〕王先謙撰，沈嘯寰、王星賢點校：《荀子集解》，頁33。
〔註75〕 〔清〕王先謙撰，沈嘯寰、王星賢點校：《荀子集解》，頁393、406。
〔註76〕 韋政通：《荀子與古代哲學》，頁21。
〔註77〕 〔清〕王先謙撰，沈嘯寰、王星賢點校：《荀子集解》，頁406～407，加底線處據王先謙之注增改。
〔註78〕 參見韋政通：《荀子與古代哲學》，頁21。

是一種道德學或政治學。在這種特質之下，儒家歷史敘述是一種證立普遍理則的手段。但是，問題是：儒家經典中的普遍理則（「道」）及其具體化（聖人及其在歷史上的遭遇），卻又有巨大落差，而使兩者間恆存有緊張性。這種緊張性處處挑戰著經典中的「道」的普遍必然性。〔註79〕

我以為，荀子這樣以現實事件中顯現之「禮義」，是為一種較為具體的行為規範，這樣的行為規範不及孟子形上的內在道德來得具有普遍性，但卻也因為這樣的具體性，使「禮義」較能適應現實，而沒有僵化之虞。這也就避免了黃俊傑所說「儒家經典中的普遍理則及其具體化」的落差問題。因為荀子是先藉由習慣的整合，才進一步在禮義中探求「類」之同，其所強調的還是具體的倫制，故具體的「禮義」中，自有其普遍性存在。這就與孟學思維中，先預設了道德天的根源作為至高天理，再由此理分殊到現實情境中而可能造成普遍與具體衝突的進路不同。

以上，我們可以了解到，荀子在不依靠內在根源的論述下，以聖王對於習慣、習俗的整合，制作了「禮義」，也就形成了一種含有時代性意義的具體性思維於其中。這樣的「禮義」其合理性在於本章第一節所說的，是依著人性與環境作為內在根據與外在根據，並且是透過對於現實社會脈絡的具體事例中所建構出的具體性脈絡的「禮義」，如此便能夠適應於人之社會所需，且透過習慣到禮義的世俗神聖化過程，有其社會性意義的規範價值。也就是說這樣的禮義觀完全是在經驗性格中所建構，沒有一絲「企圖是想獲得『形而上學的安慰』、一種過去由宗教提供的安慰。」〔註80〕可以說，荀子的禮義完全出自於人為的建構，而不像孟子雖強調「禮義」出自人的自覺，但究其根源，還是必須上溯於到具有形而上意味的「道德天」。所以說，儘管荀子不從根源性意義來談「禮義」，但其所謂的「禮義」亦有其價值意義，不能以無根的論述來批評之。僅以羅蒂的一段話來作為對於荀子具體性脈絡的「禮義」建構的呼應與嘉許———一種完全從經驗性思考之人本的、人文的思考進路：

　　（如果我們）不像海德格爾那樣重新陷於對一種神聖性的期望，那

〔註79〕 黃俊傑：〈儒家論述中的歷史敘述與普遍理則〉，收錄於黃俊傑編著：《中國經典詮釋傳統（一）：通論篇》（臺北：臺大出版中心，2006年），頁429～430。

〔註80〕 〔美〕理查德·羅蒂，黃勇編譯：《後哲學文化》，頁69～70。

麼不管這個時代多麼黑暗，我們就不會像我們的前輩求救於牧師那樣求救於哲學家。〔註81〕

第三節　禮義與善行：在社會脈絡中自然形成的道德與價值

在上一節中，我說明了荀子所謂的「禮義」是聖王以人性惡作爲「內在根據」，以環境作爲「外在根據」，並透過對於現實事件認知的累積，包括了對於習慣、習俗的整合，進而使之成爲道德價值與標準，也就是所謂的「禮義」。而這樣的「禮義」是不從「內在根源」（如孟子的良知）或「外在根源」（道德天之類）來說的。於此，我們必須解決的問題是：如果「善」不是作爲形上意義的「根源」而來，那麼「善」在理論上又如何可能？歷來有不少學者據此來批評與質疑荀子性惡論之不能成立，如唐端正即言：

> 一般人很容易順著荀子性惡善僞，天生人成的說法，認爲荀子既說人性中沒有善，則善一定是客觀外在的。於是有人認爲荀子的禮義法度，只是些客觀的權威，並無內在的心性上的根源，不能在人性中有恰當的說明。然而，禮義法度作爲一客觀的存在，究竟又是從何而來的呢？這依然是一個問題。於是有人索性把荀子的禮義法度說成是一形而上的實在，認爲這些禮義法度，自荀子看來，是自古固存的東西，因而不應再追問這些禮義法度從何而來。〔註82〕

他認爲，如果人的內心不存在善的根源，那麼禮義法度又如何產生？也就是沒有自覺的心爲制禮義的動力，即便說「禮義」是聖王後天外在的建構也不能成立，因爲沒有任何力量驅使他去制禮義。勞思光對此也有著類似的詰問：

> 荀子所謂「不可學，不可事」，乃指不待學，不待努力而言。蓋荀子以爲，人之自然成分，即動物性；乃不待努力而實具有者；人之文化成分，則待自覺努力以成就之。此說仍不謬。但問題在於此種自覺努力如何而可能？倘根本上人祇具動物性，並無價值自覺，則何能有此努力乎？此處須注意荀子所說：「禮義者，聖人之所生也」一

〔註81〕〔美〕理查德・羅蒂，黃勇編譯：《後哲學文化》，頁 47。
〔註82〕唐端正：《先秦諸子論叢（續編）》，頁 185。

語，蓋此乃荀子思想之眞糾結所在，或十分糊塗之處。荀子既以爲
人之性只是動物性，但又假定有「聖人」。〔註83〕

勞思光倒是直接點出了問題的關鍵：雖然荀子說聖人「所以異而過眾者，僞
也。」（〈性惡〉）〔註84〕，但人畢竟生而有動物性，這正如荀子所言，「聖人
之所以同於眾，其不異於眾者，性也」（〈性惡〉）〔註85〕那麼同樣是性惡的聖
人，究竟是什麼力量與動力使其能起僞、能生禮義呢？這樣的問題，其實早
在清末民初就有學者對這個問題進行哲學性的思考，如王國維即探問：「荀子
云人之性惡，其善者僞也，然使之能僞者，又何也？」〔註86〕唐君毅之父唐
迪風也對此感到不得善解：「夫人之無不惡矣，聖人獨非人乎？何以獨能生禮
義？禮義非善乎？人爲之善，乃生於不善之天性。荀子將何以解我之惑也？」
〔註87〕王靈康則歸納、彙整了歷來學者對於荀子性惡論中人何以能爲善的動
力之質疑與論述，指出了問題的癥結點所在：

> 如果人的性質是惡的，要透過「僞」才能達到善。但是既然人是惡
> 的，又如何能有不惡的成份發生作用呢？這個問法當中包含的重要
> 假定就是「人之性」涵蓋了人所有面向、或一切的性質；或者說，
> 這個質疑的效力在於因爲「人之性惡」的意義等同於「人一切的性
> 質都是惡的」，所以無法解釋「善」從何而生。〔註88〕

王靈康大抵以其所謂「人觀」將「認知心」等能力納入「人」天生的能力來
解決這個問題。〔註89〕但正如我在第二章第一節所說，「心」不該納入人本
有的性中，即便納入，那也只是一種中性的能力，無法作爲人爲善、制禮義
的動力因。

　　以下我即要針對這個歷來學者對於荀子性惡論質疑的關鍵問題作一梳
理，主要從兩個方面來談：（1）善不必從心性出；（2）爲善的動力：欲望的
滿足與社會壓力；（3）聖與凡的分別：聖人何以能僞起而生禮義。

〔註83〕勞思光：《新編中國哲學史（一）》，頁 320。
〔註84〕〔清〕王先謙撰，沈嘯寰、王星賢點校：《荀子集解》，頁 438。
〔註85〕〔清〕王先謙撰，沈嘯寰、王星賢點校：《荀子集解》，頁 438。
〔註86〕王國維：《靜庵文集》（瀋陽：遼寧教育出版社，1997 年），頁 27。
〔註87〕唐迪風：《孟子大義》（臺北：學生書局，1976 年），頁 20。此處標點據王靈
　　　　康博士論文而引。
〔註88〕王靈康：《荀子哲學的反思：以人觀爲核心的探討》，頁 46。
〔註89〕參見王靈康：《荀子哲學的反思：以人觀爲核心的探討》，頁 48〜71。

一、善不必從心性出

我想這個問題的關鍵在於，太過著重人內在根源的探索——認為人一定要有內在善的根源，才可能有善的行為產生。的確，如果以孟子「先王有不忍人之心，斯有不忍人之政矣。」（〈公孫丑上〉）〔註90〕的思路來看，這樣的思維進路是正確的。但是我說過，以荀子的經驗性格，他從來就不從形上的根源來看問題，我們也不必一味以孟學或基礎主義的認知去詮釋荀子的論述，否則就會如唐君毅認為：「荀子猶未言人性之能使人之是非之心亡。此由荀子雖不承認人之有天生之惻隱、辭讓、羞惡之心，然實未嘗否認人終有能知是非之心，即求合於道而中理之心。」〔註91〕當然，這是不能成立的。這是一種對於形上根源的迷思，認為非從根源處來探尋善的可能。問題的關鍵在於：我們一再探問荀子所謂的人性中有沒有善端，並藉此來推論人可不可能是如荀子所說的「人之性惡」。

但是，依照荀子的經驗性格，我們可以推論，荀子不會從根源性的進路去思考善何以可能的問題，當然這點在前文的討論中已可明顯看出這個傾向。以實用主義者及反基礎主義者的思維來理解荀子經驗性格的思考方式〔註92〕，可以設想他是以直觀的方式去思考善的可能，正如他對於天、對於性、對於禮的經驗性思維一樣。他不太可能在這個問題上突然轉為形上根源探究的思考進路，這也會讓他整個理論系統形成扞格。那麼試想如果你是個經驗主義者，你會怎麼看待這個世界上的善呢？我們會從經驗中發現，就是有人會為善，成為創制禮義道德的人；如果再進一步思考，這些人多半是受了文化與禮義的教化與薰陶，我們稱這些人為有文化的人。這點也可以從荀子的敘述中看出這樣的思維進路。他說「注錯習俗，所以化性也；并一而不二，所以成積也。習俗移志，安久移質。」（〈儒效〉）〔註93〕又說「情安禮，知若師，則是聖人也。」（〈修身〉）〔註94〕「學惡乎始？惡乎終？曰：其數則始乎誦經，終乎讀禮；其義則始乎為士，終乎為聖。」（〈勸學〉）〔註95〕可以見

〔註90〕〔漢〕趙岐注，〔宋〕孫奭疏：《孟子注疏》，頁65。
〔註91〕唐君毅：《中國哲學原論・導論篇》（臺北：學生書局，2004年），頁139。
〔註92〕張亨即言荀子的思考「接近西方實用主義者的態度」。參見氏著：〈荀子對人的認知及其問題〉，頁180。
〔註93〕〔清〕王先謙撰，沈嘯寰、王星賢點校：《荀子集解》，頁144。
〔註94〕〔清〕王先謙撰，沈嘯寰、王星賢點校：《荀子集解》，頁33。
〔註95〕〔清〕王先謙撰，沈嘯寰、王星賢點校：《荀子集解》，頁11。

得，荀子認為，只要透過讀書、知禮、安於禮，就可以改變人原來的本性，而達到善的修為，甚至成為聖人。正如如韋政通所說的：「認知心的辨識能力，卻不是天賦的，認知心辨識能力的磨練，仍在積學上，這可使認知主體與積學的工夫結合在一起。」〔註 96〕荀子所使人為善的途徑，正在於透過沒有價值根源的認知心去認知禮義，在為學的途徑中成就道德。

荀子這樣的思維方式大抵就如道金斯所說的：「有關人類之所以不尋常的因素，大體可以歸結於一個詞——文化。」〔註 97〕也就是說文化能使人為善。這也就符合荀子人性論的基本概念——「人之性惡，其善者偽也。」（〈性惡〉）〔註 98〕因此，我們不該從基礎主義式的思維以人性中是否有善的根源去探問荀子人性論中人何以能為善。我必須說，這個世界、這個社會並不是我們想像的那麼美好，我們往往用太多的想像力把偶然性的生活加以理想化，從而壓抑了對我們偶然本源的意識，進而編造出所謂永恆的真理或善這樣扭曲的事實〔註 99〕，其實，我們應該承認瑞德里所說的：

> 我們卻不能忽視，不好的動機也可以導致善行。這是承認了確有善行，也承認人類社會確有公益；可是我們卻也不必相信人類都是天使。〔註 100〕

總之，我們必須放棄基礎主義的思維，打破對於形上根源、形上權威追求的誘惑，才能夠正確理解荀子的思想。也就是說，問題的關鍵在於：荀子的人性論中，人不須要有內在善的根源就得以使人為善。

二、為善的動力：欲望的滿足與社會壓力

我說我們不能以基礎主義式的思維，以探求荀子人性論中人是否有天生本有善的根源來論斷其所謂人可以為善的合理性，或其性惡論是否得以成立，並不是要逃避問題，而是若就荀子所言「今人之性惡，必將待師法然後

〔註 96〕 韋政通：《荀子與古代哲學》，頁 81。
〔註 97〕 〔美〕道金斯著，趙淑妙譯：《自私的基因——我們都是基因的俘虜？》，頁 288。
〔註 98〕 〔清〕王先謙撰，沈嘯寰、王星賢點校：《荀子集解》，頁 434。
〔註 99〕 參見〔美〕托德・萊肯著，陶秀璈等譯：《造就道德——倫理學理論的實用主義重構》，頁 2。
〔註 100〕 〔美〕麥特・瑞德里著，范昱峰譯：《德性起源——人性私利與美善的演化》，頁 50。

正，得禮義然後治。今人無師法則偏險而不正，無禮義則悖亂而不治」，以及
「今人之性，固無禮義」（〈性惡〉）〔註101〕的說法，人之所以為善的關鍵在於
人之外，而與根源無關。那麼性惡之人何以為善？促使人為善的動力為何呢？

我想，人會為善的原因與動力就在於「社會」。也就是說，人為善的動力
就在於人處於社會之中，由於人與人之間的接觸──更確切地說，是人與人
的衝突下、在社會演進中，逐漸就會形成所謂的道德、所謂的善。這就是徐
宗良所說的：

> 人類之所以出現道德現象，存在道德生活，決不是什麼上帝的創制，
> 也不是聖人的點化，而是人類作為社會性的動物，作為「人」這一
> 特殊的類，當他開始人的實踐活動、開始人的歷史進程時便必然會
> 產生。〔註102〕

何以如此說呢？因為人處在社會之中，人人都有著欲望與需求，但是資源就
是那麼多，你拿七分，我就只有三分；你如果只能拿到三分，我就有七分，
這是一個零和（zero-sum）的情況。〔註103〕在這樣的情況下，人就會如霍布
斯所說：「任何兩個人如果想取得同一東西而又不能同時享用時，彼此就會成
為仇敵。」〔註104〕荀子在〈性惡〉開篇所據以說明人性是惡的文字，不就清
楚表達了這樣的情境嗎？他寫到：

> 人之性惡，其善者偽也。今人之性，生而有好利焉，順是，故爭奪生
> 而辭讓亡焉；生而有疾惡焉，順是，故殘賊生而忠信亡焉；生而有耳
> 目之欲，有好聲色焉，順是，故淫亂生而禮義文理亡焉。然則從人之
> 性，順人之情，必出於爭奪，合於犯分亂理而歸於暴。〔註105〕

這與霍布斯所描述的人在沒有國家形成以前的爭奪狀態，不是十分相似嗎？
如果再從荀子討論「禮」從何而起的論述，更能夠明白，為什麼說人不須要
有內在善的根源就可以為善，他說：「人生而有欲，欲而不得，則不能無求；

〔註101〕〔清〕王先謙撰，沈嘯寰、王星賢點校：《荀子集解》，頁435、439。
〔註102〕徐宗良：《道德問題的思與辨》，頁26。徐宗良這裡所說「道德生活不是聖人
的點化」，其義並不與荀子的論述衝突。他的意思是，聖人不會如上帝那般，
從根源處創制禮義。荀子說聖人創制禮義，是一種整合，是一種從事理中規
約、整合出的規範性道德價值。
〔註103〕關於「零和」請參考第二章註117。
〔註104〕〔英〕霍布斯著，黎思復、黎廷弼譯：《利維坦》，頁93。
〔註105〕〔清〕王先謙撰，沈嘯寰、王星賢點校：《荀子集解》，頁434〜435。

求而無度量分界，則不能不爭；爭則亂，亂則窮。」（〈禮論〉）〔註106〕由此我們可以了解到，依照人的欲望順之而無節，就會造成爭亂而窮的情形；在這樣的情況下，因爲人與人的爭奪而使資源窮盡，是不是也就造成人人貧窮的狀態？那麼聖王就是因爲看到這樣人人因欲而爭亂的結果，企圖改變這樣的情況，使人的欲望不因資源的耗竭而無法滿足，資源也不至於因爲爭奪而不足，這就是荀子所說的：「先王惡其亂也，故制禮義以分之，以養人之欲，給人之求，使欲必不窮乎物，物必不屈於欲，兩者相持而長，是禮之所起也。」（〈禮論〉）〔註107〕

　　由此來看，荀子所謂聖人創制禮義以分之的原因是什麼？是惡其亂。爲什麼惡其亂？因爲亂則窮，窮則人的欲望不能得到適當的滿足。那麼我們可以看到，據以生發「禮義」，也就是所謂的道德之關鍵是什麼？就是欲望。而這樣的欲望就是所謂的人之性，也就是荀子藉以論人性惡的依據。所以我們就可以說，「禮義」是因爲「人之性惡」而生發的。亞當·史密斯（Adam Smith）在其名著《國富論》中就認爲，在社會中人們之所以維護公益，正是因爲追逐私利的副作用。〔註108〕經濟學家法蘭克（Robert Frank）也認爲，人類之所以願意遵守某些道德規範，而遭受短期的損失，正是爲了長期的利益所做的選擇。〔註109〕所以說，聖人也是人，也就是荀子所謂其性「不異於眾者」（〈性惡〉）〔註110〕的性惡之人，那麼我們就可以說，荀子的人性論中，人不必有善的根源，也能夠爲善，也能夠起禮義，自然也就沒有歷來學者所質疑「人之性惡」則「善」從何而出的問題了。這樣的情況也就是黎鳴所說的：

> 人幾乎從遠古開始，即順應動物和人類天然的生物性，從「人性本惡」的觀念出發，向外索取，奮爭、彼此訂約、守約，共同努力，達到一個人類相互依存的相對善的人性境界。〔註111〕

所以我們可以說，聖人制定「禮義」的出發點是爲了公共利益，因爲如徐宗良所說的：「道德的生成，道德的必要從根本上說是爲了維護、推進整個共同

〔註106〕〔清〕王先謙撰，沈嘯寰、王星賢點校：《荀子集解》，頁346。
〔註107〕〔清〕王先謙撰，沈嘯寰、王星賢點校：《荀子集解》，頁346。
〔註108〕參見〔美〕麥特·瑞德里著，范昱峰譯：《德性起源——人性私利與美善的演化》，頁159。
〔註109〕參見〔美〕麥特·瑞德里著，范昱峰譯：《德性起源——人性私利與美善的演化》，頁144。
〔註110〕〔清〕王先謙撰，沈嘯寰、王星賢點校：《荀子集解》，頁438。
〔註111〕黎鳴：《問人性：中西文化500年的比較》，頁184。

體的生存和持續發展，共同體的利益關乎共同體以及共同體成員的生死存亡。」〔註112〕公共利益正是爲了個體的存亡而所需，那麼這就可以推源到個人的欲望，包括了食色，也就是人要活下去與延續生命的欲望。徐宗良的這句話倒是一針見血點出了這樣的情況：「道義歸根結底還是爲了人和人的利益。」〔註113〕依此，我們不但可以說「人之性惡」不但不構成人何以爲善的問題；反而可以說，正因爲「人性惡」所以能制禮義、能爲善。

在這裡我必須特別強調，我不是說聖王都是有這樣的自私意識與追求欲望的自覺才生制禮義，我也不是說人都是因爲以這樣的惡意識去算計一切才行善；我只是說，依照人的本性與現實的情況，會有這樣的情形產生。也就是說，我是在理論上說明道德與禮義何以可能產生，何以能夠在自私而性惡的人之中產生。我所敘述的是一種禮義與道德生發的可能推論，也就是一種禮義、道德何以能夠在本性惡的人中開展出的一種「理論程序」，又或者可以說，這有點類似「道德系譜學」〔註114〕的思考。因爲在現實生活中，我們很可能沒有意識到這樣的自私傾向與選擇，我們所以爲的善與道德，是眞的認爲其是善的、是道德的，而不是出於算計才去認可它、遵守它、推崇它。正如我在前面已經提過的威爾森所說的一樣：「當統治社會的規矩已被神聖化且變成神話之時，社會大衆會認爲這都是理所當然的，而反對即被視爲褻瀆。」〔註115〕我們對於道德早

〔註112〕徐宗良：《道德問題的思與辨》，頁 28～29。

〔註113〕徐宗良：《道德問題的思與辨》，頁 30。

〔註114〕所謂的「道德系譜學」是指在歷史脈絡中，藉由文本、論述或言說如何在權力互動下形成與發展而形成所謂的道德。尼采在其《論道德的系譜》中就認爲，對善惡道德的區分，往往將利他主義、無私、溫和、謙虛視爲「善」，而與之對立的則被視爲「惡」，這樣的區分可以追溯到弱者的忿恨。因爲尼采認爲，在傳統中高貴、強大、地位高的人才是「好」的，而低賤的、普通的和粗俗的人是「壞」的，這樣好壞的等級區別，是由上層所定義的。而當弱勢者以道德爲訴求，把善惡變成一種道德問題，就能夠將這樣的評價顛倒過來；也就是本來強大的、高貴的在道德上變爲壞的，而原來因爲弱勢只能靠著謙卑、服從、寬恕而存活下去的特質，在道德形成後，就變成了善的特質。這裡我從荀子的論述脈絡中推測善與禮義如何而形成，正是有著類似的思考進路。當然，我所推論道德的形成與尼采所說並不完全相同，但對於道德不出於形上根源，而是在現實中的情境互動下產生的概念則是一致的。參見〔德〕呂迪格爾‧薩弗朗斯基著，衛茂平譯：《惡或者自由的戲劇》（昆明：雲南人民出版社，2001 年），頁 233、王思迅主編：《劍橋哲學辭典》（臺北：貓頭鷹出版社，2002 年），頁 830。

〔註115〕〔美〕愛德華‧魏爾森著，宋文里譯：《人類本性原論》，頁 214。

已自然而然形成一種權威感與制約性，我們是眞的相信其規範性與價值。

　　當我作出以上對於荀子人性論的詮釋與闡明時，是抱持著一種戒愼恐懼、如履薄冰的態度，這正如道金斯在撰寫《自私的基因》時的謹愼態度。他曾在書中表示：

> 在此強調一下，我並不是在談有意識的動機，沒有人說過小孩會由於自私的基因而故意、有意識的欺騙父母。同時我要重複一下，當我說像「小孩應該不要錯過任何欺騙的機會……說謊、矇騙、剝削……」這樣的話時，我用「應該」這個字有特別的含意。我並不是說這樣的行為是道德的，是可取的。我只是在說，天擇會偏愛這樣子的小孩。〔註116〕

同樣的，我說人因爲性惡，所以能促成人之爲善、創制禮義，這也不是就現實情境中說這樣是對的，只是說在原初人與環境的互動下，道德是這樣生發的。同時，道金斯也說明了他對於人的意志之期待，正如荀子與我這樣的詮釋者，也並沒有放棄人自覺的可能（這點我會在第五章第四節提出說明），他說：

> 不論由意識這件事引起什麼樣的哲學問題，在這裡它都可以視爲演化趨勢的極致，它使求生機器成爲執行者，而脫離了它們的主人——基因。現在，頭腦不只是負責求生機器每天的事務而已，它們也有能力預測未來並據以產生行爲，它們甚至有力量排斥基因的指令。〔註117〕

瑞德里對於道金斯這樣的論述與理論的建構，則有著很好的同情與理解，他說：

> 首創「自私基因」一辭的道金斯（Richard Dawkins），提醒大家注意基因的天生自私性質。他的本意不在證明它的合理，而有相反的目的：要大家提高警覺，注意到克服它的需要。他敦促大家「對抗自私複製者的獨裁」。〔註118〕

〔註116〕〔美〕道金斯著，趙淑妙譯：《自私的基因——我們都是基因的俘虜？》，頁212。

〔註117〕〔美〕道金斯著，趙淑妙譯：《自私的基因——我們都是基因的俘虜？》，頁92。

〔註118〕〔美〕麥特‧瑞德里著，范昱峰譯：《德性起源——人性私利與美善的演化》，頁158。

我想睿智的讀者都已經了解我所要表達的，你可以不同意這樣的論述，你可以信仰基礎主義、傾心孟學，但希望你可以理解與同情，有那麼一些哲學家、有那麼一些人，須要這樣一種不那麼神聖飽滿的思想藉以生活。希望你也能如瑞德里理解道金斯那樣理解我的詮釋與解釋的用意。僅以道金斯的一段話來說明我對荀子性惡論闡明的信念與期許：

> 如果說這個論點有什麼人性道德價值的話，那就是：我們不能期待
> 小孩生下來就知道愛人，這是我們必須教他們才會的。〔註119〕

三、聖與凡的分別：聖人何以能僞起而生禮義

在論述了荀子的人性論中，沒有人性善根源的問題，也就是人之爲善不須要內在善的根源，而是根據人本有的欲望在社會脈絡中會逐漸形成一種道德價值。如此來說，也就自然沒有勞思光所謂「聖人乃能自作努力（積思慮），又能承受文化成績（習僞故）者。但人之性既惡，則人只有動物性，又何以能成爲聖人？何能自作努力，何來文化成績？」〔註120〕的問題，也沒有「第一個聖人」從何而生的問題。因爲只要在社會脈絡中，便有可以創制出禮義的動機與可能。但是我們還可以進一步論述，那麼何以聖人爲聖人？也就是爲什麼禹創制了禮義，而塗之人沒有，這其中的分別之處何在？

首先我們可以先從聖王是憑藉著什麼能力而可以成爲聖王來看。荀子說：「凡禹之所以爲禹者，以其爲仁義法正也。然則仁義法正有可知可能之理。然而塗之人也，皆有可以知仁義法正之質，皆有可以能仁義法正之具，然則其可以爲禹明矣。」（〈性惡〉）〔註121〕由此我們可以知道，聖人因爲有著可以知仁義法正的能力，進而可以爲仁義法正，故稱之爲聖人。正如我在第三章第一節所言，此「可以知仁義法正」的能力，正是所謂心知的能力，而此心知的能力也如荀子所言，是塗之人亦有的，那麼這樣的能力就不能作爲聖人之所以爲聖人的關鍵，也就不能如牟宗三所說：

> 聖人之僞禮義法度不繫于其德性，而繫于其才能。性分中無此事，
> 而只繫于才能，則僞禮義之聖人可遇而不可求，禮義之僞亦可遇而

〔註119〕〔美〕道金斯著，趙淑妙譯：《自私的基因──我們都是基因的俘虜？》，頁212。
〔註120〕勞思光：《新編中國哲學史（一）》，頁320。
〔註121〕〔清〕王先謙撰，沈嘯寰、王星賢點校：《荀子集解》，頁443。

不可求，如是則禮義無保證，即失其必然性與普遍性。〔註122〕
因為既然認知心的能力是人夫生而有的能力，那麼就不可謂「聖人之偽禮義繫於其才能」。我們只能說，認知心的能力是人為善、偽禮義所必需，但這不是聖人之所以為聖人的關鍵。

關於聖人之所以為聖的關鍵何在，必須依荀子的這段話來看：「聖人之所以同於眾，其不異於眾者，性也；所以異而過眾者，偽也。」（〈性惡〉）〔註123〕以此而論，聖人之所以為聖人的關鍵就在於「偽」。而所謂的「偽」可根據〈正名〉得一段文字來探得：

> 生之所以然者謂之性。性之和所生，精合感應，不事而自然謂之性。
>
> 性之好、惡、喜、怒、哀、樂謂之情。情然而心為之擇謂之慮。心
>
> 慮而能為之動謂之偽。慮積焉、能習焉而後成謂之偽。〔註124〕

由此可知「偽」是人根據認知心對於習俗、禮儀的認知，並逐漸累積，在現實生活中透過體會與實踐，進而成為所謂的「第二人性」。關於這一點已在上一節論及，這裡不再贅述。這裡我們只要知道，聖王是依中性的認知心去認知現實事件，並在累積與實踐中形成道德的判斷。這個認知心不具有道德價值，所以我們也就不能據此來說聖人能制禮義是因為才能，因為塗之人與聖人都同樣有著這樣的認知心，而關鍵在於是否能透過認知心不斷地累積經驗，並透過此形成與提升道德的判斷力。這也就是荀子為什麼強調學的原因——唯有不斷透過認知，亦是所謂的學，才能夠達到起偽的修養成果。這正如其所言：

> 學惡乎始？惡乎終？曰：其數則始乎誦經，終乎讀禮；其義則始乎為士，終乎為聖人。真積力久則入，學至乎沒而後止也。故學數有終，若其義則不可須臾舍也。為之，人也；舍之，禽獸也。〔註125〕

可見荀子所謂的「學」就是一種認知的過程，而這樣的認知也是道德修養所必需，聖人（本來亦是「生物意義的人」）即透過學而成聖。由此，我們必須說，荀子所謂聖人之所以可以為聖人，是因為學的程度，也就是積善的工夫，所謂「真積力久則入」，則為聖人。因而，所謂的聖人與塗之人的差別不在於

〔註122〕牟宗三：《名家與荀子》，頁227。
〔註123〕〔清〕王先謙撰，沈嘯寰、王星賢點校：《荀子集解》，頁438。
〔註124〕〔清〕王先謙撰，沈嘯寰、王星賢點校：《荀子集解》，頁412。
〔註125〕〔清〕王先謙撰，沈嘯寰、王星賢點校：《荀子集解》，頁11。

認知心才能本質上的差異，而在於透過量的累積而形成所謂的聖人。所以荀子認爲人人都可以爲禹，正在於人人都有著同樣的中性認知能力，關鍵只在於你肯不肯學。這也顯現出我所說過的，荀子所謂的「人之所以爲人」的關鍵在於文化性，只要肯接受文化的薰陶，理論上終可以達到聖人的境界。也可以說，後天的文化就是「哲學意義的人」形成的關鍵，也就是成聖的必要條件，所以荀子也才會在這裡說「爲之人也，舍之禽獸也」，因爲人不學就沒有文化，也就不可能脫離「生物意義的人」。

而聖人生禮義的過程爲何，也是我們須要關注的。荀子說「聖人化性而起偽，偽起而生禮義，禮義生而制法度」，這會形成一個學者據以抨擊「第一個聖人」的問題。因爲這裡說「聖人化性而起偽」，而據以化性的應該是後天的文化禮義，那麼就產生這樣的問題：在沒有禮義之前，這個「第一個聖人」是憑什麼而化性的？學者也會藉此推論，如此即不可說人的內在沒有善的根源，否則這第一個聖人如何化性？這也就是如徐宗良所特別提出加以質問之處：

> 抨擊孟子把後天人爲之「善」當作了人的天然本性。這是有一定道理的。但是，他否認了「善」的概念、規範、道德品性的人性源頭，則是有問題的。試問，聖人是如何「化性而起偽，偽起而生禮義，禮義生而制法度」的呢？當時就有人質疑：「人之性惡，則禮義惡生？」聖人是否「積偽成性」？荀子在回答這些問題時就陷入了自相矛盾：一方面他認爲聖人之所以能制定禮義制度是因爲聖人能「積思慮，習偽故」（即聖人能積極思索考慮禮義道德，並且習以爲常地踐行的緣故）；另一方面，又堅決否認聖人是「積偽成性」（即因後天持續的學習、操練而轉化爲本性）。他強調聖人的本性也是惡的，因爲人的本性是「不可學，不可事」的，「故聖人之所以同於眾而不異於眾者，性也；所以異而過於眾者，偽也」。既然這樣，那麼本性爲惡的聖人又如何得以產生善念，並制定禮義法度呢？聖人又是憑什麼轉變爲聖人的呢？〔註126〕

但其實這個問題是對於荀子何以能化性這個問題不通透所造成。首先必須說明的是，荀子並不如徐宗良所說：否認聖人能「積偽成性」，荀子所以否認的是聖人能「積偽成性」是因爲其本性使然。也就是說，荀子認爲聖人的原初之性也

〔註126〕徐宗良：《道德問題的思與辨》，頁52～53。

是惡的，聖人「積僞成性」的關鍵不在於其性中本有禮義。這也是荀子所以否認「禮義積僞者，是人之性」的眞正意義，並不是如徐宗良所理解的，荀子否認聖人能「積僞成性」。在釐清這個問題後，我們同時就必須回到問題的關鍵即是：既然聖人性中本無禮義或道德善端，那麼他憑什麼化性？即便說「禮義」是外在的，那麼一樣會形成「第一個聖人」如何化性？——也就是說在現實中還不存在「禮義」之時這「第一個聖人」是以什麼價值來化性。

　　從荀子〈儒效〉中說：「注錯習俗，所以化性也。」〔註 127〕我們可以了解到，化性的關鍵在於「習俗」，而禮義正是聖人透過對於先祖的習慣、習俗的認知與整合，進而能夠將這樣的行爲內化，據以成爲「第二人性」——「僞」。那麼有了這樣的道德判斷力的內化後，聖人也就能夠生制「禮義」。而所謂的「習俗」與「習慣」是在社會中所自然形成的一種潛規則，聖人所作的只是不斷透過爲學去認知這些「習俗」，也就是所謂的潛規則對於現實社會及每個人的互動、影響與結果。當他積學到一定的高度，透過認知這些「習俗」與人的行爲進而所形成的好與壞、有用與無用的歸納後，這個好壞與實用性會轉化爲一種道德價值，這樣道德價值會與其原始欲望相抗衡、制約，最終形成一種調合與和諧，此時我們可以說聖人之性已不再是只有原初的「性惡」，而是已經有所化之性了。而「禮義」正是聖人透過其所歸納出的道德價值，去衡量與評估甚至改善現實中的「習俗」與「習慣」，將這樣的「潛規則」具體化、規範化、道德化據以形成。如此看來，就並沒有所謂「第一個聖人」以何化性的問題？試問何時何地沒有習慣與習俗，即便在「第一個聖人」之時，也必然有著故有的習俗與習慣，他就是藉由對這些習慣的認知累積，逐漸形成一種道德判斷力，進而能夠藉以制生禮義。但是必須注意的是，那逐漸形成的道德判斷力在成爲禮義之前、在世俗權威化之前，並不具有「道德意義」，而只是一種選擇性的權衡，孰優孰劣，對於人有利的選擇就具體化爲「禮義」，這時才具有一種道德的規範性。

　　那麼我們可以說，聖人就是如上一段所說，是能夠看到人的彼此爭亂造成人的欲望不能得到適當滿足，因此能夠制禮義以養人之欲的人。而其之所以能夠有這樣的思維，正是因爲他能夠透過「積思慮，習僞故」，能夠透過學去不斷認知到各種事件所造成對人的優劣，進而能夠形成正確的孰優孰劣的判斷力，並依此而制禮義來使這個社會治而不亂，而能夠滿足人應有的欲望。

〔註127〕〔清〕王先謙撰，沈嘯寰、王星賢點校：《荀子集解》，頁144。

這也就是黎鳴所說：

> 不斷反覆出現的社會災難、禍患，促使部分先知先覺者——知識份
> 子們思考，創造出某些合理的辦法盡量減少人與人之間無謂的鬥
> 爭，盡量增加人與人之間有益的合作，以理性取代盲目的非理性，
> 以知識取代無知，以效益取代無謂的浪費。〔註128〕

當然，這樣的先覺者也就是所謂的聖王，是靠著後天文化以及透過學的努力
而能夠做出這樣正確的判斷，而不是靠著先天內在於人的道德價值——因爲
荀子所謂的人性是惡的。當然正如上一小節所說的，「性惡」並不礙於人爲善
制禮義，反而是人藉以形成道德的動力。這也就是爲什麼會有黎鳴所說的如
此情況：「人類文明由人創造，而創造文明的人，每人身心中卻又都潛伏著反
文明的因素。」〔註129〕

　　由此，我們可以了解，荀子所謂聖人所不同於眾而異於眾者在於僞，這
正是聖人透過後天的認知與學習，逐漸累積出的一種正確的判斷力，進而能
夠整合故有的習慣、習俗，而爲人類社會帶來最有利的規範。也就是說，聖
人是能夠透過不斷學習修養而具有遠見之人。

第四節　禮義與聖王：治亂趨善的必然性

　　在上一節中，我說到人之所以能夠爲善，甚至是聖人能夠制作禮義的動
力，來自於人與人在社會中因欲望需求而產生的壓力。爲了能夠確保自身的
欲望得到適當的滿足，人們自然會在社會中形成一套道德價值，以求社會的
安定與和諧，而由此使每個個人都能得到適當的需求。也就是說，「人之性惡」
在社會脈絡中，反而是形成人爲善、聖人制作禮義的關鍵。但是同時我也提
到，畢竟這個社會上聖人只是少數，大部分的人都是所謂的「塗之人」，會有
如此聖凡之別，關鍵正在於學與不學以及運用認知心化性起僞的深度。越是
能夠積極去認知社會上故有的習慣習俗，在見多識廣後，就能夠了解到什麼
是對於我們這個社會最有利的行爲，藉此能夠形成正確的判斷力，進而制定
出能夠使人得到適當滿足的規範——禮義，也就是道德的形成。但是我們必
須注意到一個重點即是，能夠有如此遠見的聖人卻是少數，大多數人沒有能

〔註128〕黎鳴：《問人性：東西文化 500 年的比較》，頁 566。
〔註129〕黎鳴：《問人性：中西文化 500 年的比較》，頁 36。

夠形成這樣正確的判斷力，甚至荀子還提到了有像丹朱、象這樣「天下之嵬，一時之瑣」（〈正論〉）〔註130〕的例子。那麼我們就必須思考，依理而論，應該在社會脈絡下，人人雖不至於都能有足夠的遠見制作禮義，但至少也都會因「人之性惡」，爲了自己的利益而願意在社會上適度妥協，而得到最大的利益，爲何會有人就是睥睨道德，甚至像朱象等人如此狂怪而瑣細呢？荀子對此的看法與應對之道又是什麼？以下我即針對這個議題梳理之。

一、人之性惡：蔽於當下欲望的塗之人

　　對於爲什麼大部分的人都不能夠如聖王一樣制禮義，甚至不能夠遵從禮義而爲善呢？這個關鍵就在於多數人都未能如聖王一樣看到「禮義」能夠爲社會帶來安定，進而能夠使人安居於其中、欲望也就能夠得到適當的滿足。這絕大多數的「塗之人」，只想到滿足當下的欲望，沒有能形成正確的道德判斷力，也就沒能意識到：爲善而尊道德可能會在當下失去部分欲望的滿足，但就長遠來看卻能夠得到更大的安定與收穫，這就是聖人與凡人的區別。聖人的遠見就像楊國榮所描述的這樣一種心態：「未來給人以希望，希望則意味著幸福。當處於逆境的主體正在走向充滿希望的、美好的未來時，當前的痛苦或不如意每每可以得到緩解。」〔註131〕也就是說聖人看到了禮義給人類未來帶來的美好，因此能夠暫時放棄一時的欲望衝動，以換取更美好的將來；而凡人想到的就只有當下欲望的滿足。這也就是凡人的盲點，在荀子來說，就是所謂的「蔽」──「凡人之患，蔽於一曲而闇於大理。」（〈解蔽〉）〔註132〕這就是因爲認知心沒有不斷透過學去提升自己的道德判斷力，因此就做出了錯誤的判斷與決定，因此荀子強調「解蔽」的重要性，這一點我會在第五章第二節做說明。那麼從荀子的論述來看，大部分的人都是因爲蔽於欲而沒有遠見的「塗之人」，否則他不會特別凸出聖人的價值與意義。假使人人都能夠如聖人一般有遠見，那又何須禮法規範？如果大部分的人都能夠自覺地「惡其亂」，荀子又何必強調「先王惡其亂也，故制禮義以分之，以養人之欲，給人之求」（〈禮論〉）〔註133〕呢？他又何必凸顯「必將有師法之化，禮義之道，

〔註130〕〔清〕王先謙撰，沈嘯寰、王星賢點校：《荀子集解》，頁337。

〔註131〕楊國榮：《倫理與存在──道德哲學研究》，頁284。

〔註132〕〔清〕王先謙撰，沈嘯寰、王星賢點校：《荀子集解》，頁386。

〔註133〕〔清〕王先謙撰，沈嘯寰、王星賢點校：《荀子集解》，頁346。

然後出於辭讓，合於文理，而歸於治。」（〈性惡〉）〔註134〕這也證明了荀子在〈彊國〉所說的：「人之所惡何也？曰：汙漫、爭奪、貪利是也。人之所好者何也？曰：禮義、辭讓、忠信是也。」〔註135〕這正如我在的三章第三節所論述的，這段文字指的不是人天生而有的好惡。也就是說，因為大部分的人都順性而為，否則就不會有爭、不會有亂，唯有聖人能夠看到關鍵之處，這也就是為什麼荀子會說：「今將以禮義積偽為人之性邪？然則有曷貴堯、禹，曷貴君子矣哉！」（〈性惡〉）〔註136〕也就是禮義積偽的動力不在於性，而在於後天學習與認知。正是因為只有聖人能在性惡之中生發出禮義，才更值得我們所尊重，否則人人都能不蔽於欲而有此認知，則聖人又有何尊貴與過人之處？

二、推波助瀾：對塗之人他律的必要性

由上一小節而論，我們了解到荀子之所以凸出聖王的地位，正是因為大部分的人都是順性而為，而造成社會的爭亂；因為他們沒能認知到禮義的價值，而只顧自己當下欲望的滿足。依荀子所言：「人之性惡」，「固無禮義」亦「不知禮義」（〈性惡〉）〔註137〕，則人性之中本無道德價值，就不會有孟子所說的良知良能與四端之心，也就不能強調人自覺的能力來作為人為善的動力。而大部分的人也都如「桀、跖、小人者，從其性，順其情，安恣睢，以出乎貪利爭奪。」（〈性惡〉）〔註138〕總之，人天生不能自覺，亦因心蔽而不能認知禮義對於社會安定、人性的滿足之重要性而主動為善，如此就不得不有某種他律的力量來幫助人們化性起偽，讓人們走向為善的道路。我們不必像歷來有些學者，過分強調人性自覺的神聖性，如牟宗三所言：

> 聖人之偽禮義法度不繫于其德性，而繫于其才能。性分中無此事，而只繫于才能，則偽禮義之聖人可遇而不可求，禮義之偽亦可欲而不可求，如是則禮義無保證，即失其必然性與普遍性。〔註139〕

東方朔就點出了牟宗三這一段文字對於荀子批評的關鍵：「此一判斷乃是自本自根的，其直指孟、荀在道德根源處的不同，蓋禮義若不從人性的根源處生

〔註134〕〔清〕王先謙撰，沈嘯寰、王星賢點校：《荀子集解》，頁435。
〔註135〕〔清〕王先謙撰，沈嘯寰、王星賢點校：《荀子集解》，頁298。
〔註136〕〔清〕王先謙撰，沈嘯寰、王星賢點校：《荀子集解》，頁441。
〔註137〕〔清〕王先謙撰，沈嘯寰、王星賢點校：《荀子集解》，頁439。
〔註138〕〔清〕王先謙撰，沈嘯寰、王星賢點校：《荀子集解》，頁442。
〔註139〕牟宗三：《名家與荀子》，頁227。

根，則無由保證人的意志自由之品格，而道德之崇高和尊嚴亦無從談起。」〔註140〕徐復觀也提到：

> 荀子既主張性惡，則當然失去了教育中的自動性，而受教者完全處於被動的地位……於是在師之外，還要加上「君」；且尚須臨之以埶。
> 換言之，要以政治的強制力量作爲教育的手段。〔註141〕

我必須說，牟宗三等人以人性本善的自覺來強調人之所以爲人的關鍵所在，亦以此來談人的尊嚴與崇高，已與現實的情況產生扞格。如就此更進一步批判他律性的價值，無疑是完全背離了人性的現實，將會造成社會的混亂。假使人人眞的都能自覺，那麼又爲什麼我們須要禮法？這也正是荀子所說「今誠以人之性固正理平治邪？則有惡用聖王，惡用禮義矣哉！」（〈性惡〉）〔註142〕況且即便人性中本無道德價值，沒有能夠自覺的良知良能又有何感到羞赧？我們在後天文化的發展中成就了禮義道德的社會，藉此從「生物意義的人」轉化爲「哲學意義的人」，藉以與禽獸有了區別，也因此「最爲天下貴」，這不更令人感到驕傲嗎？我們克服了所謂的「性惡」而成就了「禮義」與「性善」，這難道不比孟子所謂不使人天生的四端之善放失而爲惡來得更有價值嗎？試問是從無到有困難，抑或本有而存之困難呢？所以荀子才會說：「今將以禮義積僞爲人之性邪？然則有曷貴堯、禹，曷貴君子矣哉？」（〈性惡〉）〔註143〕而且我認爲，依荀子的觀點而論，從本性的喪失與否談聖人的價值是不正確的。「在孟子眼中，聖人與凡人的區別，就在於聖賢沒有喪失本性，而且在努力培育、滋長、擴展本性中的善；而凡人則容易被外物蒙蔽而捨棄或喪失善之本性，所以要有聖人的教化和引導。」〔註144〕但是如果人性眞的是本善的，爲什麼反而是只有少數的聖人能夠保有這樣的善性，而大部分的人都如此容易喪失呢？這也就是爲什麼荀子要批評孟子所謂「今人之性善，將皆失喪其性故也。」（〈性惡〉）〔註145〕

　　總之，我要強調的是，我們不應該再過分神聖化人性自覺的價值，那與人性的現實並不相符，況且如我前文所敘述的，人天生沒有禮義道德良知，

〔註140〕東方朔：《合理性之尋求：荀子思想研究論集》，頁172。
〔註141〕徐復觀：《中國人性論史‧先秦篇》，頁253。
〔註142〕〔清〕王先謙撰，沈嘯寰、王星賢點校：《荀子集解》，頁439。
〔註143〕〔清〕王先謙撰，沈嘯寰、王星賢點校：《荀子集解》，頁441。
〔註144〕徐宗良：《道德問題的思與辨》，頁53。
〔註145〕〔清〕王先謙撰，沈嘯寰、王星賢點校：《荀子集解》，頁436。

在現實生活中，也未必能夠如聖人般憑著認知心而形成正確的道德判斷力；正如方旭東所說：「人之爲善以及致聖，單靠個人自覺是不行的」〔註146〕，如此來看，人確實須要某種他律的力量。我們必須體認到的確有庫利所說的這種人：

> 我們能很容易地想像出明顯不能自我控制的人。很明顯，我們可以看出他們的意識狀態就是這樣。良心對他們的呼喚常常不過是瞬時情感的回聲……他們由於不能達到其標準而容易受懊悔的折磨，但創傷並不很深重，而且很快就會消失在他們的淺薄生活中。……他們沒有統治自己的能力，於是渴望一個主子，而且只要他是一個主子，即能掌握和控制他們不能自己的感情的人，他們便會匍匐在他面前，親吻他的權杖。〔註147〕

就是有這樣的人，對於道德須要某種強制性的力量來幫助他們，幫助他們在「人之性惡」中爲善並藉以提升自己。甚至他們即便在接受了後天文化的聖王與禮義教化後，在內心形成了某種道德感〔註148〕，這樣的道德感也沒有辦法自主壓抑人性中本有的那個惡的欲望，因此他們須要某種外在他律的力量來幫助他們控制自己的情感。假如我們忽視了人性中這樣的情境，對於社會將有著負面性的意義，進而會傷害到每個個體。這正是叔本華所說的：這一切是惡的，必須要抑制自己惡的意志並與惡保持距離；但只有少數人能做到這點，所以國家機構的力量得行使職權，以便人類社會不陷入凶殘的混亂中。〔註149〕孔憲鐸與王登峰也表示，人類須要以文化性來制約動物性的過度發展，否則就會自相殘殺而滅種。〔註150〕黎鳴則深刻地指出：「人性原惡一旦失去了理性力量和外在壓力的制約，其結果就必然是這種愈演愈烈的人類自相

〔註146〕方旭東：〈可以而不能——荀子論爲善過程中的意志自由問題〉，《哲學與文化》第 403 期（2007 年 12 月），頁 66。

〔註147〕〔美〕查爾斯·霍頓·庫利著，包凡一、王湲譯：《人類本性與社會秩序》，頁 312。

〔註148〕庫利這裡所說的「良心」不是孟子那種天生內在於人的四端之心，而是一種經過後天道德教化，而在某種程度上將社會道德規範內化於人性之中的道德感，這類似於弗洛姆（Erich Fromm）所謂的「外在權威的內在化」。參見楊國榮：《倫理與存在——道德哲學研究》，頁 119。

〔註149〕參見〔德〕呂迪格爾·薩弗朗斯基著，衛茂平譯：《惡——或者自由的戲劇》，頁 79。

〔註150〕參見孔憲鐸、王登峰：《基因與人性》，頁 35。

殘殺。」〔註151〕這也就是荀子爲什麼會說「人生而有欲，欲而不得，則不能無求；求而無度量分界，則不能不爭；爭則亂，亂則窮。」（〈禮論〉）〔註152〕又說「從人之性，順人之情，必出於爭奪，合於犯分亂理而歸於暴」（〈性惡〉）〔註153〕，進而強調聖王制禮義的關鍵性意義。因爲這正是孔憲鐸與王登峰所認知的：

> 在「性惡」篇中，荀子企圖證明，人生來就有求利求樂的欲望。這些天生的欲望是惡。至於善，則是後天人爲的結果。荀子還指出，禮儀規範是對人的天性的違背，而這種限制又是必要的。〔註154〕

由此，我們可以明白，在荀子的「人之性惡」脈絡下，禮法的強制性意義有其必要性；以使無法天生而自覺的人們，在這樣的規範性之下，朝向爲善之路前進，而不至於始終陷於「生物意義的人」之中。

三、治亂趨善：聖王禮法對人爲善的必然性意義

至此，我們可以了解他律性對於現實人性的重要性及其在荀子人性論中的必要性。而所謂的他律性是相對自覺而言，在荀子所強調的某種道德上的他律性就是師法的價值。正因爲他了解到人一出生就處在社會的脈絡之中，不能脫離社會而生，這也就是他所說的「人生不能無群」（〈王制〉）〔註155〕。而在社會之中，由於人的欲望，必然會產生爭亂，也就是所謂的「群而無分則爭，爭則亂，亂則離，離則弱」（〈王制〉）〔註156〕。正是因爲人必然處於社會脈絡之中，所以會有爭亂的問題，如果今天世界上只有你一個人，那麼自然沒有爭亂的問題，也就沒有道德的問題。一但處於社會脈絡之中，就不得不爲群體尋找一個共同的規範，在某種程度上壓制、調節每個個人的欲望與需求，才能使人人處於社會中又都能各得其養，這就是聖人制禮義的用意所在。但是我們必須注意的是，荀子強調的是「聖王」，也就是有政治權威的統治者，這樣的禮義道德也就帶有權威性與強制性。所以荀子的禮義制作多半以聖王做連結，這可從以下幾則文字探知一二：

〔註151〕黎鳴：《問人性：中西文化 500 年的比較》，頁 60。
〔註152〕〔清〕王先謙撰，沈嘯寰、王星賢點校：《荀子集解》，頁 346。
〔註153〕〔清〕王先謙撰，沈嘯寰、王星賢點校：《荀子集解》，頁 434〜435。
〔註154〕孔憲鐸、王登峰：《基因與人性》，頁 55。
〔註155〕〔清〕王先謙撰，沈嘯寰、王星賢點校：《荀子集解》，頁 164。
〔註156〕〔清〕王先謙撰，沈嘯寰、王星賢點校：《荀子集解》，頁 164〜165。

> 聖也者，盡倫者也；王也者，盡制者也。兩盡者，足以爲天下極矣。
> （〈解蔽〉）〔註157〕

> 古者聖王以人之性惡，以爲偏險而不正，悖亂而不治，是以爲之起
> 禮義，制法度，以矯飾人之情性而正之，以擾化人之情性而導之也。
> 始皆出於治，合於道者也。（〈性惡〉）〔註158〕

> 今誠以人之性固正理平治邪？則有惡用聖王，惡用禮義矣哉！（〈性
> 惡〉）〔註159〕

爲什麼要除了如孟子強調「聖」，荀子還要強調「王」呢？〔註160〕就是因爲荀子認爲「人之性惡」而沒有自覺，須要有某種程度的外在他律性力量，而只從「聖」談禮義道德，顯然沒有這樣的他律特質的強制性；然而「王」就意謂著他是有權力、有權威統治者，這樣的思維正如黎鳴所說的：

> 爲了共同的生存，必須要有更多人的聯合。並按照一定的章程、規
> 則、契約、法律、制度……形成具有一定秩序的社會組織。這種組
> 織可以按既存的條件擁有強有力的武裝，推選出首領和各分組織、
> 各階層的頭領。這種組織是一個具有暴力勢能的威懾集團，可以對
> 社會中的任何未形成組織的個人構成強大的威懾力量。〔註161〕

當然，黎鳴這裡以「武裝」、「暴力」、「威懾」來說一個權威者的力量似乎有點霸道，但其實他是以現實意義來說，荀子當然不會如此明白地點出這個現實，但是我們不可否認的是，哪個統治者、權威者、國家主權的背後不存在這樣一種基礎與力量？只是權威者是否會濫用此力量罷了！也就是說，荀子所強調的「聖王」背後必定有著一種以武力、暴力爲後盾的基礎，但是我並沒有說荀子所謂的「聖王」會濫用這樣的力量去迫害被統治者。總之，我們必須了解到荀子所謂的統治者所擁有的一種世俗權威（相對形上權威而言），這點可從〈性惡〉中這段文字看出荀子的思維：

> 今當試去君上之埶，無禮義之化，去法正之治，無刑罰之禁，倚而
> 觀天下民人之相與也，若是，則夫彊者害弱而奪之，眾者暴寡而譁

〔註157〕〔清〕王先謙撰，沈嘯寰、王星賢點校：《荀子集解》，頁407。

〔註158〕〔清〕王先謙撰，沈嘯寰、王星賢點校：《荀子集解》，頁435。

〔註159〕〔清〕王先謙撰，沈嘯寰、王星賢點校：《荀子集解》，頁439。

〔註160〕《孟子》全書談到「聖王」者僅1次，而《荀子》中則多達40次。

〔註161〕黎鳴：《問人性：中西文化500年的比較》，頁37。

　　之，天下悖亂而相亡不待頃矣。〔註162〕

由此可知，荀子的「禮義之化」是配合著具有權威性、強制性的「君上之勢」、「法正之治」、「刑罰之禁」，這也就是荀子與其人性論相應而有之論述。「塗之人」之「學」不若聖人真積力久而能入，也就是尚未能有自發地遵禮義而為善的意識，故須要一種外在的強制力量來幫助「塗之人」為善與認可禮義。這也就是荀子所描述的：「孝弟原慤，軥錄疾力，以敦比其事業而不敢怠傲，是庶人之所以取煖衣飽食，長生久視，以免於刑戮也。」（〈榮辱〉）〔註163〕因此我們可以說，荀子的禮義道德所講求的是具有一定程度上的強制性意義，是透過人們求溫飽、懼刑戮的本能與心理，來幫助人為善而行道德。

　　據此，我要在這裡釐清一個問題。如前文所陳述的，牟宗三、韋政通等學者都認為荀子將為善的可能訴諸沒有內在根源的「禮義師法」，是可遇而不可求的說法是不正確的。我必須說，相反地，將善訴諸人性的自覺才是沒有所謂的必然性。何以能如此說？在孟子而言，能夠充分自覺的聖人是佔多數還是少數？我想這個問題是不答而自明的。也就是說，大部分的人是不能充分自覺的，那麼對於大部分人都不能自覺的現實情況下還強調自覺，這何來必然性？也就是說，我們憑什麼保證人的自覺？如果真如孟學所強調的以人的內在價值根源，也就是良知、四端來談自覺，那麼當現實中大部分人都不能自覺的時候，我們還能怎麼辦？我的意思是，當孟子所訴諸善的根源放失了——四端之火滅熄、良知之水斷流，那麼我們還能如何？這就已經是道德的根源了。即便再上溯至道德天，但是這個形上的權威沒有強制性，那與人內在的良知是一貫的，良知喪失了自然也就不會理會形上的權威，如此這個道德天的形上根源就形同虛設。我們在「自覺」不能「自覺」之時還是只能強調「自覺」，因為在根源之上已沒有根源。如此一來我們何以能說人的自覺對於為善有必然性？對不自覺的人談自覺，不是就如對牛彈琴嗎？孟子謂「先王有不忍人之心，斯有不忍人之政」（〈公孫丑上〉）〔註164〕，那如果在現實上君王的「不忍人之心」就是喪失而沒有顯現出來，我們又能怎麼樣呢？

　　相對而言，荀子由禮義師法來訴諸人為善的可能，反而具有其必然性。因為正如我們在前文所看到的，荀子把人為善的可能在某種程度上訴諸外在

〔註162〕〔清〕王先謙撰，沈嘯寰、王星賢點校：《荀子集解》，頁440。
〔註163〕〔清〕王先謙撰，沈嘯寰、王星賢點校：《荀子集解》，頁59。
〔註164〕〔漢〕趙岐注，〔宋〕孫奭疏：《孟子注疏》，頁65。

的他律性，也就是所謂的「聖王之勢」、「法規刑罰」，對人就有某種強制性的力量。這樣具有一定程度上的強制力量，就使人爲善有其必然性。因爲這樣的他律性力量與「人之性」是對應的——即所謂的「好榮惡辱，好利惡害」（〈榮辱〉）〔註165〕。人性既然都喜歡榮耀、利益，不愛受辱、傷害，自然也就厭惡刑罰，如此當有著適度的刑罰勢力之時，依人之性，必然會去遵守禮義而爲善。如此順人之性而建構的理論，才眞正有所謂的必然性。這也是爲何荀子認爲治亂與刑罰有著密切的連繫，他在〈正論〉中即說：

> 凡爵列、官職、賞慶、刑罰，皆報也，以類相從者也。一物失稱，亂之端也。夫德不稱位，能不稱官，賞不當功，罰不當罪，不祥莫大焉。昔者武王伐有商，誅紂，斷其首，縣之赤旆。夫征暴誅悍，治之盛也。殺人者死，傷人者刑，是百王之所同也，未有知其所由來者也。〔註166〕

又說

> 凡刑人之本，禁暴惡惡，且懲其未也。殺人者不死而傷人者不刑，是謂惠暴而寬賊也，非惡惡也。故象刑殆非生於治古，並起於亂今也。〔註167〕

這樣的思維一言以蔽之就是「刑稱罪則治，不稱罪則亂。」（〈正論〉）〔註168〕所以說我們不要迷思根源性的思維，認爲人性中既有善的根源，則人爲善就有其必然性意義；這樣的思考進路在道德形上學中有其意義，在邏輯推論上也正確無誤，但是如從實用主義現實的角度來看，卻難以立足，這就如荀子所說的：「人之生固小人，又以遇亂世，得亂俗，是以小重小也，以亂得亂也。君子非得勢以臨之，則無由得開內焉。」（〈榮辱〉）〔註169〕想必這是荀子處於戰國末年的亂世之中所體認到的現實情境，所以我們可以說荀子的論述是以經驗爲基礎，在思考推論上與現實意義上來說，都有其必然性意義。〔註170〕

〔註165〕〔清〕王先謙撰，沈嘯寰、王星賢點校：《荀子集解》，頁61。
〔註166〕〔清〕王先謙撰，沈嘯寰、王星賢點校：《荀子集解》，頁328。
〔註167〕〔清〕王先謙撰，沈嘯寰、王星賢點校：《荀子集解》，頁328。
〔註168〕〔清〕王先謙撰，沈嘯寰、王星賢點校：《荀子集解》，頁328。
〔註169〕〔清〕王先謙撰，沈嘯寰、王星賢點校：《荀子集解》，頁64。
〔註170〕袁長瑞就對於荀子性惡論的現實意義做出了深刻的論述，他說：「荀子的『人之性惡明矣』正是從惡行亂象充斥的客觀現實去針砭人性在不受調節與約束的情況下是經不起考驗、易於胡作非爲的！如此一針見血的看法，除了容易讓人感同身受外，更具有鞭策人、警醒人的作用！」見氏著：〈荀子性惡論的時代意義〉，《鵝湖月刊》第357期（2005年3月），頁59。

荀子這樣重禮義師法的理論，正是配合其人性論而來，所以有其合理性與必要性，這點就如東方朔順著徐復觀論述脈絡而言：

> 荀子的心由於沒法直接知道仁義法正，故而師、法、積靡、教育等對人的成就就具有決定性的意義，不僅如此，荀子的化性起偽功夫在「師」之外還要加上「君」，並須臨之以勢，形成政治的強制力量，因而荀子重「禮」除其思想的「經驗性格」和「認知心」的因素外，「禮」的外在制約的作用顯然也是一個重要的原因。〔註171〕

禮的外在制約作用就是荀子理論使人所以為善有其必然性的重要關鍵。因為「權力」在某種程度上給人的感覺是威懾、畏懼，但是這樣的力量卻是社會得以安寧與和平的依據，如果沒有這樣的力量，人類生活就難以得到保障——因為人的本性是惡的。〔註172〕所以這也就如黎鳴所說：

> 人類更經常地表現的不是理性的動物，而是非理性的動物。正是因此，人類永遠需要有社會的權威，需要有政府，需要有公共的權力的威懾，而不是把一切傳統的權力全都演化為每一個人的權利。但同時，人類也需要有信仰，需要有愛，這二者都在於幫助人類形成對自己身上的人性原惡提供自覺的約束力的源泉。〔註173〕

至此，我們十分明白荀子強調禮義的外在強制性，在一定程度下必須以聖主的「權威」與「刑罰」為基礎，沒有「權威」則沒有強制性、沒有「刑罰」則沒有對治人性惡的基礎，兩者相輔相成，才能夠使人為善有著必然性。我們不必對荀子的理論感到不夠神聖與美好，認為這樣從外在強制性力量談道德是最下等的，孔子不就說：「道之以政，齊之以刑，民免而無恥；道之以德，齊之以禮，有恥且格。」（〈為政〉）〔註174〕荀子這樣的理論只能使人民因為不敢犯罪而遵從禮義道德，卻是無恥的。這點我當然明白，但是荀子並不是一味強調這樣的他律性來使人為善，讀者是否有注意到，荀子注重的是「禮義師法」，但我在這一節中所談的都是偏向「法」的部分，也就是帶有權威性的部分。但我必須強調，荀子同時也強調「師」的教育作用，藉此幫助人為學積善，他的最終理想與目標，卻還是指向人自覺為善的可能。他在〈法行〉

〔註171〕東方朔：《合理性之尋求：荀子思想研究論集》，頁400。

〔註172〕參見黎鳴：《問人性：中西文化500年的比較》，頁320。

〔註173〕黎鳴：《問人性：東西文化500年的比較》，頁692。

〔註174〕〔魏〕何晏注，〔宋〕邢昺疏：《論語集解》（臺北：藝文印書館阮元校勘十三經注疏本，2007年），頁16。

中就說「禮者，眾人法而不知，聖人法而知之。」〔註175〕荀子當然也知道，「塗之人」在遵守禮義法度之時，在一定程度上只是因為強制性的力量而為之，他並不真正體會與肯認禮的內涵與價值，但他也並沒有放棄人自覺行禮義的可能。荀子所期待的是人人都能夠透過為學與修養，達到聖人能夠自覺體會禮義的價值與自發性地為善之境界，這正是荀子對於人格的最高理想。關於荀子強調以「師」來幫助人為學達到自覺為善的理想以及其對於人格最高境界——自覺的期許，我將分別在下一章的第二節與第四節作論述。

由此我們可以看到荀子理論的價值之處——有著高度的現實性與可行性，卻又不失理想性。透過聖王的權威來使人為善，當然不是道德的理想途徑，但在現實意義來說卻是必要且可行的；更重要的是，其具有必然性。我們不必為了凸顯人性的高貴與尊嚴，而一味強調自覺；應該如荀子般，體會到現實的情境，先求其必然性，再來談理想。就我而言，孟子的人性本善與自覺的論述固然崇高而神聖，但不免多了一分理想性，少了一分現實性。

小結　打破形上的權威，打破黑暗向光明

透過我在本章的論述，我們可以理解，荀子所謂的「禮義」不訴諸「內在根源」，也就是人的四端之心、人的良知，更不能由此上溯道德價值的根源——「道德天」。因為以荀子經驗性格來說，其對於「天」的觀察是一種直觀的經驗論述，自然不可能賦予「天」任何形上的力量。這也影響到荀子談人性時，可以順利論述其在現實中所認知到的現象——人性惡。因為假使如孟子的思維，將最高的價值根源賦予形上的「道德天」，而人性又為天所賦予，如此自然不可能形成人性惡的思維，否則整體的道德價值全為惡矣。也就因為如此，荀子由於認為人性惡，自然不可能有道德價值於其中，而其天又是一「自然天」，那麼就更不可能把道德價值——「禮義」賦予天或人性之中。這正如勞思光所說：「荀子所論之價值根源，既不歸於『心』，又不歸於非人格化之『天』。」〔註176〕但這樣的理論，並非如勞思光所言，只能夠將價值根源歸於「利」或「權威」。我們必須明白的是，荀子經驗主義的論述，是不須要「根源」的。他所謂的「禮義」，就是根據現實中的習俗、習慣，透過聖人

〔註175〕〔清〕王先謙撰，沈嘯寰、王星賢點校：《荀子集解》，頁533。
〔註176〕勞思光：《新編中國哲學史（一）》，頁324。

的認知而形成經驗的累積，進而能夠將這些習俗、習慣歸納，成為道德價值。
當這樣的道德價值透過聖人在現實中的具體化、規範化、甚至權威化後，就
能夠成為所謂的「禮義」。所以說，荀子所謂的「禮義」是在事理中顯現，而
不是從道德根源流出。這樣的禮義即便沒有價值根源，我們也不能說其沒有
正當性，因為它有著外在根據（人性惡）與內在根據（自然環境），是依人所
需而生發的，具有時空脈絡；這樣的道德價值，反而較孟子所謂從心性中而
發的「仁義禮智」更有現實意義、更符合具體脈絡。

　　當然，這樣的「禮義」必然帶有某種程度的「權威」，但這個「權威」只
是作為人為善必然性所需，並非荀子的終極價值。況且，孟子所賦予「道德
天」的價值根源，那也是一種「權威」，一種「形上的權威」。透過荀子對於
禮義建構的論述，是該打破形上的權威之時了！我們不須要迷信形上的權
威，認為唯有形上的權威才能予人絕對的價值與永恆的信仰，那是對於人生
存在這個世界上的偶然性與暫時性，是對於我們生活中一切的不確定性的一
種逃避──形上的權威是我們想像出用以慰藉的美好境地。如果我們能勇敢
面對偶然性、暫時性、不確定性的人生，則形上的權威可破矣！讓我們借鑑
於荀子放棄根源性追求的勇氣，而在現實的混亂中尋求意義與價值，那麼我
們就可以更貼近現實，面對更有意義的人生，也就不會如羅蒂所說，像某些
前輩一樣，「求救於牧師那樣求救於哲學家。」〔註177〕如此就能打破形上的權
威，也就能打破黑暗向光明！

〔註177〕〔美〕理查德・羅蒂，黃勇編譯：《後哲學文化》，頁47。

第五章　打破復性的迷思：性惡論下趨向價值的可能與理想

本章將對於荀子人性論中，人爲善的可能作論述。我們總是認爲，人性之中必定要有一內在的道德根源，人才有爲善的可能，這是基礎主義追求形上根源的思維。因此，就會形成孟子的思維理路：人能夠有善的行爲，則其內在必定有善的根源，如此現實中人不爲善，是因爲內在善的根源放失了。只要我們把這個內在價值找回來，就能夠爲善，這就是復性思維的進路。但在荀子的脈絡中，人即使沒有天生內在善的根源，卻有認知心、有自由意志能夠選擇爲善或爲惡（但在認知禮義之前，人不知道什麼是善什麼是惡），透過對現實情境的認識，進而能夠形成一種好或壞、有用或無用的歸納；這樣的分別在社會脈絡下即會逐漸形成一種道德價值，由此人也就會透過認知而逐漸形成道德判斷力與道德意識。也就是說，雖然荀子提倡性惡論，但其完全不否認人有爲善的可能，甚至認爲人人皆可以透過爲學而成聖。因此他特別強調「師」的教化——非他律、非強制性的一種道德典範，企盼人能憑著自由意志去問學於師，進而達到聖人這樣的理想人格。所以說，荀子的性惡論不在於強調因爲我們同於禽獸之性，所以可以縱欲妄爲；相反的，他強調我們應該憑著自由意志去爲學、修養，憑著禮義形成文化社會，以顯現出人與禽獸的差別、顯現出人「最爲天下貴」（〈王制〉）〔註1〕的價值。

〔註 1〕　〔清〕王先謙撰，沈嘯寰、王星賢點校：《荀子集解》，頁 164。

第一節　人爲善的可能：認知心與人的自由意志

透過前文的論述，我們可以了解到，荀子人性論的基本論述即是「人之性惡，其善者僞也」（〈性惡〉）〔註 2〕，也就是說其所謂「人性」中是沒有善的價值存在的，也就是其所言：「今人之性，固無禮義。」（〈性惡〉）〔註 3〕但雖然荀子認爲人沒有內在善的根源可言，但是人並不因此失去爲善的可能及其主動性，這其中的關鍵就在於人的「心」。荀子的「心」可謂由「生物意義的人」轉化爲「哲學意義的人」之中介與關鍵。然而荀子所謂的「心」不屬於「性」之範疇，且沒有內在價值根源，我們不能憑以孟子的思維強加價值根源於荀子的「心」。荀子的「心」之內涵，主要有二：（1）認知心的能力、（2）自由意志。以下我將先論證，荀子的「心」的確不具有道德價值根源，進而談論荀子「心」的這兩個內涵。

一、跳脫復性的迷思：荀子「心」不具道德根源

我們不該因爲認爲，荀子所謂的「心」一旦沒有道德價值就成會成爲無有根源的討論，便硬是要將荀子的「心」賦予道德內涵。如唐端正就認爲「把荀子所講的心了解爲純知性的心，因而不能有德性的基礎與價值的根源……有重新加以檢討的必要。」〔註 4〕或是如陳登元和葉紹鈞等人主「心善」，並以此將孟荀等同〔註 5〕，又如唐君毅以「頗爲曖昧」〔註 6〕的「統類心」稱之〔註 7〕，還有如佐藤將之認爲荀子的「心」與孟子與《中庸》的論述類似。〔註 8〕這樣的心態無疑是一種受到性善的誘惑、對於孟學「復性」進路的迷思，這就如韋政通所說的：

很可能是因道德心的表現是儒家一貫的傳統，這在國人是比較熟悉

〔註 2〕　〔清〕王先謙撰，沈嘯寰、王星賢點校：《荀子集解》，頁 434。

〔註 3〕　〔清〕王先謙撰，沈嘯寰、王星賢點校：《荀子集解》，頁 439。

〔註 4〕　唐端正：《先秦諸子論叢（續編）》，頁 187。

〔註 5〕　參見韋政通：《荀子與古代哲學》，頁 142～143。

〔註 6〕　東方朔語，參見氏著：《合理性之尋求：荀子思想研究論集》，頁 178。

〔註 7〕　唐君毅：《中國哲學原論・導論篇》，頁 131～141。

〔註 8〕　參見 Masayuki Sato, *The Confucian Quest for Order：The Origin and Formation of the Political Thought of Xun Zi*, Leiden: Brill Academic Publishers, 2003, pp277～278.另東方朔針對歷來學者對於荀子「心」問題的討論，有著清晰的概括與整理，對我在釐清此一議題時有頗大的幫助與參考價值。參見氏著：《合理性之尋求：荀子思想研究論集》，頁 175～181。

> 的，而認知心的表現非中國古代哲人之長，即有之，亦不予以重視，
> 所以理解上比較生疏。因此會想：荀子既然是儒家，則其學說如有
> 意義，必是與孔孟有直線相承的關係。或就由於這種習心，一旦在
> 荀子書中找到了可作為道德心解釋的話，就心喜不置，以為果然「皆
> 主心善」，遇到與此相異的言論，就不能不曲解了。〔註9〕

韋政通這樣看法可謂一語中的，道出了學者長期受到性善誘惑以及在復性思
維的籠罩下所呈現出的情形。但可惜的是，韋政通自己終究也未能完全跳出
這樣的窠臼，他最後還是認為，儘管荀子的心可以作為「認知心」而論，但
其中卻也有著應該解讀作「道德心」的脈絡，進而判定這是荀子在文字上「不
自覺的混淆」。〔註10〕而儘管牟宗三、勞思光等人都看出了荀子的心是為沒有
價值根源的「認知心」，但都以此來批判荀子之不足與偏差，如牟宗三即說：

> 以智識心，表現思想主體（或知性主體），使人成為理智的存在。而
> 中國文化中之荀子正是與西方文化之主流同其路向。凡只以智識心
> 者，對于人性俱無善解，此西方人文主義之所以不彰，故亦不能立
> 「人極」也。〔註11〕

勞思光也以孟子道德心性為標準言「荀子不能見心性之真，故立說終失敗，
而被迫歸於權威主義」，並斥之為「儒學中之失敗者」。〔註12〕我想這樣的批
評都是不必要的，皆是對於復性的迷思與對荀子「認知心」的認知有所遮蔽
所致。

　　以上當代新儒家或受當代新儒家影響下所形成的論述，無論是認為荀子
的「心」是有道德根源的「道德心」，因而判其「性惡說」不能成立；或是認
為荀子的「心」是沒有根源的「認知心」，進而批判其論述之無根與失敗，其
迷思都是在於對根源的追求。他們認為人性中應該本有道德價值的善端存
在，人也才有為善的可能；據此，人所以不善都是因為道德心的放失所致，
唯有透過修養、找回那因為種種原因被蒙蔽的良知良能，才可能達到善的境
界，這也就是所謂復性的思維。這樣的思維錯誤在於：把認知心認知的結果
誤認為本來就存在於內心的價值根源，這也就是羅蒂所說的：

〔註9〕 韋政通：《荀子與古代哲學》，頁143～144。
〔註10〕 參見韋政通：《荀子與古代哲學》，頁146。
〔註11〕 牟宗三：《名家與荀子》，頁225。
〔註12〕 勞思光：《新編中國哲學史（一）》，頁329。

> 柏拉圖主義者或康德主義者所做的一切就是接過已經完成的第一級
> 產品，經過抽象把它上升幾級，再發明一個形而上學的或認識論的
> 或語義學的詞彙來翻譯這個產品，進而聲稱他已爲這個產品奠了
> 基。〔註13〕

也就是說，孟學論者將一種我們在現實生活中認知的事件，透過規範化與神聖化成爲的道德價值，以形上學的形式將其賦予人的本性之中，而忽略了其是透過外在規範的內化，於後天形成的一種道德意識。他們誤以爲，這樣的道德價值本來就存在那裡，而變得理所當然，並以此當作人之所以爲人的崇高價值而沾沾自喜。因此，荀子才說：「心知道，然後可道；可道，然後能守道以禁非道。」（〈解蔽〉）〔註14〕「道」對於人而言是要透過後天的認知，而透過認知才能夠逐漸形成一種道德判斷力——「可道」、「禁非道」。部分學者就將荀子這種靠著後天爲學的內化所形成的道德判斷力，認其爲一種道德直覺，並就此而說荀子人性論中的內在道德價值。這樣的誤解正是章斐宏所說的：

> 有的人認爲，直覺和靈感是人的一種神祕的能力。實際上，認識過
> 程中的直覺和靈感是在以往經驗的基礎上迸濺的思維火花，是以往
> 經驗積累在某個契機下刹那間發生的量變到質變。他是自主思維的
> 一種特殊形式。〔註15〕

因此，我們不應該將荀子那種靠著「認知心」去爲學積善所造成外在規範的內化結果，當作人本有內在價值的根據。近現代學者對於荀子的誤解即在於，混淆了荀子論述「生物意義的人」所本有的特質與「哲學意義的人」所應有的特質，才會歸結出荀子性惡論中的矛盾，或是據以說荀子不是性惡論者的論點，這是值得我們特別注意與省思的。

二、荀子「心」的兩個內涵：「認知能力」與「自由意志」

在此我們必須必須釐清荀子的心並不作爲一種價值內涵的「道德心」、「道德主體」，我將從荀子的論述脈絡中證實，荀子所謂的「心」並不具道德價值根源，進而強調認知意義。另一方面，我們也不應該將對於心作爲人的「主體意識」的論述誤爲「道德主體」與善的內在根源。以下茲就這兩點做論述。

〔註13〕〔美〕理查德·羅蒂著，黃勇編譯：《後哲學文化》，頁243。
〔註14〕〔清〕王先謙撰，沈嘯寰、王星賢點校：《荀子集解》，頁395。
〔註15〕章斐宏：《第三種人性》，頁94。

（一）認知能力

荀子的「心」只是一「認知心」而不是具有道德價值於其中的「道德心」。關於這一點從荀子〈解蔽〉以槃水喻心就可以了解：

> 人心譬如槃水，正錯而勿動，則湛濁在下而清明在上，則足以見鬚眉而察理矣。微風過之，湛濁動乎下，清明亂於上，則不可以得大形之正也。心亦如是矣。〔註16〕

正如荀子所說的，荀子所謂的「心」就如同盆中之水，水清則可將我們的容貌清晰地倒映在水中；水濁則無從照映出清楚的面容，以「物不在水中」喻「理亦不在心中」。〔註17〕進一步來看，荀子說「聖人知心術之患」，所以不蔽於物而能夠達到「衡」的狀態。荀子又說「何謂衡？曰：道。故心不可以不知道；心不知道，則不可道，而可非道。」如此可見，唯有聖人才能達到「懸衡」的境界，也就是說唯有聖人才真正「知道」，如此就凸顯出一般人的心蔽而「不知道」。既然一般人的心是「不知道」的，我們就不能說荀子所謂的心是具有道德價值於其中的「道心」。

況且如荀子所說：「人之所以為人者何已也？曰：以其有辨也。」這裡所謂的「辨」指的不只是人天生認知的能力，因為荀子在對於何以人有「辨」而異於禽獸的解釋是：

> 然則人之所以為人者，非特以二足而無毛也，以其有辨也。今夫狌狌形笑，亦二足而無毛也，然而君子啜其羹，食其胾。故人之所以為人者，非特以其二足而無毛也，以其有辨也。夫禽獸有父子而無父子之親，有牝牡而無男女之別，故人道莫不有辨。（〈非相〉）〔註18〕

所謂的「有辨」指的顯然不是一種天生而有的認知能力，而是一種禮義倫常。也就是說，如果以「生物意義的人」而論，人和禽獸都同樣有著「父母——子女」的事實，但這就只是一種異性交合而生出子代的自然關係，對於禽獸而言，牠們根本沒有「父母」、「子女」這樣的概念。而這樣的自然關係在禮義倫理的脈絡下，才有了所謂的「父子之親」。同樣的，「生物意義的人」和禽獸都有著兩種「性別」，然而這樣的性別差異只在於帶有 X 染色體或 Y 染

〔註16〕〔清〕王先謙撰，沈嘯寰、王星賢點校：《荀子集解》，頁401。
〔註17〕參見勞思光：《新編中國哲學史（一）》，頁323。
〔註18〕〔清〕王先謙撰，沈嘯寰、王星賢點校：《荀子集解》，頁78～79。

色體所形成的生理上的差異，而沒有禮教脈絡上的「男女之別」。而這樣的「父子之親」、「男女之別」荀子稱之為「辨」。很顯然，這樣的「辨」就是一種禮義對於人所形成的「別」與「分」，這完全不是就人本有的認知能力而言，荀子由此指出，後天文化的薰習對於人與禽獸的分別有著關鍵性的意義。那麼我們也就不能如陳大齊將荀子所謂人本有的心知能力概括為三個特色：「有辨」、「有義」、「能群」。〔註19〕也就是說，荀子所謂的「有辨」、「有義」、「能群」固然必須靠「心」而得以產生，但是那是指經過後天為學修養後而成就的狀態，不能逕將「有辨」、「有義」、「能群」作為人天生內在的道德根源。

　　另外我們也不該如韋政通，將荀子以下這段文字用來說明荀子的心是含有內在價值的「道德心」：

> 心也者，道之工宰也。道也者，治之經理也。心合於道，說合於心，辭合於說。（〈正名〉）〔註20〕

就第一段引文來說，韋政通等學者皆據「心也者，道之工宰」來說「心」的內在道德價值，這點可能受到王先謙對於這段文字注解的影響：

> 陳奐曰：工宰者，工，官也。官宰，猶言主宰。〈解蔽〉篇曰「心者，形之君也，而神明之主也，出令而無所受令」，是其義。舊注失之。
> 〔註21〕

也就是說將「工宰」解為「主宰」，並與第二段所引〈解蔽〉的文字作連繫，據此凸顯「心」對於「道」的絕對主宰意義，並意味著「心」對於「道」的是非有著判別的主動能力，以此說明心的道德意識與內涵。但是我們同時應該注意到，王先謙認為「失之」的楊倞舊注是如何解釋這段文字的，他說：「工能成物，宰能主物，心之於道亦然也。」從楊倞的注解來看，心的絕對主宰意義不再那麼強烈，反而有種對於「道」的斟酌、琢磨進而能夠了解「道」的意義與內涵，並達到主宰的地位。如果從目前可見與《荀子》有最多重出文字的《韓詩外傳》中的一段話來看，這樣的意義就會更加清楚：

> 玉不琢，不成器；人不學，不成行。家有千金之玉，不知治，猶之

〔註19〕參見陳大齊：《荀子學說》，頁34。
〔註20〕〔清〕王先謙撰，沈嘯寰、王星賢點校：《荀子集解》，頁423。
〔註21〕〔清〕王先謙撰，沈嘯寰、王星賢點校：《荀子集解》，頁423。

貧也。良工宰之，則富及子孫。君子謀之，則爲國用。故動則安百
姓，議則延民命。(〈卷二〉)〔註22〕

《韓詩外傳》與《荀子》文字多有重出，且離《荀子》時代較近，唐之楊倞
也還沒有言「工宰」爲「主宰」，因此這裡的「工宰」似可不必如李滌生所言：
「近賢多以『工』爲『主』字之誤。」〔註23〕雖然《外傳》這裡「良工宰之」
的文字脈絡與《荀子》所謂「工宰」作爲名詞不完全相同，但是我們還是可
以從「良工之宰」推論出荀子「工宰」的意義所在。也即是說，荀子所謂「心
者，道之工宰」只是一種「心」對於「道」的理解、琢磨與吸收，是一種對
於「道」的加工，也就是一種透過認知心以提升判斷力的過程；如果這樣的
爲學工夫與修養得宜，那麼就可以對於「道」有良好的掌握並運用之，也就
能達到「主宰」的境界。這不是一種「心」本有的主宰意義，而是如荀子在
〈性惡〉中所說：

　　夫陶人埏埴而生瓦，然則瓦埴豈陶人之性也哉？工人斲木而生器，
　　然則器木豈工人之性也哉？夫聖人之於禮義也，辟則陶埏而生之
　　也，然則禮義積僞者，豈人之本性也哉？〔註24〕

也就是說，荀子所謂「心」與「道」的關係，就如同陶人、工人與器的關係，
而「心」能否主宰「道」的關鍵，亦在於人的修養與積學，也就是陶人「埏埴」、
工人「斲木」的過程。陶人是否能製作出品質良好的瓦、工人是否能做出合宜
適用的器具，這要端看他們是否是否熟悉「埏埴」或「斲木」技巧，是否能夠
完全掌握這樣的技能；瓦與器的好與壞關鍵全在於陶人與工人的「埏埴」或「斲
木」技巧如何。那麼我們就應該明白，荀子所謂的「心者，道之工宰」，就如同
「陶人，瓦之工宰」、「工人，器之工宰」，甚至是「玉人，玉之工宰」的關係，
瓦不在陶人之中、器不在工人之中、玉不在玉人之中，當然，道亦不在心之中。
當然，世間不可能有任何事物能夠完全類比，但透過荀子這樣的論述與比喻，
我們可以了解荀子所要表達中性「認知心」的意義。

（二）自由意志

　　荀子的「心」除了有「認知心」的內涵外，其中還有著作爲一種人「自

〔註22〕〔漢〕韓嬰撰，許維遹校釋：《韓詩外傳集釋》（北京：中華書局，2009 年），
　　　　頁 76。
〔註23〕李滌生：《荀子集釋》，頁 523。
〔註24〕〔清〕王先謙撰，沈嘯寰、王星賢點校：《荀子集解》，頁 441。

由意志」的內涵。我們可以透過荀子以下這段文字來作檢視：

> 心者，形之君也，而神明之主也，出令而無所受令。自禁也，自使也，自奪也，自取也，自行也，自止也。故口可劫而使墨云，形可劫而使詘申，心不可劫而使易意，是之則受，非之則辭。（〈解蔽〉）〔註25〕

韋政通認為這段文字的敘述與其「認知心」的基本立場不符，有著「道德心」的意涵，並判定這是荀子不自覺中夾帶出來的異質言論。〔註26〕其實這段文字是荀子所謂「心」作為人的一種「自由意志」存在的可能之論述。何以見得？荀子在這段文字之後引《詩經・周南・卷耳》云：「采采卷耳，不盈傾筐。嗟我懷人，寘彼周行。」並說：「傾筐易滿也，卷耳易得也，然而不可以貳周行。」這就在於強調，能得到什麼、得到多少，完全看自己的意志如何；如果能夠一心一意不受外界所擾，那麼就可以達到我們的目標。又其言「其擇也無禁」，就如李滌生所言，意謂著一種意志自由。〔註27〕也就是說荀子肯認人有著一種「自主的意識」存在，也因為承認人有「自由意識」，就倫理學上討論道德也才有意義——因為人人都可以做出自由的選擇，那麼我們就必須為我們的選擇與行為負責。〔註28〕而且荀子的這段文字應該以「心知道」與「虛壹而靜」的修養工夫為前提，不應如潘小慧所說，荀子「解蔽心的倫理『應然』面該當如此（筆者案：指「心不可以不知道」），進而引申為倫理之必然性」〔註29〕，這就混淆了「心」在修養前與修養後的差異，忽略了「虛壹而靜」工夫對人「自由意志」顯發的關鍵性作用。

即便荀子肯認我們有著這樣的「自由意志」，但這並不代表這個自由意志是善的、或說是內在善的根源，因為這只是表達了我們有「選擇」的權利——

〔註25〕〔清〕王先謙撰，沈嘯寰、王星賢點校：《荀子集解》，頁397～398。

〔註26〕參見韋政通：《荀子與古代哲學》，頁146。

〔註27〕參見李滌生：《荀子集釋》，頁489。

〔註28〕我所謂的「自由」並不是絕對的自由，而是一種相對而言的自由，指我們能夠在一定程度下做出選擇。但無論我們生在任何時空之下，都有著某些有形無形的制約，而使我們不能做某些選擇而必須在其他方面做選擇，以此而論我們就不可能得到完全的自由。甚至我們可以說，生而為人這件事就某個程度來說就是不自由的——因為我沒有選擇。但無論如何，在討論道德哲學與相關議題時，我們還是可以藉著這樣的自由意識來要求人對於自己的行為負責，因為我們沒有逃避作惡責任的理由。

〔註29〕潘小慧：〈從「解蔽心」到「是是非非」：荀子道德知識論的建構及其當代意義〉，《哲學與文化》第403期（2007年12月），頁48。

一選擇爲善或爲惡，甚至如呂迪格爾所說，這個世界上有惡，正是因爲我們擁有自由。〔註 30〕所以我們決不能將人的「自由意志」說爲人內在的善端，也就是並非如何淑靜所說的：

> 「心」有「自由意志」是一「實踐主體」，此即表「心」是一「道德心」，孟子的「性善說」即本此而立。荀子既承認「心有自由意志」，則此就表示荀子的「心」與孟子之言「性善」相通。以此，荀子當直就「心有自由意志」來說「人是性善的」才是。〔註 31〕

所謂的「自由意志」不同於「自覺」、不同於「道德主體」，如此便不能如東方朔所說，將荀子所謂「心之所可」這樣的能力預設爲「道德主體」（moral agency）〔註 32〕；而是如勞思光所說的「荀子之『心』雖一度說爲『主體性』，但此心爲一不含理之空心，並非道德主體。」〔註 33〕「主體性」所強調的只是自由選擇的可能，而不是「道德主體」那般含有道德的內在價值與自覺的可能。荀子所謂的「心」作爲「自由意志」的面向，其內涵就如同庫利所描述的：

> 理智一方面是大腦工作的組織者，它是適應多樣的和變化的生活要求的智能組織。它把本能性情感作爲提煉的原料，就像一個軍官對新兵一樣，他指揮他們，訓練他們，直到他們能協同執行他的任何

〔註 30〕 呂迪格爾說：「惡屬於人類自由的戲劇。它是自由的代價。」又說：「人沒有被固定在一種必然地起作用的本性上。他是自由的，能夠選擇，也會做出錯誤的選擇；他替自己創造命運。」「惡是風險以及自由的代價。」參見氏著：《惡——或者自由的戲劇》，前言頁 1、頁 17、165。

〔註 31〕 何淑靜：《孟荀道德實踐理論之研究》，頁 113。

〔註 32〕 東方朔認爲，荀子所謂的「心」作爲「道德主體」，「可以對自己天生的情緒反應和衝動欲望予以『自禁、自使、自奪、自取、自行、自止』，而且還有一種知慮的反思、辨識和評估，此即『知所必出也』。『道之』的活動是以『可』爲前提的，而『可』是『知』與『能』的綜合體，它不僅在觀念上認知、評價『可』與『不可』，而且在行爲上發動、終止『可』與『不可』。」但我們必須思考的是，荀子在〈解蔽〉中說：「心知道，然後可道；可道，然後守道以禁非道。」（《荀子集解》，頁 395。）也就是說「可道」必須以「知道」爲前提；而荀子又認爲「知道」是謂「衡」，是修養後才能達到的一種境界，如此人並非天生「知道」，我們又怎麼能說人天生就有「可道」與「非可道」的能力呢？如此也就不能將荀子的「心」作爲一「道德主體」。參見東方朔：〈心知與心慮——兼論荀子的道德主體與人的概念〉，《國立政治大學哲學學報》第 27 期（2012 年 1 月），頁 49～50。

〔註 33〕 勞思光：《新編中國哲學史（一）》，頁 323。

命令，並能根據不同的條件採取不同的方法來執行命令。〔註34〕所謂「心」對於情感、本能的命令，像軍官對新兵的指揮一樣，這並不是說「心」必然能夠起到指揮的作用，因為庫利還說：「心」是「一個從士兵隊伍中成長起來的指揮員。」〔註35〕也就是說「心」在人初生時，是沒有這樣完全的「自由意志」的。也就是說，人在還沒有受到道德教化與為學積善時，這樣的「自由意志」會被人本有的欲望完全牽制，也就是受制於人性惡的衝動與傾向，必須透過荀子所謂的「虛壹而靜」的工夫與透過為學的不斷提升，才能達到這樣所謂「出令而無所受令」的境地。我們不能將修養與為學後的結果，誤為人天生的道德直覺，況且，這樣的「自由意志」並不是善的，而只是一種可以為善可以為不善之選擇能力。

第二節　知識成就道德：道德判斷力的形成與提升

在確認了荀子人性論中的「心」是所謂「認知心」而沒有道德內涵後，我在這一節要處理的問題是：就實際人的修養工夫而言，沒有道德根源的單純「認知心」要如何使人透過為學修養而產生道德意識。我將分別從以下兩個面向作討論：（1）「知識」對於成就道德的可能；（2）道德判斷力的提升：虛壹而靜。

一、「知識」對於成就道德的可能

首先要論述荀子沒有內在價值根源的「認知心」如何可能成就道德之前，我們必須先釐清一個問題：「知識」對於成就道德的可能性。要了解這個問題，就必須先將荀子實用主義式的為善進路與孟子基礎主義式的為善進路做出區分。我曾經說過，就孟子而言，人之所以可能為善，是一種形上學的思維，即賦予人內在本有的道德根源，而一切善的行為皆必須以此本源才有開展的可能，這也就是孟子所謂「先王有不忍人之心，斯有不忍人之政矣」（〈公孫丑上〉）〔註36〕的思維進路——由根源的善端推出實際的善行。然而荀子卻認為：

〔註34〕〔美〕查爾斯・霍頓・庫利著，包凡一、王湲譯：《人類本性與社會秩序》，頁 19。

〔註35〕〔美〕查爾斯・霍頓・庫利著，包凡一、王湲譯：《人類本性與社會秩序》，頁 19。

〔註36〕〔漢〕趙歧注，〔宋〕孫奭疏：《孟子注疏》，頁 65。

故工人斲木而成器，然則器生於工人之偽，非故生於人之性也。聖
人積思慮，習偽故，以生禮義而起法度，然則禮義法度者，是生於
聖人之偽，非故生於人之性也。（〈性惡〉）〔註37〕

枸木必將待檃栝、烝、矯然後直者，以其性不直也。今人之性惡，
必將待聖王之治，禮義之化，然後始出於治，合於善也。（〈性惡〉）
〔註38〕

這就意味著，荀子認為人性中不須有善的根源，純粹以外在道德就能夠使人
為善，這樣的思維在孟學來看，似乎是不合理的，因為據孟學的邏輯，沒有
根源，就不可能發生。然而，以實用主義的觀點來看，我們的確不須要有內
在善的根源，便可透過學習與認知去獲致道德而為善。薩弗朗斯基曾在他的
書中提到，幫助個人成為一個好公民，用不著事先改邪歸正，成為好人；甚
至可以說，即便我們面對的是一個魔鬼的民族，只要他們有知性，面對惡的
問題就可以消解。〔註39〕

　　對荀子而言，人獲致道德與為善的可能，由沒有禮義的「塗之人」到能
化性起偽的「聖人」之途徑，其關鍵就在於「認知」，荀子說：「心知道，然
後可道；可道，然後能守道以禁非道。」（〈解蔽〉）〔註40〕這裡我們看到，「知
道」還未必能夠使人具有道德意識，因為儘管一個人知道了某個社會規範或
是某種現實情境，但是他未必會認可這樣的「道」──也就是具有道德意識
與正確的道德判斷力。之所以會如此說是因為，如果荀子認為「知道」就是
具有道德意識，那麼他就不必特別強調「知道」、「可道」、「守道」的過程，
可以見得「知道」只是「可道」、「守道」的必要條件而不是充分條件。但無
論如何，我們可以肯定：「知道」──也就是「認知」，可以作為人獲致道德
意識與為善的基礎。這正如韋政通所說的：

荀子從人自身除發現人的動物性外，還發現了浮在情欲之流上層的
認知心。荀子雖不識德性主體，他卻充分自覺認知主體具有辨識的
功能。因認知心有辨識的功能，於是使性之被化為可能。〔註41〕

〔註37〕〔清〕王先謙撰，沈嘯寰、王星賢點校：《荀子集解》，頁437。

〔註38〕〔清〕王先謙撰，沈嘯寰、王星賢點校：《荀子集解》，頁441。

〔註39〕參見〔德〕呂迪格爾·薩弗朗斯基著，衛茂平譯：《惡──或者自由的戲劇》，
　　　　頁160。

〔註40〕〔清〕王先謙撰，沈嘯寰、王星賢點校：《荀子集解》，頁395。

〔註41〕韋政通：《荀子與古代哲學》，頁80。這裡必須特別注意的是，韋政通所說的

我們也可以說，荀子所謂的「知道」就是一種以「知識」為基礎而達到道德修為的進路。這與希臘三哲皆強調知識是善、善即知識、認識是至善，以及十七世紀培根（Francis Bacon, 1561～1626）所說的知識就是力量有著同樣的思維進路。〔註42〕牟宗三就觀察到了這點，他說：

> 在西方，惟康德能善言「道德的心」。在中國，則由孟子以至宋明儒者皆精言之，以「以仁識心」為主流。……在西方，柏拉圖，亞里士多德，笛卡爾，斯頻諾薩等所言之心易為人解，而康德，黑格爾等所言之心，則不易把握。……而中國文化中之荀子正是與西方文化之主流同其路向。凡只以智識心者，對於人性俱無善解，此西方人文主義之所以不彰，故亦不能立「人極」也。〔註43〕

當然，我不會如牟宗三批判「認知心」的角度來看荀子以及西方其他的哲人，但無論如何，這裡倒是點出了荀子「認知心」與西方「重智」思想的相似進路。

　　當然，對荀子來說，其所要認知的「知識」可能與西方哲人對於「知識」的內涵不完全相同——其不是現代科學主義氛圍下那種物理化學元素組成之類的「知識」。王楷認為，荀子所謂「心的認知能力就其主旨而言乃是一種價值認知或倫理認知，而不在於對自然界的認知。」〔註44〕但其實我們不能說就荀子脈絡來說的「知識」完全不含有對自然界認知的成分，關鍵在於這樣的知識對於荀子來說是不是有用的——對於人的實際生活與治亂而言。對荀子來說，氣候的規律、土壤的性質、水源的分佈等等自然知識對他來說可能就是有用的，因為這對於他所謂的「物畜而制之」、「制天命而用之」、「應時而使之」、「騁能而化之」、「理物而勿失之」（〈天論〉）〔註45〕的實用層面來說是必要的。他所認為不須要的知識是那種自然現象與規律背後的成因，所以他說：「舍其所以參而願其所參，則惑矣。」（〈天論〉）〔註46〕總之，荀子所

　　　「充分自覺認知主體具有辨識的功能」是指在為學修養後的成果，這也是其在頁81對這段話所說明與強調的。
〔註42〕參見黎鳴：《問人性：中西文化500年的比較》，頁186、415、554、694以及〔德〕呂迪格爾・薩弗朗斯基著，衛茂平譯：《惡——或者自由的戲劇》，頁222。
〔註43〕牟宗三：《名家與荀子》，頁225。
〔註44〕參見王楷：《天然與修為——荀子道德哲學的精神》，頁63。
〔註45〕〔清〕王先謙撰，沈嘯寰、王星賢點校：《荀子集解》，頁317。
〔註46〕〔清〕王先謙撰，沈嘯寰、王星賢點校：《荀子集解》，頁308。

藉以認知的是一種相對於形上道德價值來說，較爲客觀的事物與規則，這點王楷倒是有著很好的見解，他說：「社會倫理原則本身具有客觀性，但是經過心的認知之後，就會內化爲理性原則，內化爲人內在的德性。」〔註47〕也就是說，我們藉著「認知心」認知的，是一種客觀的外在情境，我們可以稱之爲「知識」，當我們不斷去認知各式各樣的客觀情境後，會將這些情境歸納爲有用的與無用的、好的與不好的、令人愉悅與不愉悅的，當我們累積夠多這樣的經驗後，有用的、好的、令人愉悅的就會逐漸轉換爲一種道德價值，變成善與惡的分別，也就是所謂的道德判斷力或道德良知，也可以說是我前面提到過的「第二人性」。這樣的過程類似於楊國榮所提到的：

> 具有普遍內容的道德意識與道德觀念，通過教育、評價、輿論等等的提倡、引導，逐漸成爲一定時期社會成員的心理定勢（disposition），後者也就是杜爾凱姆所謂「集體良知」（collective conscience），它從社會心理等層面，爲社會的整合提供了某種支持。〔註48〕

也就是說我們透過「認知心」，認知到外界的情境，而每一個情境可能都伴隨著社會上不同人的不同評價與反應，當我們逐漸熟知什麼樣的情境會造成社會上成員的正面反應或評價，什麼樣的情境會造成負面的反應或評價時，這樣的「認知」就會形成一種具有道德價值的「認知」，當這樣的「認知」內化於我們的心中，在每次做出判斷時能夠不自覺地以這樣的「認知」爲判斷標準，這就是人所謂道德的形成，這也就是羅蒂爲什麼會說：「發現什麼東西可以信仰的最好辦法就是傾聽盡可能多的建議和論證。」〔註49〕然而孟子等哲人誤以爲這樣的道德判斷力天生就在那裡，但其實它是後天內化於人心之中的。

　　所以荀子說「積思慮，習僞故，以生禮義而起法度」（〈性惡〉）〔註50〕所強調的就是對於固有的外在情境的認知與理解，這也是其特別看重「積學」的原因，從以下這幾則文字，就可以看出荀子對於「積」的重視：

> 可以爲堯、禹，可以爲桀、跖，可以爲工匠，可以爲農賈，在執注錯習俗之所積耳。（〈榮辱〉）〔註51〕

〔註47〕參見王楷：《天然與修爲——荀子道德哲學的精神》，頁63。
〔註48〕楊國榮：《倫理與存在——道德哲學研究》，頁37。
〔註49〕〔美〕理查德・羅蒂，黃勇編譯：《後哲學文化》，頁83。
〔註50〕〔清〕王先謙撰，沈嘯寰、王星賢點校：《荀子集解》，頁437。
〔註51〕〔清〕王先謙撰，沈嘯寰、王星賢點校：《荀子集解》，頁63。

> 情也者，非吾所有也，然而可爲也。注錯習俗，所以化性也；幷一
> 而不二，所以成積也。習俗移志，安久移質。(〈儒效〉)〔註52〕

> 學惡乎始？惡乎終？曰：其數則始乎誦經，終乎讀禮；其義則始乎
> 爲士，終乎爲聖人。眞積力久則入。(〈勸學〉)〔註53〕

我們可以看到，荀子認爲「積習」對於相對來說客觀的「認知」，可以成就道德修爲，也就如其所說「聖可積而致」(〈性惡〉)〔註54〕。而正因爲是一種「認知」的累積，唯有周全地認知各種情境，才能形塑成正確的道德判斷力，否則即可能因爲只看到一隅而形成錯誤的道德判斷，就如同以管窺天、盲人摸象般，有了錯誤的「良知」，所以荀子才會如此看重「蔽塞之禍」(〈解蔽〉)〔註55〕的危害。

至此，我們可以了解到，荀子以所謂的「認知心」能夠透過認知客觀的情境，進而轉換爲內在的道德良知。這是一種與基礎主義的思維所不同的進路，這樣的想法就將所謂的道德與事實置於同一個層面之上，也就是羅蒂所謂「拒絕在作爲與實在符合的第一級眞理與作爲最好加以相信的第二級眞理之間的（大寫的）哲學區分。」〔註56〕也就是說我們不認爲道德價值是一種本來就存在在那裡的「眞理」，等待我們去發現；道德價值應該是建構出來的。我們在現實的情境中，透過不斷的摸索，發現某些行爲與動機對於人是好的、有用的，逐漸的這些行爲動機自然會形成一種道德價值——善的、道德的。這也就是羅蒂所秉持的理念：

> 在我看來，20世紀最有用的哲學家是這樣一些人：他們發現了在我
> 們感到對某些目的是有用的描述世界的方式與那些我們覺得對其他
> 一些目的是有用的描述世界的方式之間的區別，並用這個區別來代
> 替古希臘在實在與現象之間的區別。我將用實用主義作爲這個替代
> 的標籤。〔註57〕

同樣的，我們在荀子中看到了這樣不同於孟子那樣的基礎主義的論述以及對根源性追尋的理論，如果以羅蒂或是我這樣的詮釋者採用實用主義的態度去

〔註52〕〔清〕王先謙撰，沈嘯寰、王星賢點校：《荀子集解》，頁144，首句「情也者」，王先謙注曰亦可作「積也者」。

〔註53〕〔清〕王先謙撰，沈嘯寰、王星賢點校：《荀子集解》，頁11。

〔註54〕〔清〕王先謙撰，沈嘯寰、王星賢點校：《荀子集解》，頁443。

〔註55〕〔清〕王先謙撰，沈嘯寰、王星賢點校：《荀子集解》，頁389。

〔註56〕〔美〕理查德・羅蒂，黃勇編譯：《後哲學文化》，頁13。

〔註57〕〔美〕理查德・羅蒂，黃勇編譯：《後哲學文化》，頁135。

探究，就會發現荀子思想的合理性與其價值，這也就是我在本文中所不斷努力所要表達的。然而，在這裡我要強調的只是：荀子以「認知心」來成就道德的進路是可能的。

二、道德判斷力的提升：虛壹而靜

　　在論述了荀子的「認知心」如何可能成就道德意識與爲善的可能後，正如前面提到的，這樣透過「認知心」達至道德的進路，有可能因爲「蔽塞之禍」（〈解蔽〉）〔註58〕而造成道德判斷力的偏差。正如荀子所說「欲爲蔽，惡爲蔽，始爲蔽，終爲蔽，遠爲蔽，近爲蔽，博爲蔽，淺爲蔽，古爲蔽，今爲蔽。」（〈解蔽〉）〔註59〕因爲「認知心」成就道德最重要的是「積」，而如果這樣的「積」不夠全面，只對於某一個面向有所「積」，那麼其藉以形成的道德判斷力很可能就會是錯誤的、偏差的。所以荀子強調積學必須「積善而全盡」（〈儒效〉）〔註60〕，他說：

> 百發失一，不足謂善射；千里蹞步不至，不足謂善御；倫類不通，仁義不一，不足謂善學。學也者，固學一之也。一出焉，一入焉，涂巷之人也。其善者少，不善者多，桀、紂、盜跖也。全之盡之，然後學者也。（〈勸學〉）〔註61〕

其道德理想是達到所謂的「全之盡之」，因爲如此才能對於現實認知有所全面性的了解，而不會因爲偏重某一方面而形成錯誤的道德判斷；否則就可能形成「盜亦有道」（〈胠篋〉）〔註62〕的現象──因爲盜跖所認知的「道」是有偏差而不整全的。因此，要避免這樣的判斷力偏誤，就要「解蔽」，也就是荀子所說的作「虛壹而靜」之工夫。這點我們可從〈解蔽〉以下這段文字來探究：

> 人何以知道？曰：心。心何以知？曰：虛壹而靜。心未嘗不臧也，然而有所謂虛；心未嘗不滿也，然而有所謂一；心未嘗不動也，然而有所謂靜。人生而有知，知而有志。志也者，臧也，然而有所謂虛，不以所已臧害所將受謂之虛。心生而有知，知而有異，異也者，

〔註58〕　〔清〕王先謙撰，沈嘯寰、王星賢點校：《荀子集解》，頁389。
〔註59〕　〔清〕王先謙撰，沈嘯寰、王星賢點校：《荀子集解》，頁388。
〔註60〕　〔清〕王先謙撰，沈嘯寰、王星賢點校：《荀子集解》，頁144。
〔註61〕　〔清〕王先謙撰，沈嘯寰、王星賢點校：《荀子集解》，頁18。
〔註62〕　〔清〕王先謙撰：《莊子集解》（臺北：世一書局，1976年），頁55。

同時兼知之。同時兼知之，兩也，然而有所謂一，不以夫一害此一謂之壹。心，臥則夢，偷則自行，使之則謀。故心未嘗不動也，然而有所謂靜，不以夢劇亂知謂之靜。〔註63〕

從這裡的敘述來看，我們可以了再次了解到，荀子所謂的道德價值是外在於人而不在於人天生本有的心或性中。其所謂「今人之性，固無禮義……性不知禮義，故思慮而求知之也。然則性而已，則人無禮義，不知禮義。人無禮義則亂，不知禮義則悖。」（〈性惡〉）〔註64〕正因為人性中無禮義，所以必須求「知道」〔註65〕，而人藉以知道的媒介就在於「心」。所以「心」對於荀子來說，是一種由「生物意義的人」到「哲學意義的人」的中介與能力。而從荀子「虛壹而靜」的強調，我們正可以了解到荀子所謂的人沒有天生內在於人的道德價值——像孟子所講的四端、良知，以及當代學者所稱的內在善的價值。何以如此說？因為荀子強調人要真正地「知道」而無所蔽塞之禍，就必須使「心」能夠「虛壹而靜」。所謂的「虛」就是「不以所已臧害所將受」，即我們必須藉由「虛」透過感官知覺讓心不斷能夠持續認知與記憶新的外在客觀情境、評價與價值，才能夠持續進行認知與修養，也就是荀子所謂「學至乎沒而後止也。故學數有終，若其義則不可須臾舍也。」（〈勸學〉）〔註66〕而所謂的「壹」是謂「不以夫一害此一」，所以這裡所要強調的還是一種必須保持廣泛認知的狀態，不能蔽於任何一隅，也就是要避免荀子所謂的「蔽塞之禍」——不以欲害惡、不以始害終、不以近害遠、不以博害淺、不以古害今，反之亦然。（〈解蔽〉）〔註67〕那麼我們可以知道，荀子「虛壹而靜」的修養是根據其性惡論而來——人內在無根源價值。否則如孟子所說：

惻隱之心，仁之端也；羞惡之心，義之端也；辭讓之心，禮之端也；是非之心，智之端也。人之有是四端也，猶其有四體也。有是四端

〔註63〕〔清〕王先謙撰，沈嘯寰、王星賢點校：《荀子集解》，頁395～396。
〔註64〕〔清〕王先謙撰，沈嘯寰、王星賢點校：《荀子集解》，頁439。
〔註65〕荀子的禮義幾乎可說無所不包，其內涵包括了政治、法制、治兵、財政與人事，對於國家治亂、個人行為、聖邪之別、思想標準、對治自然等等方面都有著指導性的作用，據此我們可以如陳大齊所說，謂荀子之「道即是禮義」。參見氏著：《荀子學說》，頁79、163～169。
〔註66〕〔清〕王先謙撰，沈嘯寰、王星賢點校：《荀子集解》，頁11。
〔註67〕〈解蔽〉：「聖人知心術之患，見蔽塞之禍，故無欲無惡、無始無終、無近無遠、無博無淺、無古無今，兼陳萬物而中縣衡焉。是故眾異不得相蔽以亂其倫也。」見〔清〕王先謙撰，沈嘯寰、王星賢點校：《荀子集解》，頁394。

而自謂不能者，自賊者也；謂其君不能者，賊其君者也。凡有四端於我者，知皆擴而充之矣，若火之始然，泉之始達。(〈公孫丑上〉)〔註68〕

人內在本有四端之心，道德價值就在其心性之中，所以孟子強調要擴充此心、保養此心，此心是不可放失的〔註69〕，豈可虛之！正是因爲孟子的「心」是「道德心」，所以必須盡力擴而充之，如果心放失了，就要努力將其找回來，就像找回放失的雞犬一樣──這也就是所謂的復性。然而荀子的「心」是「認知心」，內在沒有價值，必須從外在認知而求價值內在於心，所以必須要求其「虛」，虛則能容，如此也才能讓「道」不斷進入到心中。由此看來，「虛壹而靜」正是一種荀子性惡論脈絡下，合認知與修養爲一，也就是「以智識心」的脈絡下所建構的理論。

至於荀子所謂的「靜」，即所謂「不以夢劇亂知」，所強調的則是心的「自由意志」的顯發，人要能夠做到靜，才能夠眞正達到荀子「心」的理想境界：

心者，形之君也，而神明之主也，出令而無所受令。自禁也，自使也，自奪也，自取也，自行也，自止也。故口可劫而使墨云，形可劫而使詘申，心不可劫而使易意，是之則受，非之則辭。故曰：心容其擇也，無禁必自現，其物也襍博，其情之至也不貳。(〈解蔽〉)〔註70〕

就如前文所說過的，心能夠呈現這樣的狀態是以「虛壹而靜」爲前提，未能做到眞正的「虛壹而靜」，心的「形之君」的主導性就顯現不出來，而可能爲形軀、欲望所制約，這也就是何淑靜所說的：

使「心」能相應于感官的經驗現象而起「知」的作用活動，如是「心」才能對客觀之理有所知，此即必須保存心之「應」感官的經驗現象的作用，此乃不能去除者；另一方面則必須使「心」不因感官之經驗現象的影響而起偏執生蔽塞，如是才能綜知與通貫條理諸客觀的理，此即言「心」必須能應物而不爲物所拘限因而至于傾側。〔註71〕

也就是說，「虛壹而靜」之所以能讓人達到「知道」，正是因爲心能夠不受到

〔註68〕〔漢〕趙歧注，〔宋〕孫奭疏：《孟子注疏》，頁66。
〔註69〕《孟子・告子上》：「仁，人心也；義，人路也。舍其路而弗由，放其心而不知求，哀哉！人有雞犬放，則知求之；有放心，而不知求。學問之道無他，求其放心而已矣。」見〔漢〕趙歧注，〔宋〕孫奭疏：《孟子注疏》，頁202。
〔註70〕〔清〕王先謙撰，沈嘯寰、王星賢點校：《荀子集解》，頁397～398。
〔註71〕何淑靜：《孟荀道德實踐理論之研究》，頁95。

感官經驗的偏執蔽塞，而能夠採取完全主動的宰制性。但是我以爲，眞正使心達到這樣境界，也就是使人的「自由意志」完全顯發而不爲欲望所制約的關鍵在於「靜」而不在於「虛」與「壹」。我的意思是，「虛」、「壹」和「靜」是兩個不同層次的論述，而不是如大部分學者視之爲平行的三個工夫，我認爲，荀子言「虛壹而靜」是有其用意，也就是有意顯現出其層次性的。

我們可以思考，荀子所謂的「虛」與「壹」，強調的都是讓心能夠持續進行認知，也就是讓更多的「知識」進入到心中；但是「靜」的工夫注重的卻不再是獲得更多的「知識」，而是如何能夠讓這些心中已有的「知識」不因對立、衝突而產生混亂。也就是說，荀子要人能夠「虛」以持續爲學接受新的「知識」，要人能夠「壹」，以能夠有欲有惡、有始有終、有近有遠、有博有淺、有古有今。在靠著「虛」與「壹」的廣泛認知後，就會有荀子所謂「其物也襍博」（〈解蔽〉）[註72] 的情形，那麼就須要「靜」的工夫來壓制「心」的動亂，也就是取得對於這些知識的主宰地位，建構出屬於自己的道德意識與良知。我們也就可以說，「虛」與「壹」是建立在心的「認知」基礎之上，有此基礎「心」才有所「知識」，否則心中將空無一物——因爲荀子的「心」是爲「認知心」，內在並沒有道德價值；而「靜」則是能夠統合這些透過認知獲得的知識，而成爲所謂的道德意識，並使心的自由意志能夠完全展現出來。

最後我必須強調，荀子所謂「虛壹而靜」是一種對於認知能力進而能夠「轉識成德」的工夫，其並不是一種玄妙而形上的思維。「虛」、「壹」、「靜」都只是針對「臧」、「兩」、「動」而言，而不具有道家那種和光同塵、物我一體的思維，也沒有那種強調「靜」的修養工夫，更不會如蕭麗娟或張榮明所說是一種氣功修練的進路。[註73] 就以「虛」來說，這是一種直觀經驗的思

[註72] 〔清〕王先謙撰，沈嘯寰、王星賢點校：《荀子集解》，頁398。

[註73] 張榮明說：「荀子提出的『虛』、『壹』、『靜』三個範疇與古代氣功有很大的關係……幾千年來直至今日仍然是指導氣功鍛煉的基本要領。這三個範疇，是老子提倡在先，宋鈃、尹文繼承在後，荀子集其大成。」蕭麗娟則說：「『虛壹而靜』認識論，亦應是荀子深受古代黃老學派的氣功學有很大的影響。」又說「虛壹而靜」的一段論述是「修身治心氣功式的功法。」我以爲我們固然不能否認荀子思想受到老莊或黃老所影響，但我們不該逕將黃老的概念用來詮釋荀子的論述，而說荀子「虛壹而靜」就是一種氣功修練功法。參見張榮明：《中國古代氣功與先秦哲學》（上海：上海人民出版社，2011 年），頁196～198、蕭麗娟：〈荀子「禮義治氣養心」之養生詮解〉，《成大宗教與文化學報》第 17 期（2011 年 12 月），頁 13～18。

維——滿則溢，虛則能受，而不是一種玄妙的形上修爲工夫，這點可從〈宥坐〉中一段談器之虛滿的文字作對照：

> 孔子曰：「吾聞宥坐之器者，虛則欹，中則正，滿則覆。」孔子顧謂弟子曰：「注水焉！」弟子挹水而注之，中而正，滿而覆，虛而欹。孔子喟然而歎曰：「吁！惡有滿而不覆者哉！」〔註74〕

這正如韋政通所說的：

> 莊子講心之虛靜，是由心之情感一面通過工夫翻上來以後的心境，境界；所以虛壹而靜的心在莊子，是終極的目的。而荀子講虛壹而靜，是要求表現，要求成果的，故只是一成知的條件；從「虛則入，壹則盡，靜則察」三句看，虛靜本身即涵有動用義。〔註75〕

又，徐復觀也認識到：

> 道家講虛，講靜，是要把心知的活動消納下去，使其不致影響、擾亂作爲人的生命根源的自然。荀子則在於用虛靜來保障心知的活動，發揮心知的活動。所以荀子在不承認心是道德（以仁義爲內容的道德）之心的這一點上，與道家相同；但在發揮心的知性活動的這一點上，與道家反知的傾向，是完全相反的。〔註76〕

也就是說，所謂「虛壹而靜」的工夫正是爲了「認知」而有，而認知是爲了認知禮義，進而形成道德意識，如此也就凸顯出荀子透過無價值根源的「認知心」以成禮義的思維進路。可以說，這樣的認知與修爲是與其人性論緊密配合的。

第三節　爲學的自主性：「師」的教化力量

透過前文的討論，我們可以確認，荀子的人性論就如其所言：「人之性惡，其善者僞也。」（〈性惡〉）〔註77〕但是因爲其賦予人「認知心」的能力，使人能夠由「生物意義的人」轉化爲「哲學意義的人」。那麼人在運用這個「認知心」去積學爲善，是否有其必然性意義呢？也就是說，荀子這個沒有價值根源的「認知心」，常被詬病爲必須完全訴諸外在的他律性。正如徐復觀所說：

〔註74〕〔清〕王先謙撰，沈嘯寰、王星賢點校：《荀子集解》，頁520。
〔註75〕韋政通：《荀子與古代哲學》，頁161。
〔註76〕徐復觀：《中國人性論史‧先秦篇》，頁248。
〔註77〕〔清〕王先謙撰，沈嘯寰、王星賢點校：《荀子集解》，頁434。

> 他（荀子）並不認爲心的這種自主性都是可靠的，亦即認爲每個人
> 直接呈現出的心知並不是可靠的，而須要憑藉著道做標準的知，才
> 是可靠的。他所謂道，是生於聖人或聖王；他之所謂心求道，並不
> 是直憑自己的知去求道，而是要靠外在的師法的力量。〔註78〕

而勞思光更是將荀子爲學積善的可能性，完全訴諸君王，並稱其理論全然「走入權威主義」〔註79〕。但荀子的理論其實並非完全訴諸外在與他律性，更非與法家一致，發展所謂的「權威主義」，他賦予人自由意志選擇的可能性，這個可能性即在於荀子除了強調君主的權威，還同時樹立了「師」的道德價值與意義。以下我就將分別就幾個面向作論述（1）君師並用：現實與理想的並存；（2）「師」：賦予人自主學習的可能；（3）君師一體：非權威主義的論述。

一、君師並用：現實與理想的並存

　　關於人爲學積善的必然性問題，正如我在第四章第四節所說的，荀子在面對性惡之人，將人爲善的必然性問題訴諸聖王的權威，也就是透過聖王權力、武力的背景，以適當的刑罰與制度，來促使人爲善。但這並不如徐復觀所認爲的，荀子的聖王完全以政治力量作爲強制的手段：

> 荀子既主張性惡，則當然失去了教育中的自動性，而受教者完全處
> 於被動的地位。但僅僅如此，荀子感到還不能達到「化性而起僞」
> 的目的，於是在師之外，還要加上「君」；且尚須臨之以埶。換言之，
> 要以政治的強制力量作爲教育的手段。〔註80〕

荀子對於促使人爲學的進路，不只是強調「君」的強制力，他同時也注重「師」的教化力量，也就是說，荀子對於人爲善的可能，所講求的是君師並用，而非徒言君的強制力，荀子對於治亂的根本，所賦予關鍵性意義的即在於「君師」：

> 無君子則天地不理，禮義無統，上無君師，下無父子，夫是之謂至
> 亂。（〈王制〉）〔註81〕

〔註78〕 徐復觀：《中國人性論史‧先秦篇》，頁246～247。
〔註79〕 勞思光：《新編中國哲學史（一）》，頁328。
〔註80〕 徐復觀：《中國人性論史‧先秦篇》，頁253。
〔註81〕 〔清〕王先謙撰，沈嘯寰、王星賢點校：《荀子集解》，頁163。

> 禮有三本：天地者，生之本也；先祖者，類之本也；君師者，治之
> 本也。無天地惡生？無先祖惡出？無君師惡治？三者偏亡焉，無安
> 人。故禮上事天，下事地，尊先祖而隆君師，是禮之三本也。（〈禮
> 論〉）〔註82〕

我們可以清楚看到，對於治亂這樣含有高度政治性與社會性的議題，荀子所訴求的，並不只是具有權威與地位的「君」，也就是所謂的「聖主」，還同時將這樣的關鍵賦予「師」。而對於一切道德的標準「禮義」來說，能使禮義達到治亂效果，荀子強調的也是「君」與「師」，而不是注重具有權威與強制力的「君王」。

對於「君師」並用的重視，我們亦可由荀子談「師法」的脈絡來檢視之，他說：「故必將有師法之化，禮義之道，然後出於辭讓，合於文理，而歸於治。」（〈性惡〉）〔註83〕所謂「法」是根據「禮」而來，正所謂「禮者，法之大分」（〈勸學〉）〔註84〕，「禮」是創制法度的準繩〔註85〕，而相對於「禮」來說，「法」有著強制性，其得以成立必然有著政治性的權威與刑罰爲背景，所以荀子也說：「出若入若，天下莫不平均，莫不治辨，是百主之所同而禮法之大分也。」（〈王霸〉）〔註86〕在單獨言「君王」治亂時，他特別強調了「禮法」而不是「禮義」。由此可知，荀子所謂「師法」也就可以說同於「君師」，「君」即是「法」的代表，也即是「法」得以行的關鍵，由此更可以了解到，荀子對於人爲善的關鍵，是「君師並用」，而非徒以刑罰武力的強制性力量爲依歸。

可以見得，荀子的思維進路，不只是要以刑罰等強制力手段去使人爲善，他同時還十分看重「師」對於禮義教化的角色，這也是其所以爲儒家而不是法家的性格所在。

二、「師」：賦與人自主學習的可能

在了解荀子將人沒有道德根源的「認知心」之所以可能爲善的關鍵同時訴諸

〔註82〕〔清〕王先謙撰，沈嘯寰、王星賢點校：《荀子集解》，頁349。
〔註83〕〔清〕王先謙撰，沈嘯寰、王星賢點校：《荀子集解》，頁435。
〔註84〕〔清〕王先謙撰，沈嘯寰、王星賢點校：《荀子集解》，頁12。
〔註85〕參見李滌生：《荀子集釋》，頁12。
〔註86〕〔清〕王先謙撰，沈嘯寰、王星賢點校：《荀子集解》，頁221。

「君」與「師」後，我們就可以進一步來探究「師」對於荀子的意義。〔註87〕從
《荀子》以下兩段文字，我們可以看出「師」對於人爲善、積學的指標性作用：

> 禮者，所以正身也；師者，所以正禮也。無禮何以正身？無師，吾
> 安知禮之爲是也？禮然而然，則是情安禮也；師云而云，則是知若
> 師也。情安禮，知若師，則是聖人也。故非禮，是無法也；非師，
> 是無師也。不是師法而好自用，譬之是猶以盲辨色，以聾辨聲也，
> 舍亂妄無爲也。故學也者，禮法也。夫師，以身爲正儀而貴自安者
> 也。（〈修身〉）〔註88〕

> 故人無師無法而知則必爲盜，勇則必爲賊，云能則必爲亂，察則必
> 爲怪，辯則必爲誕。人有師有法而知則速通，勇則速威，云能則速
> 成，察則速盡，辯則速論。故有師法者，人之大寶也；無師法者，
> 人之大殃也。人無師法則隆性矣，有師法則隆積矣，而師法者，所
> 得乎情，非所受乎性，不足以獨立而治。（〈儒效〉）〔註89〕

由此看來，「師」可以作爲道德標準的一種「典範」，「師」就代表著禮義，沒
有「師」，人也就無從去學禮義、知禮義。這裡我們可以看到一個重點是荀子
說：「不是師法，而好自用，譬之是猶以盲辨色，以聾辨聲也」。這即意味著
荀子認爲人心中沒有道德價值根源，也就是空無一物的「認知心」，假使沒有
「師」作爲價值的標準，我們當然無從去學習正確的禮義，也就是沒有正確
的學習方向。由此我們更可以確認荀子「無價值根源」之「認知心」的論述。
我們也就可以了解到，爲什麼荀子不強調自覺？正因爲人內在心性中本沒有
內在價值，何以能夠自覺？其當然必須訴諸外在的「師」作爲「學」的標準
與方向。正如荀子所認爲，沒有「師」，所學就會有所蔽，將知、將勇、將辯
等能力用錯了方向，這即是其學而無方的結果。有師法，人就會朝著爲善、
認知禮義——也即是「僞」的方向修養；沒有師法，人就會無法認知正確的
方向，因此順性而爲，其後果必然導致亂而不治。由此可知，儘管荀子所謂
的「心」作爲沒有內在價值根源的「認知心」，但是其有著「師」作爲標準，
也就使得人即使沒有道德良知，也知道應該朝著哪個方向學習才是正確的。

〔註87〕 關於「君」對於使人爲善的必然性意義，及其強制的他律性特質，請參考我
在第四章第四節所做的論述。
〔註88〕 〔清〕王先謙撰，沈嘯寰、王星賢點校：《荀子集解》，頁33～34。
〔註89〕 〔清〕王先謙撰，沈嘯寰、王星賢點校：《荀子集解》，頁142～143。

所以可以說，「師」就是荀子「認知心」為善的外在根據與標準——也就只有這個外在根據。

　　但我們必須注意的是，這裡所謂「師」的標準與根據，並不具有一種權威性的意義，而只是對於荀子來說，「師」可謂是對於「禮」最為熟悉，且知「禮之所以為禮」者，所以其才能正禮義。也就是說，因為「師」能夠因時制宜，隨著時代所需而對於「禮」做出適合且恰當的整合，也就是能夠「言之千舉萬變，其統類一也」（〈性惡〉）〔註90〕，所以荀子才會說「學莫便乎近其人。《禮》、《樂》法而不說，《詩》、《書》故而不切，《春秋》約而不速」、「學之經莫速乎好其人，隆禮次之」（〈勸學〉）〔註91〕，正是因為禮義固然作為一切價值標準，但是我們靠自己的力量未必能正確認知，也可能在認知上有所錯誤，那麼倒不如向對於禮義的認知最為通透的「師」學習，透過其說解，更能夠比獨自去探索無所言的禮義來得有效率。因為人依靠認知心不斷認知外在的禮義與現實情境，並將這樣的禮義與情境分類、理解，進而能夠從好與壞、有用與無用的分判中，形成一種道德價值的判斷力。那麼這樣的過程如過透過自行摸索，將須要很長的時間又可能因為有所蔽而造成判斷力的偏誤，假使能求學於師就沒有這樣的問題。那麼人為學是否能恰如其分地認知禮義，其關鍵就在於能不能求師，如此看來，學於師的主動性在於個人而不在於師。我們不要忘記，今本《荀子》的第一章就為〈勸學〉，既所謂「勸學」，則安有任何的強制力量呢？這是荀子強調人為善非強制性的一面。且荀子說：「縱情性而不足問學，則為小人矣」（〈儒效〉）〔註92〕，關鍵還是在於我們問與不問，假使我們選擇滿足自己當下的情欲而不求於師、不積學而為善，那麼問題正在於我自己不問學於師。這大有《易經》所謂「匪我求童蒙，童蒙求我」（〈蒙〉）〔註93〕的意味。又荀子說：「國將興，必貴師而重傅，貴師而重傅則法度存。國將衰，必賤師而輕傅，賤師而輕傅則人有快，人有快則法度壞。」（〈大略〉）〔註94〕可以見得，「師」的貴賤主動性不在於「師」本身，那麼就可以了解到，荀子的「師」不能作為一種外在的強制力，也就不

〔註90〕　〔清〕王先謙撰，沈嘯寰、王星賢點校：《荀子集解》，頁445。
〔註91〕　〔清〕王先謙撰，沈嘯寰、王星賢點校：《荀子集解》，頁14。
〔註92〕　〔清〕王先謙撰，沈嘯寰、王星賢點校：《荀子集解》，頁144。
〔註93〕　〔魏〕王弼、〔晉〕韓康伯注，〔唐〕孔穎達疏：《周易正義》（臺北：藝文印書館阮元校勘十三經注疏本，2007年），頁23。
〔註94〕　〔清〕王先謙撰，沈嘯寰、王星賢點校：《荀子集解》，頁511～512。

能如徐復觀所說：「荀子的教育精神，帶有強烈地強制性質。」〔註95〕正好相反，荀子的教育精神正凸顯出了「自由意志」的重要性。〔註96〕

三、君師一體：非權威主義的論述

　　了解荀子所謂的「師」沒有如聖王（君）的外在強制力的他律性質後，我在這裡還要進一步闡述，荀子並不如勞思光所說，其理論被迫歸於權威主義〔註97〕，也不如徐復觀所言，荀子的重禮思想中，「竟引出了重刑罰，尊君，重勢的意味來，以至多少漂浮著法家的氣息。」〔註98〕我並不否認荀子的理論中，在一定程度上運用權威的強制性手段來達到人爲善的必然性，但這是針對其性惡論所建構，有其必要性與現實性。君勢與刑罰只是對於人爲善必然性所需，並非作爲使人爲善的終極手段，荀子最爲重視的畢竟是師的教化，否則荀子不會說：「君子非得埶以臨之，則無由得開內焉。」（〈榮辱〉）〔註99〕君勢只是一種必要的過程，眞正重要的是從教化的一面「開小人之心而內善道也」。〔註100〕況且對於我這樣的實用主義者而言，荀子如此強調某種程度外在他律性力量的理論，才具有所謂的必然性。孟子以人有四端良知能夠自覺，進而言人之爲善有必然性，是就根源上來說，從善端到善行有其必然性。但就現實來看，要是人如孟子所說，放失了四端之心，那麼就不能也不會爲善；此時，就唯有外在的他律性去促使人爲善才有必然性。

　　我所要說的是，「權威」是荀子藉以達到人爲善必然性的一種途徑，但是正如前一小節所說的，他並沒有放棄「師」這樣的教化進路，相信人有依自由意志而爲學積善之可能。況且，荀子之所以「尊君」，並不是因爲「君」

〔註95〕徐復觀：《中國人性論史・先秦篇》，頁252。

〔註96〕我這裡所說人的「自由意志」，並不能據以作爲人的內在價值根源，這點請參考我在第五章第一節的論述。至於人在沒有天生四端良知而產生自覺意識下，人在最初如何能主動學習，我認爲其動力在於：現實社會下人與人在有限資源競爭下的考量有關。即是爲了滿足自己的長遠需求，人們願意暫時犧牲某些欲望，遵循能使社會安定的禮義。也就是因爲這樣對於自身欲望的考量，也就是出於人性惡與自私的動力，人有自主去認知禮義與爲善的可能性，關於這點請參考我在第四章第三節的論述。

〔註97〕勞思光：《新編中國哲學史（一）》，頁329。

〔註98〕徐復觀：《中國人性論史・先秦篇》，頁259。

〔註99〕〔清〕王先謙撰，沈嘯寰、王星賢點校：《荀子集解》，頁64。

〔註100〕楊倞注語，見〔清〕王先謙撰，沈嘯寰、王星賢點校：《荀子集解》，頁64。

的權威，而是「君」的道德。我們可以看到，荀子所強調的「君」，就是所謂的「聖王」，而聖王是所謂「盡倫者也」、「盡制者也」（〈解蔽〉）〔註 101〕，同時兼顧道德與政治，也就是說，他不只有權威，更有道德；他不只是「王」，更是所謂的「聖王」。也可以說，「聖王」就是一個集道德權威與道德標準爲一身的人，所以荀子說：「學者，以聖王爲師，案以聖王之制爲法，法其法，以求其統類，以務象效其人。」（〈解蔽〉）〔註 102〕由此我們可以了解到，荀子所謂的「君」與「師」是一體的，如此也顯現出「師法」之一體。

　　「聖王」在其「聖」的一面、「師」的一面，是作爲「道德標準」的存在，其途徑在於透過以禮義教化、引導之，其目的在於給予人以自由意志積學爲善的機會，也就期待有著「行仁也無厭。志好之，行安之，樂言之」（〈非相〉）〔註 103〕這樣的可能；而其「王」的一面、「君」的一面，是作爲「道德權威」的存在，其途徑在於透過禮法以治亂，其目的在於達到人爲善的必然性，使人能夠因好利惡害的本性，而害怕刑罰，進而受禮的化導，這當然可能會有所謂「法而不知」（〈法行〉）〔註 104〕的情形，但卻至少使人能暫時受化導，也是人可能爲善的第一步。這樣的一體兩面，同時顯現出了理想性與現實性。就理想性而言，荀子認爲人以自由意志而求學積善的可能；就現實性而論，荀子以權威來達到人爲善的必然性。權威並不是一種絕對性的手段，而是在現實所必需；沒有權威就沒有聖王，沒有聖王也就沒有秩序。我們甚至可以說，社會上沒有哪一規範或道德是完全不具有權威性質的，只是或多或少，或以什麼樣的權威顯現而已。也就是說，既然「聖王」是有德的，他不會濫用其權威，而是會善用其作爲「師」的道德標準與禮義教化的途徑；權威與刑罰只是現實上所必要，並不是主要的手段，那是在面對當人民不可化、不願受教時所必需的非常途徑。這正如王靈康所說：

> 荀子對人欲如何能到正理平治這個問題的處理方式，則是一方面不排除法律的強制約束，這可以讓守法的人免於不法之徒的侵犯；另一方面則將重點放在用禮樂教化來轉化人的品格，特別是先轉化統治者的品格。〔註 105〕

〔註 101〕〔清〕王先謙撰，沈嘯寰、王星賢點校：《荀子集解》，頁 407。
〔註 102〕〔清〕王先謙撰，沈嘯寰、王星賢點校：《荀子集解》，頁 407。
〔註 103〕〔清〕王先謙撰，沈嘯寰、王星賢點校：《荀子集解》，頁 87。
〔註 104〕〔清〕王先謙撰，沈嘯寰、王星賢點校：《荀子集解》，頁 533。
〔註 105〕王靈康：《荀子哲學的反思：以人觀爲核心的探討》，頁 88～89。

因此，我們不要把訴諸道德自覺的理論神聖化，而將顧及現實人性情況與社會情境所必要的權威給妖魔化。也就是說，荀子同樣也賦予人自主學習的可能與空間，並不是完全訴諸外在絕對權威與絕對他律的刑罰手段，其理論同時兼顧了理想與現實。

第四節　禮義能夠內化：理想人格的追求

行文至此，我們可以了解到，荀子言「人之性惡」，以人生而有的欲望、傾向與衝動作為人之性，也就是人與禽獸所共有的特質。然而荀子同時也認為，人有著「認知心」的能力，可以認知禮義，而有辨、有分、能群，也就是可以在社會脈絡中修養而為善。總之人不因性惡而不能為善，這正如陳大齊所認識到的：

> 荀子主張性惡，以為人性的本然是惡的，所以順從性情，一定出於惡的一途。荀子此說或將令人發生悲觀，以為人的本性既惡，勢必無從進而為善，世間將祇有惡人，不會更有善人出現。然而荀子所說的性，其本然雖惡，卻是可以化導的，化導以後，便可以出於善。〔註106〕

而且，這所謂的善，還必須建立在人性惡之上，性惡與善偽二者有著密切的關係，沒有「人之性惡」，也就沒有禮義的可能與必要，也就是荀子所說的：「性者，本始材朴也；偽者，文理隆盛也。無性則偽之無所加，無偽則性不能自美。性偽合，然後成聖人之名一，天下之功於是就也。」（〈禮論〉）〔註107〕也就是說，人有著惡的天性，這樣的天性雖不能完全去之，但是卻可以透過後天的偽來化導之，使欲望與衝動和禮義保持和諧的狀態，「性」與「偽」這樣的關係與發展，如以現代的話語來解釋，就是「基因」與「文化」之間的關係，孔憲鐸和王登峰就說：

> 在世界上沒有文化，基因就不能生存，沒有基因，也就沒有文化，所以文化的存在是依靠基因的。因此，在生物人類學中，把文化視做人的第二本性。在人性裡，動物性不是獨立的純粹動物性，而是受到文化性制約的動物性。同時，文化性也不是獨立的純粹的文化

〔註106〕陳大齊：《荀子學說》，頁221。
〔註107〕〔清〕王先謙撰，沈嘯寰、王星賢點校：《荀子集解》，頁366。

性，而是受到動物性制約的文化性。〔註108〕

所以說，人之性惡不但不礙於人為善，反而是人為善所必需，甚至可能含有使人為善的動力存在。這點我已經在第四章第三節作論述，此處就不再贅言。總之，我將要在這裡說明，荀子的人性論不只是有其現實性意義，而且還具有其現實中的理想性，以下我將分別就以下幾個方面作論述：（1）理想人格的形成：禮義內化後的「第二人性」；（2）理想人格的追求：以成聖為目標；（3）理想人格的提升：從士、君子到聖人。

一、理想人格的形成：禮義內化後的「第二人性」

我們了解到荀子的「性」是可化的後，我們還可以進一步說，「性」既然是可化的，那麼在我們認知禮義、積學為善後，那樣的「性」就不再是原來的「性」，而是具有「禮義」的，也就是含有道德價值的「性」。也就如荀子所比喻的：「枸木必將待檃栝、烝、矯然後直者，以其性不直也。今人之性惡，必將待聖王之治，禮義之化，然後始出於治，合於善也。」（〈性惡〉）〔註109〕彎曲的木頭本來之「性」是彎曲的，加工之後使其變成直的，那麼這木頭也就不再是本來的木頭了，「性」也是如此。因此有如王楷將荀子的「偽」稱為「習慣成自然」的「第二人性」（the second human nature）〔註110〕，或是如前文所引孔憲鐸與王登峰稱這種受後天文化薰習而成的「性」為「第二本性」，也有人稱為「第二天性」或「第二自然」。〔註111〕但我以為稱為「第二本性」、「第二天性」或「第二自然」都不妥，因為這樣的「性」不是本有的、不是天生的、也不是自然而有的，而是後天禮義教化而成的，如果非要給這樣「性偽合」後對人主體的指稱，我想王楷的「第二人性」是較好的。總之這是一種類似於孟子所說的四端之心、良知良能，只是其最根本的不同之處即在於：這是後天所形成的，而不是「得於天而具於心」〔註112〕的。

〔註108〕孔憲鐸、王登峰：《基因與人性》，頁152。

〔註109〕〔清〕王先謙撰，沈嘯寰、王星賢點校：《荀子集解》，頁441。

〔註110〕王楷：《天然與修為——荀子道德哲學的精神》，頁57。

〔註111〕參見楊國榮：《倫理與存在——道德哲學研究》，頁144、149。

〔註112〕語出戴震之《孟子字義疏證・理》，乃其根據《朱子語錄》中文字而言。戴震說：「《朱子語錄》云：『理無心則無著處。』又云：『凡物有心而其中必虛，人心亦然；止這些虛處，便包藏許多道理，推廣得來，蓋天蓋地，莫不由此。此所以為人心之好歟！理在人心，是謂之性。心是神明之舍，為一身之主宰；性便是許多道理得之天而具於心者。』」見〔清〕戴震：《孟子字義疏證》，頁3。

　　無論如何，我們必須要從兩點把握荀子所謂的「性偽合」。第一，所謂「不可學、不可事而在人者謂之性，可學而能、可事而成之在人者謂之偽。」（〈性惡〉）〔註113〕「偽」必然是後天人為的，而「性」是人天生而有內在於人的，那麼「性偽合」之後的產物，必然是因後天外在人為和這先天之性所形成，則其必然是後天而成而不為天生而有的，此即是為荀子所謂「今人之性，固無禮義，故彊學而求有之也；性不知禮義，故思慮而求知之也。」因此可知人的道德價值是後天而非先天內在於人的。第二，所謂「無性則偽之無所加，無偽則性不能自美」，是後天人為之「偽」加諸人本有的「性」之中，則此「性偽合」後的產物自亦在於人之內而不在於外，如此，「性偽合」也才能說是人的「第二人性」，因為其已內在於人之中。這也就是楊國榮所說：

> 德性本質上並非與生俱來，而是獲得性的品格，但德性一旦形成，
> 便逐漸凝化為較為穩定的精神定勢。這種定勢在某種意義上成為人
> 的第二天性，並相應地具有恆常的性質。〔註114〕

也就是說，禮義對於人性的化導，不是暫時的。所以說，即便聖王擁有權威，能以禮法使人為善，而其目標也不只是利用人「好利惡害」之性而達到治的效果，其目標還是在於化人之性，從最根本之處改變「人之性惡」，以達到對於人性長遠的改變，甚至期許人能夠自覺而成聖，這與韓非認為人性不可化而旨在利用人性的進路是不同的。〔註115〕這樣透過「禮義」教化而形成內在的「第二人性」，也就是伍振勳所說的「『身』與『禮』可能為一體」的概念，也就是荀子所說：「行禮要節而安之若生四枝」（〈儒效〉）〔註116〕。伍振勳的意思是，透過為學修養、禮義的教化，禮義能夠內化於人之中，使「身禮合一」。〔註117〕荀子這裡所謂「行禮要節而安之若生四枝」，倒是讓我們聯想到孟子所說「人之有是四端也，猶其有四體也。」（〈公孫丑上〉）〔註118〕那麼我們似乎也就更可以確定地說，荀子所謂人「性偽合」之後的狀態，也就是伍振勳所說的「身、禮一體」之「禮義的身體」，人的內在就有了良知與四端這類的道德價值與意識

〔註113〕〔清〕王先謙撰，沈嘯寰、王星賢點校：《荀子集解》，頁436。
〔註114〕楊國榮：《倫理與存在——道德哲學研究》，頁149。
〔註115〕參見韋政通：《荀子與古代哲學》，頁243。
〔註116〕〔清〕王先謙撰，沈嘯寰、王星賢點校：《荀子集解》，頁130。
〔註117〕參見伍振勳：〈荀子的「身、禮一體」觀——從「自然的身體」到「禮義的身體」〉，《中國文哲研究集刊》第19期（2001年9月），頁317、334～338。
〔註118〕〔漢〕趙歧注，〔宋〕孫奭疏：《孟子注疏》，頁66。

——只是必須再次強調，這是後天所形成的道德意識。

　　這也是爲什麼我在第三章第二節中，說荀子所言「人有氣、有生、有知，亦且有義」（〈王制〉）〔註119〕是對於「哲學意義的人」的描述。因爲正如我所論述的，荀子所謂的「人」多是「哲學意義的人」，只有在其特別言「人之性」、「人生而有」之時，所言才是「生物意義的人」本有的特質。那麼在這裡我們可以看到，所謂受到禮義教化後「哲學意義的人」，同樣有著「氣」、「生」、「知」這人所固有之「性」，而「義」則是後天起僞而內化於人，這已是一種理想人格的描述，荀子在這裡不特別分別「氣」、「生」、「知」與「義」的先天與後天的差別，正在於因爲「義」是「性僞合」後內化於人，已是人的一部分，成爲人的「第二人性」。不解此者，反認爲既然「氣」、「生」、「知」皆人所本有，則「義」必爲人所固有，而以此來說荀子人性論中，人有內在價值，與其所論「今人之性，固無禮義」（〈性惡〉）〔註120〕相矛盾，此不明荀子論述脈絡所致矣。〔註121〕

二、理想人格的追求：以成聖爲目標

　　由上一小節的論述，我們可以了解到，荀子所謂的禮義，也就是道德價值是可以化導人之性惡，並將道德價值內化於人的心性之中的。如此來看，那麼「性惡之人」就有可能透過積學爲善、禮義教化而成爲有德之人，甚至可以成聖；荀子不就說：「塗之人也，皆有可以知仁義法正之質，皆有可以能仁義法正之具，然則其可以爲禹明矣。」（〈性惡〉）〔註122〕也就是人能夠靠著「認知心」來成就道德，進而有成聖的可能。正如荀子所說，「性僞合」之後，然後可以「聖人之名一，天下之功於是就也。」（〈禮論〉）〔註123〕那麼我們就可以明白，荀子的爲學、積善、化性、起僞，是一種使人從「生物意義的人」到「哲學意義的人」的一個過程。我們可以說，荀子對於人始終抱持著一種「成聖」的期許與期待，他說：

> 學惡乎始？惡乎終？曰：其數則始乎誦經，終乎讀禮；其義則始乎爲士，
> 終乎爲聖人。眞積力久則入，學至乎沒而後止也。故學數有終，若其義

〔註119〕〔清〕王先謙撰，沈嘯寰、王星賢點校：《荀子集解》，頁164。
〔註120〕〔清〕王先謙撰，沈嘯寰、王星賢點校：《荀子集解》，頁439。
〔註121〕參見路德斌：《荀子與儒家哲學》，頁114～116。
〔註122〕〔清〕王先謙撰，沈嘯寰、王星賢點校：《荀子集解》，頁443。
〔註123〕〔清〕王先謙撰，沈嘯寰、王星賢點校：《荀子集解》，頁366。

則不可須臾舍也。為之，人也；舍之，禽獸也。(〈勸學〉) 〔註124〕
所以我們可以了解，荀子認為人為學的目標就是要達到「成聖」的境界，而這
是人一生所必須持續修養的工夫，不能懈怠。因為「學」是知禮義的必然途徑，
不知禮義則與禽獸無異，也就不得稱之為「人」——「哲學意義的人」。荀子亦
言：「故學者固學為聖人也。」(〈禮論〉) 〔註125〕 由此我們更加可以確定，荀子
對於「成聖」作為人生的終極目標。這也就是說，荀子期望的，並不只是透過
外在的制約去使人為善而達到治的目標，其所謂「禮義」也不只是告訴人們應
當做什麼？應該怎麼做？他所期待的是透過「禮義」教化出善的人格。對於「人
格」養成的期待這意味著相信人透過後天教化，能夠達到自覺的可能。因為「在
人性中表現在行為上重要的一環是人格，是內在傾向力糅合著對外部環境的適
應力，是基因和環境交互影響的結果，是人性中動物性和文化性平衡的表現。」
〔註126〕 是「道德是在一定人文環境（社會群體）基礎上，通過輿論褒貶，精神
教化與感召等手段，在人的人格和品性中形成的、遵循某種行為規範的習慣。
也即是外部人文因素（相應的群體及相應的輿論）通過人的內心評價而使人自
覺奉行（自律）的調節人與自然、人與其他人的關係。」〔註127〕 由此我們可以
了解到，荀子強調「人格」與一般所謂外在道德規範對人的制約有著不同層次
要求，這樣的差異我們可從楊國榮的論述來理解：

> 規範在形式上表現為「你應當」（You ought to）之類的社會約束。
> 相對於此，德性則首先以「我應當」（I ought to）為約束的形式。
> 對行為者來說，「你應當」似乎呈現為某種外在的命令，「我應當」
> 則源於行為者的自我要求，後者乃是基於向善的意願、善惡的辨析
> 與認定、好善惡惡的情感認同等精神定勢，它可以看作是內在德性
> 結構綜合作用的結果。〔註128〕

所以說，荀子以「成聖」作為人為學的目標，也就是以提升「人格」為修養
的目標，就是一種期待人能夠自發地由內而外做出「我應當」的價值判斷。
如此我們更加可以肯定，荀子的理論不僅僅是一種外在權威的強制性與制
約，其中更含有人自覺而為善的理想與期待。

〔註124〕 〔清〕王先謙撰，沈嘯寰、王星賢點校：《荀子集解》，頁 11。
〔註125〕 〔清〕王先謙撰，沈嘯寰、王星賢點校：《荀子集解》，頁 357。
〔註126〕 孔憲鐸、王登峰：《基因與人性》，頁 108。
〔註127〕 章斐宏：《第三種人性》，頁 121。
〔註128〕 楊國榮：《倫理與存在——道德哲學研究》，頁 159。

三、理想人格的提升：從士、君子到聖人

　　當然，「性惡之人」不可能一步登天，即達到聖人的境界，荀子當然也明白這個道理，所以他在論述中，特別強調了「人格」的層次與爲學漸進的關係；由此可以知道，荀子對於成聖的理想不只是個空談，如空中樓閣般可見而不可入。我們也可以說，荀子對於人爲學修養的過程，皆是從「人格」而論，而不是以行爲而論，那麼這正可以看出荀子對於「師」的禮義教化、期待人的自由意志的顯發並不是空談。荀子爲了讓爲學者能掌握爲學次第與循序漸進之工夫，特別提示了爲學終始的步驟：「學惡乎始？惡乎終？曰：其數則始乎誦經，終乎讀禮；其義則始乎爲士，終乎爲聖人。」據此，我們進而由《荀子》的脈絡中觀察，荀子提示的「人格」層次，大致可分爲士、君子、聖人三階段。〔註129〕而這三個「人格」層次的分別爲何，我們可以從以下幾段文字探究：

> 好法而行，士也；篤志而體，君子也；齊明而不竭，聖人也。（〈修身〉）〔註130〕

> 彼學者，行之，曰士也；敦慕焉，君子也；知之，聖人也。上爲聖人，下爲士君子，孰禁我哉！（〈儒效〉）〔註131〕

> 嚮是而務，士也；類是而幾，君子也；知之，聖人也。（〈解蔽〉）〔註132〕

明顯的，因爲是對於「人格」層次的敘述，故荀子都是從人的內在思維與動機來評判其人格高低。就「士」而言，所謂「好法而行」、「行之」與「嚮是而務」來說，指的是人雖然能夠出自內心去遵守道德禮義，但並不能體會「禮」

〔註129〕對於荀子以人格層級來區分爲學與修養的程度，正可看出其所謂的「人性」是隨時間與工夫成長的。人透過認知心去認知道德，而能夠將禮義內化，逐漸邁向一種社會化的過程——一種由強制性力量到自覺的道德意識形成。如此「人性」的成長過程，類似於教育心理學家柯爾勃所說的道德推理的六個階段：（1）單純地服從規則與權威以避免懲罰；（2）附和群體行爲，以獲得獎賞並得到互惠之效；（3）乖孩子取向，以附和的方式避免別人的排斥和不喜歡；（4）職務的取向，以附和的方式避免權威的責備、秩序的瓦解、以及由此而來的罪惡感；（5）合法的取向，承認契約的價值，有點獨斷地形成一些規則，以便維持共通的善；（6）良心或原則取向，對選擇的原則有基本的忠實性，有時這種原則可以超越法律——依個人判斷，當法律只會傷害而不能造成善的情況下。參見〔美〕愛德華・魏爾森著，宋文里譯：《人類本性原論》，頁190～191。

〔註130〕〔清〕王先謙撰，沈嘯寰、王星賢點校：《荀子集解》，頁33。

〔註131〕〔清〕王先謙撰，沈嘯寰、王星賢點校：《荀子集解》，頁125。

〔註132〕〔清〕王先謙撰，沈嘯寰、王星賢點校：《荀子集解》，頁407。

深層的意義。而「君子」所謂「篤志而體」、「敦慕焉」、「類是而幾」，則是能夠對於禮之所以為禮有著一定程度的體會，對於一切的禮法與情境大致都能做出正確的價值判斷，但還不到能夠做到盡善盡美的地步，可能偶有偏失。至於「人格」的最高層次「聖人」，是荀子所謂「齊明而不竭」、「知之」。所謂的「知之」，看似簡單，其實卻是十分高深的境界。荀子既強調以「認知心」認知禮義與接受道德，那麼就必須在各種現實情境中去理解、歸納出一套道德價值；而這樣的情境可說是千變萬化，要能達到荀子所謂的「不蔽」而能「知道」，是須要行「虛壹而靜」的工夫才可得而至。正所謂「心容其擇也，無禁必自見，其物也襍博，其情之至也不貳。」（〈解蔽〉）〔註133〕聖人之心能夠統合認知到各種雜多的情境，而做出正確的價值評判。這也是為什麼荀子要強調「全之盡之」（〈勸學〉）〔註134〕的重要性，因為任何一點蔽塞，都可能會造成道德判斷的缺失。當然，社會上的各種情境千變萬化，每個情境有每個情境的脈絡，沒有任何兩個情境會是一樣的，那麼對於「禮法」所沒有規範的，一般人可能就無法應付，但是聖人卻能夠做到「有法者以法行，無法者以類舉」（〈王制〉）〔註135〕，也就是所謂「齊明不竭」。聖人這樣的境界就是對於禮法的通透了解，而且能夠隨心所欲依現實情境去做出合宜的道德判斷；也就可以說，禮義道德價值完全內化於其心中，這自然是荀子所謂「性偽合」的最高境界，也是伍振勳所謂「禮義的身體」的完美呈現。如果達到荀子所謂「聖人」的境界，那麼我們也可以如孟子所說：

> 乃若其情，則可以為善矣，乃所謂善也。若夫為不善，非才之罪也。惻隱之心，人皆有之；羞惡之心，人皆有之；恭敬之心，人皆有之；是非之心，人皆有之。惻隱之心，仁也；羞惡之心，義也；恭敬之心，禮也；是非之心，智也。仁義禮智，非由外鑠我也，我固有之也，弗思耳矣。（〈告子上〉）〔註136〕

但是，我必須指出，對於「人」有四端之心，所謂「仁義禮智，非由外鑠我也」的描述，是人透過後天修養後才有的最高境界，也就是聖人的人格特質，而孟子在這裡卻將這樣的特質當作人生而即有來敘述，這就是荀子與孟子的

〔註133〕〔清〕王先謙撰，沈嘯寰、王星賢點校：《荀子集解》，頁398。
〔註134〕〔清〕王先謙撰，沈嘯寰、王星賢點校：《荀子集解》，頁18。
〔註135〕〔清〕王先謙撰，沈嘯寰、王星賢點校：《荀子集解》，頁151。
〔註136〕〔漢〕趙岐注，〔宋〕孫奭疏：《孟子注疏》，頁195。

根本差異——荀子將完全自覺的境界當作修養的最高層次，而孟子將此作爲人的始點。荀子也曾多次提到人自覺的理想描述，如在〈勸學〉中所提到的「德操」——一種人完全不受本有之欲所制約的境界：

> 君子知夫不全不粹之不足以爲美也，故誦數以貫之，思索以通之，爲其人以處之，除其害者以持養之，使目非是無欲見也，使耳非是無欲聞也，使口非是無欲言也，使心非是無欲慮也。及至其致好之也，目好之五色，耳好之五聲，口好之五味，心利之有天下。是故權利不能傾也，群眾不能移也，天下不能蕩也。生乎由是，死乎由是，夫是之謂德操。德操然後能定，能定然後能應，能定能應，夫是之謂成人。天見其明，地見其光，君子貴其全也。〔註137〕

又如其在〈不苟〉所強調「誠」的境界：

> 君子養心莫善於誠，致誠則無它事矣，唯仁之爲守，唯義之爲行。誠心守仁則形，形則神，神則能化矣；誠心行義則理，理則明，明則能變矣。〔註138〕

以及在〈解蔽〉中對於那種發自內心自然而然行道德而毫無勉強的至高境界：

> 空石之中有人焉，其名曰觙，其爲人也，善射以好思。耳目之欲接則敗其思，蚊蝱之聲聞則挫其精，是以闢耳目之欲，而遠蚊蝱之聲，閑居靜思則通。思仁若是，可謂微乎？孟子惡敗而出妻，可謂能自彊矣；有子惡臥而焠掌，可謂能自忍矣，未及好也。闢耳目之欲，可謂能自彊矣，未及思也。蚊蝱之聲聞則挫其精，可謂危矣，未可謂微也。夫微者，至人也。至人也，何彊，何忍，何危？故濁明外景，清明內景。聖人縱其欲，兼其情，而制焉者理矣。夫何彊，何忍，何危？故仁者之行道也，無爲也；聖人之行道也，無彊也。仁者之思也恭，聖者之思也樂。此治心之道也。〔註139〕

荀子不是如牟宗三所說：「只認識人之動物性，而于人與禽獸之區以別之眞性則不復識。此處虛脫，人性遂成漆黑一團。」〔註140〕也不是不明道德精神之可貴，而正是他看出了人之所以爲人的關鍵在於後天文化的薰習及爲學的修

〔註137〕〔清〕王先謙撰，沈嘯寰、王星賢點校：《荀子集解》，頁18～20。
〔註138〕〔清〕王先謙撰，沈嘯寰、王星賢點校：《荀子集解》，頁46。
〔註139〕〔清〕王先謙撰，沈嘯寰、王星賢點校：《荀子集解》，頁402～404。
〔註140〕牟宗三：《名家與荀子》，頁224。

養，而不從形上的角度賦予人一種形上的道德根源。他當然也明白人性自覺的可貴，否則他不會在其著作中有如此多的體會與論述，只是他認識到人性惡的現實意義，從不同於基礎主義的論述開展出了一條兼具現實與理想的人性理論。

小結　打破復性的迷思，打破黑暗向光明

　　透過我在本章的論述，我們可以了解到，荀子不只是從現實層面來講「人之性惡」，也就是動物性的一面；他同時還認識到了「人之所以為人」，人可以為善的面向。也就是說，荀子不是如牟宗三所說，只看見人的動物性，而不見人所以區別於禽獸的真性所在；他只是以其經驗性格來觀察現實中人的欲望與傾向，並就此事實作論述。但荀子的人性論絕不因此而黑暗，反而是十分光明而美好，正所謂在黑暗中的光明最為可貴也最為耀眼。我所謂荀子人性論的光明，正是在於人有為善的可能。雖然人性本是惡的，亦無價值根源，但是荀子賦予人認知心的能力，使人能夠透過認知禮義而達到善的境界。不僅如此，他更看到人有選擇的權利，也就是人有著自由意志；自由意志使人能夠自主選擇為善與作惡，如此，荀子就肯認人有主動為善的可能性。因此，他對於使人為善，絕不僅僅是訴諸君勢刑罰的權威與強制性，他更重視透過「師」作為道德標準來教化使人為善的可能性。君勢只是在現實中對於人為善必然性所必需，但那不是他使人為善的核心價值；其真正重視的還是在於對於人性的化導，也就是理想人格的塑造，這點由其對於人為學的目標是為成聖就可明白其用心所在。

　　由此，我們了解到，要使人為善，不必然要訴諸孟子所謂的四端良知，認為人必然有內在價值根源，才有為善的可能；而人之所以會作惡，都是因為四端之心的放失所造成，所以我們必定要透過修養去找回放失的本心、回復到人本有的內在美好價值，追求所謂的赤子之心，這也就是所謂的「復性」。但是正如荀子理論中所表示的，在人性中沒有道德根源的情況下，只要我們有認知能力，就可以有為善的可能。如果我們能拋開基礎主義的思維，從現實層面而論，則人可以透過中性的認知心而認知道德、內化道德，甚至能夠成聖而無疑。非要認為人性中沒有善的根源即不可能為善，那是一種「復性」思維的迷思，也是長期以來大部分的人受到孟子性善論思維的影響所致。如

今我們透過荀子的人性論，了解到人如何透過單純的認知心成就道德、成就人格，則我們可以說，「復性」的迷思可破矣！我們要接受人性惡的現實，重要的不是人性如何，關鍵在於我們如何在現實中去爲善，過著道德的生活。即便人性本善，但在現實中我們奸險狡詐、處處爲惡，那有何好以人性本善爲傲？即便人性本惡，但在現實中我們謙恭有禮、時時行善，那又有何好以人性本惡爲恥呢？

打破復性的迷思！以荀子所論如何在沒有良知、只有認知能力下爲善、成聖、行道德的思維爲借鏡，我們在生命中成就道德的可能將大大提升，打破黑暗向光明！

第六章　結論：打破之後的回顧、反思與展望

在本文之初，我指出了當代荀子人性論研究的二個階段：從當代新儒家一派對於荀子性惡論的批評，透過各種論述來強調其「性惡論」不能成立——他們批判荀子不明人性的眞義，並以此來貶抑荀子的思想與地位；到陳大齊、張亨、韋政通等學者，開始對於荀子「性惡論」作「客觀」梳理而欲顯現出荀子哲學的價值，但荀子的價值仍不可與孟子同日而語；一直到近年有一批學者積極闡述荀學的價值與意義。但無論荀子人性論的研究如何開展，這些研究始終有著一個迷思：始終執著於探究荀子人性論中人是否有天生的內在價值。無論是早期當代新儒家一派明言其無而以此批評荀子的人性論無根，或是近年來學者所提倡的「潛在的性善論」、「弱性善論」，或以「人觀」、「人的概念」來言其有，進而肯定荀子人性論的價值，都沒能跳出這個追求內在價值根源的窠臼。這樣的論述似乎隱含著一個思維：「性善論」才是好的有價值的，也就是我稱爲受到「性善的誘惑」下的思考進路。在這末尾的一章，我將總結本文的論證與觀點，說明對於我最初提出的這些問題，在後新荀學的脈絡下，得到了什麼樣的進展與結果；以及我們對於荀子性惡論，應該要有著什麼樣的正確認知與了解。

在本文中我試圖打破性惡的偏見，希望讀者能了解到荀子的「性」所言的是人禽所共的欲望，而非「人之所以爲人」的價值，而「性惡論」的建構，

正是爲了凸顯禮義的價值與正理平治的須要，是一種爲了成就善而不是爲了凸顯惡的學說。我試圖打破性善的誘惑，希望讀者明白，荀子既所言「人之性惡，其善者僞也」又說「性不知禮義」（〈性惡〉）〔註1〕，則其道德價值自外在於人而不天生內在於人；說荀子的人性論中人有天生的良知、禮義、道德傾向、利他之心都是不正確的。我試圖打破形上的權威，希望讀者認知到，荀子所謂的「禮義」，也就是其所強調的道德價值，是不須要形上根源的意義就有其價值的，因爲那是人與環境互動下而形成的價值；也就是我們不一定要訴諸先驗的形上權威那種無限的、永恆的價值才感到安心，我們可以如荀子在現實的有限性中尋找人的價值與意義。我試圖打破復性的迷患，希望讀者體認到，荀子的人性論中，人未必要有孟子所說的四端之心才能爲善，人只要有著認知心與可以做出選擇的自由意志即足以爲善；當我們做道德修養時，是不斷地去認知外在的道德價值而內化於心，並非要在心中找尋那放失的價值。對於打破這些偏見與迷思，無疑都是以面對當代荀學研究對於性善的誘惑爲核心而來，也可以說是爲了打破漢語文化圈人們對於性善的誘惑與對於惡的忌諱所造成的心理矛盾而發。

在我一一破除這樣的迷思後，我們有必要對於荀子性惡論的意義做一彙整與總結，並進一步思考荀子性惡論對於我們現代生活的提示與啓發。最後，我將針對荀子人性論研究的未來作一思考與期許。以下茲分別論之。

一、荀子性惡論意義的梳理

對於荀子「性惡論」的內涵、概念與意義，豐富、多元而廣泛，論證亦有其複雜性，難以三言兩語概括之。唯讀者透過我對於荀子性惡論意義釐清的文字梳理，對於性惡論的內涵必有一定的了解與認識。但荀子學說體系龐大，實有必要對於其性惡論概念再作一歸納總結，以使讀者掌握其人性論的意義內涵。我們主要可以從以下四點來把握荀子性惡論的要義。

（一）以惡爲內涵的「人性」論述

荀子「性惡論」的根本意義從字面上很容易理解，就是人性是惡的。這也如其〈性惡〉開宗明義即言：「人之性惡，其善者僞也。」〔註2〕這本是顯

〔註1〕〔清〕王先謙撰，沈嘯寰、王星賢點校：《荀子集解》，頁434、439。
〔註2〕〔清〕王先謙撰，沈嘯寰、王星賢點校：《荀子集解》，頁434。

而易見的，但學者多蔽於善而不知惡，不能把握這個中心價值，而屢屢將道德價值與根源賦予荀子人性論中「人」的內涵當中——無論是從「性」、從「心」、從「人」的概念來賦予其內在善的根源。這樣的思維都是性善的誘惑下的產物。而造成學者能夠產生這樣的詮釋，即在於對荀子言「生物意義的人」與論「哲學意義的人」之脈絡未能作明確區分。我們必須了解到，荀子在論述前者的內涵時，多以「人之性」、「人生而有」來說人禽之所同的本有欲望，是為實然；而在論述後者的內涵時，多以「人」來說人之所以為人的理想人格特質，是為應然。我們只要把握這兩個重要分別，就不至於將荀子所謂後天修養後的結果當作人先天本有的價值內涵。由此我們可以清楚看到，荀子的負面性內涵論述都歸諸「人之性」、「人生而有」，正面性內涵的論述則都歸諸「人」。這就與其所言「性者，本始材朴也；偽者，文理隆盛也」（〈禮論〉）〔註 3〕，「性」沒有道德價值的內涵，而「偽」則是後天人為而具有的道德價值內涵。

（二）無形上根源的「禮義」架構

荀子的經驗性格使其不從形上思維來建構其理論，這從其「自然天」的概念就可以明白。那麼他作為價值依歸的「禮義」，就不能從根源性意義來探究，否則即與其思想性格與整體思維體系相扞格，自不得善解。我們可以從荀子說：「禮起於何也？曰：人生而有欲，欲而不得，則不能無求；求而無度量分界，則不能不爭；爭則亂，亂則窮。先王惡其亂也，故制禮義以分之，以養人之欲，給人之求。」（〈禮論〉）〔註 4〕就可以發現，荀子對於禮義的起源是以很直觀而經驗式的論述，其中並不含有形上意義。但我們不須以基礎主義的觀點去質疑這樣的道德價值的正當性，因為荀子的「禮義」是據人之所需及其與環境的互動下而生，具有其「內在根據」與「外在根據」，不可據以說其理論無根。因為荀子的經驗式思維本就不以根源性的追求為目標，其目標在於面對社會實際所需及其治亂問題。因此如要說「禮義」如何而生，那即是所謂的「積思慮，習偽故」（〈性惡〉）〔註 5〕。也就是聖人透過對固有習慣的理解與整合，而形成一種好或壞、有用與無用的區別，而這樣的區別便會逐漸成為道德價值；當道德價值形成時，這樣的判斷就形成一種道德判

〔註 3〕〔清〕王先謙撰，沈嘯寰、王星賢點校：《荀子集解》，頁 366。
〔註 4〕〔清〕王先謙撰，沈嘯寰、王星賢點校：《荀子集解》，頁 346。
〔註 5〕〔清〕王先謙撰，沈嘯寰、王星賢點校：《荀子集解》，頁 437。

斷。當聖王將這樣的道德判斷用以對於習慣的反思與整合，進而將這個習慣具體化、規範化、權威化，就會形成所謂的「禮義」。由此，我們可以了解到，「禮義」是在現實脈絡中產生，而不須透過形上根源賦予其價值，其價值自然會在具體脈絡中顯現。

（三）爭亂中形成的爲善「動力」

如果我們以孟子根源式的思維：「盡其心者，知其性也；知其性則知天矣。存其心，養其性，所以事天也。」（〈盡心上〉）〔註6〕那麼自然會認爲荀子的「性」中無道德根源，如何能夠爲善求取道德價值？這個問題如荀子所說，「禮義」是聖人惡其亂而生的，這個「惡其亂」就是動力，但我們不能把「惡其亂」作爲人的內在道德價值，而言人有趨善的本性，因爲所謂的「惡其亂」，正是因爲「亂則窮」，窮則人的欲望得不到滿足；所以人爲善的動力就可以說是「欲望」──荀子據以說「人之性惡」的「欲望」。因爲當人對這個世界有了足夠的認識與經驗後，他們會發現，與其爭奪而造成資源匱乏而人人皆無法得到欲望基本的滿足，倒不如暫時犧牲當下的欲望，遵從禮義而爲道德，以求取長遠欲望的滿足；所以說人爲善的關鍵正在於其「性惡」。當然，在現實上，有些人沒有這樣的遠見，蔽於當下的欲望，而不尊禮義而向道德，如此就造成了使人爲善沒有必然性的問題，故荀子還建構了聖王的權威，以人性「好利惡害」（〈榮辱〉）〔註7〕之性來制約之使其爲善，這是荀子人性論的內在動力與外在動力──自由意志的選擇與他律的強制性，也是理想與現實兼顧的理論。

（四）藉知識成就的理想「人格」

儘管荀子提倡性惡論，但其對於理想人格的培養還是有著很大的期待。他認爲，即便人性惡，沒有內在價值根源，其依然可以透過「認知心」去認知現實情境、獲得「知識」，在現實生活中做出最好的選擇，當選擇對自身是有利或好的結果時，這樣的選擇就會變成善的，反之則會形成惡的。也就是說，人可以靠著「認知心」去成就道德。當然我所說人所以爲善可以訴諸人的欲望，這是一種道德系譜學的論述，我並沒有說人是有意識會形成這樣的算計，但是根據爲善的可能及其生發的根據，的確可以以此來論述。但無論

〔註6〕〔漢〕趙岐注，〔宋〕孫奭疏：《孟子注疏》，頁228。
〔註7〕〔清〕王先謙撰，沈嘯寰、王星賢點校：《荀子集解》，頁61。

如何，荀子是相信人有自由意志且可以爲善的，他並非權威主義者，徒以政治的強制力量來迫使人爲善；他同時期待人的自覺，所以他樹立了師法典範，期望透過人的自由意志去求師問學，而朝著聖人的境界努力。由此我們可以解，荀子性惡論對於人爲善的價值與意義。

二、荀子性惡論價值的發想

在前文破除由性善的誘惑而開展出的種種問題之後，我們可以透過荀子的人性論，得到對於我們的信念與生活的一些啓發與提示，也即從荀子性惡論的意義中，我們應該如何正確理解荀子性惡論，而不對其性惡論帶有偏見，從中吸取其對於我們生活態度的啓示與價值。以下分別就六個面向對於荀子性惡論意義給予我們的提點作一發想：

（一）以行道德爲目標，認識人性之惡

我們既然已經了解到，荀子的「性惡論」不是一黑暗的學說，反而是一重禮隆法，欲達到社會治亂爲目的而發之學說，如此我們爲何要有著這樣的認知：性善論是正當的，性惡論是負面的。荀子強調性惡論不但不是要人與禽獸同，不是要爲了縱情欲而找藉口，反而是要人警醒本有的負面價值，應該重視禮義而化導之。他說「人無禮不生，事無禮不成，國家無禮不寧」（〈大略〉）〔註8〕，可以見得其將「禮義」視爲人所以爲人而有價值的關鍵，將其視爲國家治亂的樞紐。又其言「辨莫大於分，分莫大於禮」（〈非相〉）〔註9〕，「禮義」使人有分有別有辨，正是要使人在文化脈絡下有倫常道德，使人不至於淪爲與禽獸一樣「有父子而無父子之親，有牝牡而無男女之別。」（〈非相〉）〔註10〕可見其「性惡論」正是要以文化凸顯出人禽之辨，而非要以之凸出人禽之同而使人能夠與禽獸一樣盡情縱欲。所以說，「性惡論」作爲一種思想體系，它是一種「向善的哲學」，如此它便是有價值有意義的哲學。一個思想重要的是它是否是以道德爲出發點的，今天我們了解到，荀子說「學者固學爲聖人也」（〈禮論〉）〔註11〕，則其論述無疑是一種勸人向善的哲學，也就是劉又銘所說：「荀子的人性論其實一樣是一個理路完整的健康的人性論。」

〔註8〕　〔清〕王先謙撰，沈嘯寰、王星賢點校：《荀子集解》，頁495。
〔註9〕　〔清〕王先謙撰，沈嘯寰、王星賢點校：《荀子集解》，頁79。
〔註10〕　〔清〕王先謙撰，沈嘯寰、王星賢點校：《荀子集解》，頁79。
〔註11〕　〔清〕王先謙撰，沈嘯寰、王星賢點校：《荀子集解》，頁357。

〔註 12〕那麼我們何以要因為荀子言人性惡而批判之？忌諱之？當然，正如王靈康所說的：「在道德修養的學習與實踐當中，自然應該以這套學說裡的『善』作為鵠的。」〔註 13〕荀子的論述以求善為目的，人如何能為善也是我們訴求與理解的重點，但我們不能有意忽略荀子對於「惡」的論述，那是我們認識自己的基礎，有了這個基礎，也才能重視禮義、積學而為善，這也是荀子提倡性惡論的目的。不能真實地認清自己，人也就無從為善，正如希臘德爾斐的阿波羅神廟的箴言：「認識你自己。」唯有在如荀子這般勇敢去面對我們本性中的動物性與欲望，我們也才能真正去面對我們的生命與意義。這也是為什麼達爾文會說，「了解狒狒的人，對於形上學的貢獻就會多於洛克。」〔註 14〕因為我們必須從「性」這一方面去認識到我們與動物（禽獸）的連續性意義〔註 15〕，如此才能夠對自己的生命有著清楚的概念，也才能夠正視情欲。〔註 16〕這或許也是為什麼黑格爾會說：「有人以為，當他說人本性是善的這句話時，是說出了一種很偉大的思想；但是他忘記了，當人們說人本性是惡的這句話時，是說出了一種更偉大得多的思想。」〔註 17〕

　　這也是處在漢語文化圈的我們特別須要面對的問題：羞於承認與談論自己的情感欲望，而造成的壓抑心理。我們所要做的，正是了解到自身的動物性欲望，在合理的脈絡中去滿足這樣的欲望卻又不淪於淫亂，這才是正確的生命態度。我們是可以同時擁有野蠻人的身體與文明人的思想的！

（二）以可以為善為貴，不以性善自傲

　　人們長期受到孟子「人性本善」思維的影響，對於「惡」有一定程度的忌諱，這樣的忌諱也就是對於欲望的妖魔化，進而只能不斷壓抑，形成一種心理的病態。其實，為什麼我們要忌諱於承認人性中的惡呢？為什麼要顧忌承認自己有動物性的欲望呢？重要的不是我們能夠在現實社會中去為善行

〔註12〕劉又銘：〈從「蘊謂」論荀子哲學潛在的性善觀〉，頁 73。

〔註13〕王靈康：《荀子哲學的反思：以人觀為核心的探討》，頁 5。

〔註14〕參見〔美〕麥特・瑞德里著，范昱峰譯：《德性起源──人性私利與美善的演化》，頁 93。

〔註15〕參見〔美〕愛德華・魏爾森著，宋文里譯：《人類本性原論》，頁 29。

〔註16〕參見〔美〕查爾斯・霍頓・庫利著，包凡一、王湲譯：《人類本性與社會秩序》，頁 1～2。

〔註17〕參見中共中央馬克思恩格斯列寧史達林著作編譯局編譯：《馬克思恩格斯選集・第四卷》（北京：人民出版社，1995 年），頁 237。

德嗎？我必須深切地指出：性善不值得驕傲，驕傲的是人可以爲善；性惡並不可恥，可恥的是不能爲善。如果說我們之所以異於禽獸之處在於孟子所說的四端之心，也就是人本有的道德本心，那麼這個人之所以異於禽獸的關鍵是人生而有的，那麼又有何好驕傲的呢？如果真如孟子所說：「人之所不學而能者，其良能也；所不慮而知者，其良知也。」（〈盡心上〉）〔註 18〕那麼人與禽獸的差異就在於天生而有的良知良能，如此不用透過任何努力與意志就形成的人與獸之差異，何以能夠拿來說嘴？如果說人天生與禽獸所同，但是我們卻能夠成就道德禮義，這樣因後天文化的差異而造成的人禽之辨，不是更讓人驕傲嗎？這也就是荀子爲什麼會說「今將以禮義積僞爲人之性邪？然則有曷貴堯、禹，曷貴君子矣哉？」（〈性惡〉）〔註 19〕讓我們以兩種情境來作思考：在第一種情境中，某甲的家境貧困，父親沒有給他留下任何財產，而某乙的家境富裕，擁有百億身價；那麼當某乙憑著家業開創年營業額上億的公司，某甲卻只能白手起家開小吃店，每月收入幾萬元，在這樣的情況下，我們會覺得某乙值得驕傲嗎？在第二種情境中，某甲與某乙都是家境貧困之人，都憑著白手起家創業；某甲開了個每月收入幾萬元的小吃店，某乙卻創造了年營業額上億的公司，這時你是不是就會讚許某乙的成功了！孟子由四端之心來凸顯人禽之辨，並由此言人的價值，無疑就像是在第一種情境中讚許某乙的成功一樣。當然我了解孟子沒有說人不須努力與修爲就能夠達到聖人爲善的境界，只是以其理論來看，就會形成這樣的窘境，這點就如同我在第二章的二節所論述的那樣。所以身在漢語文化圈的我們，不要執著於「人性本善」，那正是造成我們做人的起點過高，造成我們出生就不是「人」，造成我們對於自己總有些時候無法自覺做到漢語文化圈中那種仁義禮智信、溫良恭儉讓的集體意識時，而感到焦慮、懊惱與困惑，進而迷失了自己！唯有相信人性之惡，期許自己朝善的目標邁進，如此才能夠形成和諧的生命與健全的人格。

（三）以自由意志爲本，爲惡行爲負責

　　儘管荀子說「人之性惡」（〈性惡〉）〔註20〕，也就是說人和禽獸有著相同的欲望與衝動，但這並不表示，我們可以順理成章與禽獸一樣「縱性情，安

〔註18〕 〔漢〕趙岐注，〔宋〕孫奭疏：《孟子注疏》，頁 232。
〔註19〕 〔清〕王先謙撰，沈嘯寰、王星賢點校：《荀子集解》，頁 441。
〔註20〕 〔清〕王先謙撰，沈嘯寰、王星賢點校：《荀子集解》，頁 434。

恣睢」（〈性惡〉）〔註21〕而不須要為自己的為惡的行為負責。也就是說，「人之性惡」不能使人的惡行得到豁免權。荀子說：「心者，形之君也，而神明之主也，出令而無所受令。自禁也，自使也，自奪也，自取也，自行也，自止也。」（〈解蔽〉）〔註22〕這也就是肯認人有著「自由意志」。但是這樣的「自由意志」必須靠不斷為學與作「虛壹而靜」的工夫才能達到一定程度的自由，而不受人本有的欲望制約。我們不能將這樣的「自由意志」作為一種內在道德價值，因為這只是人能夠選擇的一種能力，這樣的能力也可以選擇為惡，所以並不能以此來等同於孟子所謂的「自覺」。因此荀子才會說：「然而朱、象獨不化，是非堯、舜之過，朱、象之罪也。堯、舜者，天下之英也；朱、象者，天下之嵬，一時之瑣也。今世俗之為說者不怪朱、象而非堯、舜，豈不過甚矣哉！」（〈正論〉）〔註23〕由此可知，我們為善或為惡，都必須由自己的「自由意志」去選擇，因為正如齊碩姆（R. M. Chisholm）所言，「人是一種責任的主體」〔註24〕，因此，我們就要為自己的行為負責。

由此，我們可以了解到，在現實生活中，我們實不必諱言性惡，因為即便承認自身的動物欲望，我們也不能順理成章去行獸欲，因為我們具有自由意志，就必須要為一切的行為負起責任。所以，我們應該改變這樣的觀念：承認我有性欲就代表我很淫亂。「有欲望」不必然就會「縱欲」，前者只是後者的必要條件。破除這樣的偏見，我們的社會才能有著健康的心理，否則人人談性（sex）而感到羞恥，造成了一種全面壓抑的集體（無）意識，也就形成一種病態的社會。欲望是正當的，只要我不淫亂縱欲而造成他人的傷害，又有何不能說、不能做呢！

（四）以為學開展良知，洞悉社會價值

我們應該如荀子所論述的，將「人性」視為一個發展的過程，也就是在為學中不斷去化性起偽，而使人動物的本性能夠不斷減少，而文化性能夠不斷提升，這也就是荀子所謂的「性偽合，然後聖人之名一，天下之功於是就也。」（〈非相〉）〔註25〕人唯有透過文化去化導禮義，而使本來完全為動物性

〔註21〕〔清〕王先謙撰，沈嘯寰、王星賢點校：《荀子集解》，頁435。
〔註22〕〔清〕王先謙撰，沈嘯寰、王星賢點校：《荀子集解》，頁397～398。
〔註23〕〔清〕王先謙撰，沈嘯寰、王星賢點校：《荀子集解》，頁337。
〔註24〕參見楊國榮：《倫理與存在——道德哲學研究》，頁134。
〔註25〕〔清〕王先謙撰，沈嘯寰、王星賢點校：《荀子集解》，頁366。

的「人性」，逐漸形成含有「文化性的人性」，而使得人不再受動物的本能衝動所制約，而能夠以禮義來調適自己的衝動與欲望，達到道德的境界，這也就是孔憲鐸與王登峰所說的天性與習性的消長：

> 人性的天性是動物性，本質不變，變的部分是人性中的文化性。……
> 人格的天性的本質也不易變，變的是人格的習性的部分，更重要的
> 是人格天性和習性部分之間的消長，也就是天性和習性配合的比率
> 會變，因之而形成不同的人格。〔註26〕

這也就是說，透過禮義的內化，人性中的文化性比例會相對提升，而動物性會降低，如此也就是所謂的為學修養之功。在此之時，我們將會形成所謂的「第二人性」，也就能夠形成所謂的「道德判斷力」或「道德良知」，且隨著文化性不斷地提升，其判斷力也會隨之精進，這也就是荀子所謂「虛壹而靜」工夫所能達到的效果。但正如我一再強調的，這樣的判斷力是我們透過後天認知而形成的，不是孟子那種「得於天而具於心」〔註27〕之物。所以說，我們不要迷信人性本善的本質，而應該透過我們認知的能力，努力為學去精進自己的道德。也就是說，我們不要認為德性本質是與生俱來的，而要認知到，唯有我們積極去認識社會中的價值，並去體會這樣社會脈絡中的意義，我們才能展現人的意義；因為人脫離社會是無法生存的。當我們迷失在自我道德的追尋、追尋那種永恆的價值，我們將會無法適應社會，可能會形成反社會傾向的危險，如此也就使人失去為人的意義。我們或許會說要做自己而不要在乎別人怎麼說，但這是一種激勵人們勇敢面對自我的話語，人不可能不在別人的評價中展現價值，這也就是庫利所說的：「人們彼此都是一面鏡子映照著對方。」〔註28〕因此我們要學習去如何與這個社會對話、溝通與交流，才能夠顯現出自我的價值所在（除非你能完全脫離這個社會而存在——但這是

〔註26〕孔憲鐸、王登峰：《基因與人性》，頁 116。

〔註27〕戴震語，見氏著：《孟子字義疏證‧理》，頁 4，另參見第四章註 62、第五章註 111。

〔註28〕庫利認為人生處在社會脈絡中，就必然會形成所謂的「社會自我」，而這個「自我」是透過社會上其他人的評價與反應所建構而成的，這就像一面鏡子一樣，我們透過「想像中得知別人對我們的外表、風度、目的、行動、性格、朋友等等想法，並受這些想法的影響。」而這樣的想像正與我們與社會的互動與所處脈絡息息相關。庫利稱此為「鏡中自我」（looking-glass self）。見〔美〕查爾斯‧霍頓‧庫利著，包凡一、王湲譯：《人類本性與社會秩序》，頁 135。

不可能的〔註29〕）；而不是一味向內求道德良知，以為一切皆自足於我心中，那將會造成人與社會價值的脫節，而形成反社會的傾向。

（五）以文化提升素養，積極融入社會

正因為我們不能脫離社會，因為社會可以說是人類形成道德的重要因素，也是文化得以形成的關鍵，這點正如我在第四章第三節所說的。所以我們應該重視人為的後天價值，而不是以形上思維關注我們人性中有什麼。正如荀子告訴我們的「人之性惡，其善者偽也」（〈性惡〉）〔註30〕、「可學而能、可事而成之在人者謂之偽」（〈性惡〉）〔註31〕、「性者，本始材朴也；偽者，文理隆盛也」（〈禮論〉）〔註32〕，也就是說人的價值在於後天的人為，也就是文化禮義的開創。透過荀子的論述，我們更可以體認到，文化是人之所以為人的關鍵，人與禽獸的差別正在於人有文化而禽獸沒有，這正如孔憲鐸與王登峰所說的：「人性中的動物性為所有動物包括人類所共有，是動物的通性，而人性中的文化性則僅為人類所持有，在其他一切動物身上都闕如，是人類的特性。」〔註33〕我們應該據以為傲的是我們在性惡之中開創出的道德價值，而不是訴諸天生內在的道德根源，孟子的性善論，就現實來看，是一種錯誤的論述，這正如孔憲鐸等人所認識到的：

> 孟子的性善論基本上是建立在人心所有的仁、義、禮、智四端上，即惻隱之心、羞惡之心、辭讓之心和是非之心。可是，這四端是人的社會本性，不是天賦的自然本性，也就是本書所稱人性中的文化性。是「習相遠」的習性，是不能世代相傳的。不論你在一生中獲得的聰明才智有多少，絕不會有點滴經由遺傳的途徑傳遞給你的子女。……所謂人性，指的是那天賦的自然本性，是「天命之謂性」的天賦人性，是世人皆有而且「相近」的天性，是自然的本性，不是人的社會本性。所以孟子的性善論，是建立在錯誤的立足點上，既然立足點錯了，理論就不能成立。〔註34〕

這也就是說，我們應該積極融入社會的價值之中，去體會社會文化的價值與

〔註29〕關於人不可能脫離社會而生活，請參考第二章註132。
〔註30〕〔清〕王先謙撰，沈嘯寰、王星賢點校：《荀子集解》，頁434。
〔註31〕〔清〕王先謙撰，沈嘯寰、王星賢點校：《荀子集解》，頁436。
〔註32〕〔清〕王先謙撰，沈嘯寰、王星賢點校：《荀子集解》，頁366。
〔註33〕孔憲鐸、王登峰：《基因與人性》，頁29。
〔註34〕孔憲鐸、王登峰：《基因與人性》，頁187。

意義，因爲那正是人最爲可貴之處。現今有些人以爲政治迂腐、社會混亂，其實那正是我們要努力去適應甚至轉化的，而不該想脫離社會人群而逃避這樣的亂象。我們應該有著荀子的決心，看到社會的亂象、看到人性之惡，而能夠提出禮義之道以治之，這正是這個社會所難能可貴的積極治亂精神。孔憲鐸和王登峰亦表示：

> 人類是由動物世界而來，卻往文化世界而去，於是就成了文化動物，
> 而文化也就成了人類創造的產物。這說明人是由動物性和文化性構
> 成的複合體，具有雙重性，缺一不可。〔註35〕

也就是說，我們既然是社會性的動物，以社會性得以成就道德，那麼我們就不應該逃避社會責任，而應該有在社會中證明自我的勇氣，如此生命的價值才得以顯現而與禽獸有所不同。

（六）以情度情促溝通，不迷信四端心

至此，我們應該要確實認知到，人類的文化是透過後天的開展而形成的，而所謂的仁義禮智就是後天社會中所形成的一種道德價值，這樣的價值不是先天而有的。如果我們能夠把握一切的文化與價值都是透過人類後天的開展，我們才能確實去向這個世界、這個社會學習價值，而不會一味地向內探求道德良知。也就是說，我們不該有一切的價值是非都在我心性中，而有著我們不必向外探求的思維，正如戴震所說：「以意見爲理，自宋以來莫敢斥者，謂理在人心故也」、「責詰一人，憑在己之意見，是其所是而非其所非。」（〈理〉）〔註36〕當我們依恃著自己的良知，也就是憑藉著內在道德價值，我們就會失去與人溝通的動力，而只是肯定自己的良心所肯認的，並以自我的「意見」（而自以爲是「天理」）來指謫別人，極容易形成一種「替天行道」的自信，這也就是戴震所認識到的：「方自信嚴氣正性，嫉惡如讎，而不知事情之難得，是非之易失於偏，往往人受其禍，己且終身不寤，或事後乃明，悔已無及。」（〈理〉）〔註37〕這也就是爲什麼荀子要強調法後王、要強調「禮義」的時代性與適切性，而不是以一最高永恆的天理根源來作爲道德依據。且荀子說：「聖人者，以己度者也。故以人度人，以情度情，以類度類，以說度功，以道觀盡，古

〔註35〕孔憲鐸、王登峰：《基因與人性》，頁35。
〔註36〕〔清〕戴震：《孟子字義疏證》，頁4、5。
〔註37〕〔清〕戴震：《孟子字義疏證》，頁4。

<u>今一也。」（〈非相〉）〔註38〕</u>正是告訴我們應該要有同理心，去理解別人的想法。正因爲荀子體認到在事理中體現的「禮義」是「千舉萬變」（〈儒效〉）〔註39〕的，唯有能不蔽於己之所好或所惡，不蔽於古或今，對一切事理去同情與理解，才能得到正當而適切的道德價值。這樣一種在現實事理中追求價值與標準的思維，正是羅蒂後現代的思考進路：

> 除了我們自己放在那裡的東西以外，在我們內部沒有更深刻的東西；除了我們在建立一個規矩過程中建立的標準以外，沒有任何別的標準；除了祈求這樣的標準的合理性準則以外，沒有任何其他準則；除了服從我們自己約定的證明以外，沒有任何嚴格證明。〔註40〕

這樣在事理中對於價值的建立與標準的追求，可以避免我們自以爲是的思維，能夠促進彼此的溝通，也才能使社會得到和諧的發展，這樣的思維進路，頗可以作爲現代民主的借鏡，作爲民主素養提升的典範。

三、打破之後：荀子性惡論研究的未來與期許

　　這裡談到的荀子所謂「以情度情」，進而讓人思考到：避免以自我思維價值強加於人，以爲秉持著天理良知，以自己所以爲的「真理」來指謫別人的不是；由此我們須要站在別人的立場來協調與溝通。而談到這裡，本文也已接近尾聲。再次思考，本文寫作的初衷因何而發？即當代學者對於荀子人性論的研究，都自覺或不自覺以孟子性善論、以基礎主義、以追求根源的思考方式來論述荀子的性惡論，這就不免有些以孟學的意見強加在荀子之上的嫌疑──當然有些學者並沒有意識到這樣的行爲。

　　而我在本文中所強調的打破一切以性善的誘惑爲核心所造成的問題，正是爲了要打破這樣的思維進路，而企圖從荀學應有的角度去詮釋，以我認爲適合荀子思維的反基礎主義與實用主義去論述，並以羅蒂的後現代思維去反思荀子人性論的問題。正如我在文章初始所說的，打破這些偏見與迷思正是爲了要對話。因爲當以孟解荀的思維沒有被打破前，我們是無法真正進行對話的。因此，這也就是爲什麼我在文中不避諱自我立場的表述，積極論斷荀

〔註38〕〔清〕王先謙撰，沈嘯寰、王星賢點校：《荀子集解》，頁82，加底線處據王先謙注而改正。

〔註39〕〔清〕王先謙撰，沈嘯寰、王星賢點校：《荀子集解》，頁445。

〔註40〕〔美〕理查德・羅蒂，黃勇編譯：《後哲學文化》，頁20。

子性惡論的價值所在,也勇於直接點出我認為孟子性善論的不足與缺失之處。就像杜威所認為的,並不存在著一個中立的哲學觀點〔註41〕,因此我們應該追求的,不是完全的客觀,而應該是一種「主體間性」的追求;也就是我們可以各自秉持立場,但必須同時去理解對方的思維、保持對話的空間,在差異間求其交流的可能。因為「客觀」對我們來說並不可能,「客觀」唯有超越一切的上帝觀點才可能達至,因此我們只能追求「主體間性」,而不能渴望「客觀」的對話,這也是羅蒂所說的:「不要認為客觀性有比『主體間性』更多的意義。」〔註42〕

所以,我反對的,不是孟學保有其自我的立場,而是其所堅持孟學自我中心的立場來批駁荀學的正當性。然而,我為何要以「打破」如此強烈的口吻作為我論述的主軸,並也同時一再批判孟學的立場?正是因為孟子的性善論與荀子的性惡論兩者之間的對話高度並不一致,或許應該說還有著很大的一段距離。我的意思是說,孟學立場者還沒有真正理解與同理過荀子性惡論的論述脈絡與立場,當兩者間彼此的高度不相當的時候,要達到「主體間性」的對話就不可能。因此,本文之所以要打破,正是要使孟學論者先對於荀子人性論思維有所了解與同情,進而期盼未來儒學的兩條進路能夠站在同一水平上對話、激盪,使我們不斷提升與進步。正因為荀學當今的弱勢,唯有如此大聲疾呼,以打破這樣具有衝突性意義的脈絡來呈現,才有可能達到孟荀能站在同一平台對話的可能——當那一天到來,我決不會也不願以打破這樣的進路去闡述我的哲學立場!也期待那一日的到來!

至於那些闡述荀子人性論中所謂的人具有內在道德價值或道德直覺,以此發揚荀子性惡論價值與意義的學者,就我看來是長期受到孟學主流價值影響下,受到性善的誘惑,不自覺地所作出的論述。當然以我「後新荀學」的角度看來是予以批判的,但是我並沒有說以荀子「潛在性善論」或是以「人觀」、「人的概念」來論述荀子性惡論的學者是錯誤的。我認為那都是一種嘗試與詮釋;站在荀學的立場來說,那都是有助於提高荀學對話的高度,繼而能夠促進孟荀之間對等性的有效論述。

當然,你會說究竟是孟學立場的人性論為真,或是講荀子人性論中有內在價值的學說為真,亦或是我所說的荀子人性論就是人性惡為真?我想我不

〔註41〕參見〔美〕理查德・羅蒂,黃勇編譯:《後哲學文化》,頁39。
〔註42〕〔美〕理查德・羅蒂,黃勇編譯:《後哲學文化》,頁105。

能也不願意回答這個問題。正如羅蒂所說的：「我們應該關心的只是在兩個假設之間的選擇，而不是是否有什麼東西可以使其中之一為真。」〔註 43〕只要我們所論述的都有其合理性，那麼我們所要做的，只是持續的對話與溝通，企圖從中激盪出我們彼此間的交集與交融的可能；但是，我們始終可以保持著我們基本的立場——只要保持著對話的可能。

　　或許你又提出質疑，那麼如果我所謂的「後新荀學」的思考進路，我所論證的荀子「性惡論」的人性原初就是惡的，是個錯誤的概念或論述呢？當然我必須先說，對與錯又是由誰來判斷？又是以什麼為標準呢？無論如何，我們在學說的開展與論證上，並不必害怕錯誤，我們應該積極去開展我們所認為可能的、須要的、應該如此的論述。這也就是實用主義乃至於後現代思維的進路。正如萊肯所說的：

> 實用主義的立場從根本上說是錯誤難免的，我們必須甘心情願地承認我們以為已經完成的慎思（deliberative）事件也許事實上還沒完。我們也必須隨時對這一事實有思想準備，即：一個慎思事件的解決也許會導致新的問題，而新的問題又需要新的慎思。〔註44〕

我們不必擔心什麼是錯誤的，只要就著我們所認為的問題去思考、去解決，就是一種進步、一種提升。「後新荀學」的提出，是為了對應與解決當代學者受性善的誘惑而對荀子性惡論的誤解，進而希望能藉著反基礎主義、實用主義與後現代的思考去還原荀子性惡論的原貌。當然我對此所做出的思考與論證，可能解決了這個問題，但由此而提出的「後新荀學」，可能又會形成新的問題須要面對。那麼我們所能做的，就是不斷地思考、對話與面對問題，這是一種永無止息的溝通，正如羅蒂所說的：

> 我們不能想像，有朝一日，人類可以安頓下來說，「好，既然我們已最後達到了真理，我們可以休息了。」……我們應該津津樂道於這樣的想法：科學和藝術將始終提供一個在不同的理論、運動、學派之間的激烈競爭的景觀。〔註45〕

因此，如果你是孟學論者、你是荀學的「弱性善論者」，你絕對可以不認同甚

〔註43〕 〔美〕理查德·羅蒂，黃勇編譯：《後哲學文化》，頁 85。
〔註44〕 〔美〕托德·萊肯著，陶秀璈等譯：《造就道德——倫理學理論的實用主義重構》，頁 115。
〔註45〕 〔美〕理查德·羅蒂，黃勇編譯：《後哲學文化》，頁 81～82。

至批判我的論述，但請你保持我們對話的可能；如果你是荀學論者、人性本惡的信仰者，或是在過去孟學思維主流的陰影下找不到自我、感到迷惘與困惑的迷失者——與我感同身受，那麼也請你勇敢地浮出水面，表達自己的想法、論述自己的思維。當「眾聲喧嘩」，對話不斷進行時，我們的社會、我們的世界，就有不斷進步的可能、我們也就能夠期待一個更美好的未來。

　　打破只是個開始，「後新荀學」只是個嘗試，企盼藉此，讓人們重新思考與認識荀子、重新思考人性的意義與價值、更能重新思考我們的社會價值觀與人生的態度，由此促進彼此對話與進步的可能。我衷心企盼孟荀思想能夠在對等的平臺上對話的那一天！

參考文獻

古籍文獻

1. 〔漢〕許慎著：《圈點說文解字》（臺北：萬卷樓，2006 年）。

2. 〔漢〕韓嬰撰，許維遹校釋：《韓詩外傳集釋》（北京：中華書局，2009 年）。

3. 〔漢〕趙岐注，〔宋〕孫奭疏：《孟子注疏》（臺北：藝文印書館阮元校勘十三經注疏本，2007 年）。

4. 〔魏〕何晏注，〔宋〕邢昺疏：《論語集解》（臺北：藝文印書館阮元校勘十三經注疏本，2007 年）。

5. 〔魏〕王弼、〔晉〕韓康伯注，〔唐〕孔穎達疏：《周易正義》（臺北：藝文印書館阮元校勘十三經注疏本，2007 年）。

6. 〔宋〕程灝、程頤撰：《二程集》（臺北：里仁書局，1982 年）。

7. 〔宋〕黎德靖編：《朱子語類》（北京：中華書局，2007 年）。

8. 〔清〕戴震撰：《孟子字義疏證》（北京：中華書局，2009 年）。

9. 〔清〕王先謙撰，沈嘯寰、王星賢點校：《荀子集解》（北京：中華書局，2010 年）。

10. 〔清〕王先謙撰：《莊子集解》（臺北：世一書局，1976 年）。

近人專著

1. 王楷：《天然與修為——荀子道德哲學的精神》（北京：北京大學，2011 年）。

2. 王國維：《靜庵文集》（瀋陽：遼寧教育出版社，1997 年）。

3. 孔憲鐸、王登峰：《基因與人性》（北京：北京大學出版社，2009 年）。

4. 中共中央馬克思恩格斯列寧史達林著作編譯局編譯：《馬克思恩格斯選集・第四卷》（北京：人民出版社，1995 年）。

5. 北大哲學系：《荀子新注》（臺北：里仁書局，1983 年）。

6. 江心力：《20 世紀前期的荀子研究》（北京：中國社會科學出版社，2005 年）。

7. 汪文聖主編：《漢語哲學新視域》（臺北：學生書局，2011 年）。

8. 牟宗三：《名家與荀子》（臺北：學生書局，2006 年）。

9. 何淑靜：《孟荀道德實踐理論之研究》（臺北：文津出版社，1988 年）。

10. 李亞彬：《道德哲學之維——孟子荀子人性論比較研究》（北京：人民出版社，2007 年）。

11. 李明輝等編：《理解、詮釋與儒家傳統：個案篇》（臺北：中研院文哲所，2008 年）。

12. 李澤厚：《中國古代思想史論》（北京：三聯書店，2009 年）。

13. 李滌生：《荀子集釋》（臺北：學生書局，1994 年）。

14. 東方朔：《合理性之尋求：荀子思想研究論集》（臺北：臺大出版中心，2011 年）。

15. 林宏星：《荀子精讀》（上海：復旦大學出版社，2011 年）。

16. 林安梧：《儒學轉向：從「新儒學」到「後新儒學」的過渡》（臺北：學生書局，2006 年）。

17. 胡適：《中國哲學史大綱》（臺北：商務印書館，2008 年）。

18. 韋政通：《荀子與古代哲學》（臺北：商務印書館，1992 年）。

19. 劉又銘：《理在氣中：羅欽順、王廷相、顧炎武、戴震氣本論研究》（臺北：五南，2000 年）。

20. 唐迪風：《孟子大義》（臺北：學生書局，1976 年）。

21. 唐君毅：《中國哲學原論・導論篇》（臺北：學生書局，2004 年）。

22. 唐君毅：《中國哲學原論・原性篇》（臺北：學生書局，2006 年）。

23. 唐端正：《先秦諸子論叢》（臺北：東大圖書公司，1981 年）。

24. 唐端正：《先秦諸子論叢・續編》（臺北：東大圖書公司，2009 年）。

25. 徐復觀：《中國人性論史——先秦篇》（臺北：商務印書館，2007 年）。

26. 張榮明：《中國古代氣功與先秦哲學》（上海：上海人民出版社，2011 年）。

27. 徐宗良：《道德問題的思與辨》（上海：復旦大學出版社，2011 年）。

28. 陳大齊：《荀子學說》（臺北：中國文化大學出版部，1989 年）。

29. 陳芳明：《後殖民台灣——文學史論及其周邊》（臺北：麥田出版，2002 年）。

30. 陶師承：《荀子研究》（上海：上海大東書局，1926 年）。

31. 章斐宏：《第三種人性》（上海：學林出版社，2006 年）。

32. 郭沫若：《十批判書》（北京：人民出版社，2012 年）。

33. 莊耀嘉編譯：《馬斯洛》（臺北：桂冠，1993 年）。

34. 惠吉星：《荀子與中國文化》（貴陽：貴州人民出版社，1996 年）。

35. 馮友蘭：《三松堂全集·第二卷》（鄭州：河南人民出版社，2001 年）。

36. 馮友蘭：《三松堂全集·第四卷》（鄭州：河南人民出版社，2001 年）。

37. 勞思光：《新編中國哲學史（一）》（臺北：三民書局，2005 年）。

38. 傅斯年：《性命古訓辯證》（臺北：新文豐出版公司，1985 年）。

39. 黃俊傑：《孟學思想史論（卷一）》（臺北：東大圖書，1991 年）。

40. 黃俊傑：《孟學思想史論（卷二）》（臺北：中研院文哲所，2006 年）。

41. 黃俊傑編：《東亞儒學研究的回顧與展望》（臺北：臺大出版中心，2005 年）。

42. 黃俊傑編著：《中國經典詮釋傳統（一）：通論篇》（臺北：臺大出版中心，2006 年）

43. 楊國榮：《倫理與存在——道德哲學研究》（北京：北京大學出版社，2011 年）

44. 路德斌：《荀子與儒家哲學》（濟南：齊魯書社，2010 年）。

45. 熊公哲註譯：《荀子今註今譯》（臺北：商務印書館，1984 年）。

46. 黎鳴：《問人性：東西文化 500 年的比較》（上海：上海三聯，2011 年）。

47. 蔡仁厚：《孔孟荀哲學》（臺北：學生書局，1988 年）。

48. 龍宇純：《荀子論集》（臺北：學生書局，1987 年）。

49. 蔡錦昌：《拿捏分寸的思考：荀子與古代思想新論》（臺北：唐山出版社，1996 年）。

50. 戴君仁：《梅園論學續集》（臺北：藝文印書館，1974 年）。

51. 譚宇權：《荀子學說評論》（臺北：文津出版社，1994 年）。

52. 〔美〕艾利森·高普尼克著，陳筱宛譯：《寶寶也是哲學家：幼兒學習與思考的驚奇發現》（臺北：商周出版，2010 年）。

53. 〔美〕查爾斯·霍頓·庫利著，包凡一、王湲譯：《人類本性與社會秩序》（臺北：桂冠，1993 年）。

54. 〔美〕道金斯著，趙淑妙譯：《自私的基因——我們都是基因的俘虜？》（臺北：天下文化出版，2002 年）。

55. 〔美〕詹姆斯·菲澤等著，丁三東等譯：《西方哲學史（第七版）》（北京：中華書局，2008 年）。

56. 〔美〕理查德·羅蒂著，黃勇譯：《後哲學文化》（上海：上海譯文出版社，2004 年）。

57. 〔美〕理查德·羅蒂著，王俊等譯：《哲學的場景》（上海：上海譯文出版社，2009 年）。

58. 〔美〕理查德·羅蒂著，張國清譯：《後形而上學希望》（上海：上海譯文出版社，2009 年）。

59. 〔美〕理查德·羅蒂著，林南譯：《實用主義哲學》（上海：上海譯文出版社，2009）。

60. 〔美〕麥特·瑞德里著，范昱峰譯：《德性起源——人性私利與美善的演化》（臺北：時報出版，2006 年）。

61. 〔美〕孟旦著，丁棟等譯：《早期中國「人」的觀念》（北京：北京大學出版社，2009 年）。

62. 〔美〕托德·萊肯著，陶秀璈等譯：《造就道德——倫理學理論的實用主義重構》（北京：北京大學出版社，2010 年）。

63. 〔美〕威廉·龐士東著，黃家興譯：《囚犯的兩難：賽局理論與數學天才馮紐曼的故事》（臺北：左岸文化，2012 年）。

64. 〔美〕愛德華·魏爾森著，宋文里譯：《人類本性原論》（臺北：桂冠，1992 年）。

65. 〔英〕Rom Harré 著，劉儒德等譯：《50 位改變心理學的大師》（臺北：五南，2009 年）。

66. 〔英〕羅伯特·奧迪英文主編，王思迅主編：《劍橋哲學辭典》（臺北：貓頭鷹出版社，2002 年）。

67. 〔英〕霍布斯著，黎思復、黎廷弼譯：《利維坦》（北京：商務印書館，1997 年）。

68. 〔法〕盧梭著，何兆武譯：《論科學與藝術》（上海：上海人民出版社，2007 年）。

69. 〔德〕呂迪格爾·薩弗朗斯基著，衛茂平譯：《惡或者自由的戲劇》（昆明：雲南人民出版社，2001 年）。

70. Kline III,T. C. and Philip J Ivanhoe,ed., *Virtue,Nature,and Moral Agency in the Xunzi*, Indianapolis/Cambridge: Hackett, 2000.

71. Masayuki Sato, *The Confucian Quest for Order*: *The Origin and Formation of the Political Thought of Xun Zi*, Leiden: Brill Academic Publishers, 2003.

單篇論文

1. 方旭東：〈可以而不能——荀子論為善過程中的意志自由問題〉，《哲學與文化》第 403 期（2007 年 12 月），頁 55～68。

2. 王慶光：〈荀子「化性起偽」淵源於孔子之研究〉，「荀子研究的回顧與開創系列研討會：中日荀子研究的評述」宣讀論文（2006 年 11 月 6 日）。

3. 王慶光：〈論晚周「因性法治」說的興起及荀子「化性為善」說的回應〉，《興大中文學報》第 13 期（2000 年 12 月），頁 105～124。

4. 王祥齡：〈荀子哲學思想核心價值的建構〉，《哲學與文化》第 403 期（2007 年 12 月），頁 21～39。

5. 伍振勳：〈荀子的「身、禮一體」觀──從「自然的身體」到「禮義的身體」〉，《中國文哲研究集刊》第 19 期（2001 年 9 月），頁 317～344。

6. 伍振勳：〈道統意識與德行論述：荀子非難思、孟的旨趣重探〉，《臺大中文學報》第 35 期（2011 年 12 月），頁 43～84。

7. 李哲賢：〈論荀子思想之矛盾〉，《興大中文學報》第 22 期（2007 年 12 月），頁 159～176。

8. 周熾成：〈荀子非性惡論者辯〉，《廣東社會科學》2009 年第 2 期（2009 年 2 月），頁 45～50。

9. 東方朔：〈心知與心慮──兼論荀子的道德主體與人的概念〉，《國立政治大學哲學學報》第 27 期（2012 年 1 月），頁 35～74。

10. 袁長瑞：〈荀子性惡論的時代意義〉，《鵝湖月刊》第 357 期（2005 年 3 月），頁 52～61。

11. 張亨：〈荀子對人的認知及其問題〉，《文史哲學報》第 22 期（1971 年 6 月），頁 175～217。

12. 莊錦章：〈荀子與四種人性論觀點〉，《國立政治大學哲學學報》第 11 期（2003 年 12 月），頁 185～210。

13. 馮耀明：〈本質主義與儒家傳統〉，《鵝湖學誌》第 16 期（1996 年 6 月），頁 53～99。

14. 馮耀明：〈荀子人性論新詮：附〈榮辱〉篇 23 字衍之糾謬〉，《國立政治大學哲學學報》第 14 期（2005 年 7 月），頁 169～230。

15. 廖名春：〈20 世紀後期大陸荀子文獻整理研究〉，《漢學研究集刊》第三期（2006 年 12 月），頁 79～152。

16. 潘小慧：〈從「解蔽心」到「是是非非」：荀子道德知識論的建構及其當代意義〉，《哲學與文化》第 403 期（2007 年 12 月），頁 41～53。

17. 劉又銘：〈從「蘊謂」論荀子哲學潛在的性善觀〉，《「孔學與二十一世紀」國際學術研討會論文集》（臺北：政治大學文學院，2001 年），頁 50～77。

18. 劉又銘：〈宋明清氣本論研究的若干問題〉，收入楊儒賓等編：《儒家的氣論與工夫論》（臺北：台大出版中心，2005 年），頁 203～246。

19. 劉又銘：〈荀子的哲學典範及其在後代的變遷轉移〉，《漢學研究集刊》第 3 期（2006 年 12 月），頁 33～54。

20. 劉又銘：〈合中有分——荀子、董仲舒天人關係論新詮〉，《臺北大學中文學報》第 2 期（2007 年 3 月），頁 27～50。

21. 劉又銘：〈當代新荀學的基本理念〉，收入龐樸主編：《儒林・第四輯》（濟南：山東大學出版社，2008 年），頁 4～13。

22. 劉又銘：〈明清儒家自然氣本論的哲學典範〉，《國立政治大學哲學學報》第 22 期（2009 年 7 月），頁 1～36。

23. 劉振維：〈荀子「性惡」芻議〉，《東華人文學報》第 6 期（2004 年 7 月），頁 57～92。

24. 蕭麗娟：〈荀子「禮義治氣養心」之養生詮解〉，《成大宗教與文化學報》第 17 期（2011 年 12 月），頁 1～20。

25. 〔日〕佐藤將之：〈漢學與哲學之邂逅：明治時期日本學者之《荀子》研究〉，《漢學研究集刊》第三期（2005 年 12 月），頁 153～182。

26. 〔日〕佐藤將之：〈荀子哲學研究之解構與建構：以中日學者之嘗試與「誠」概念之探討爲線索〉，《國立臺灣大學哲學評論》第 34 期（2007 年 10 月）頁 87～128。

學位論文

1. 王靈康：《荀子哲學的反思：以人觀爲核心的探討》（臺北：國立政治大學哲學系博士論文，2008 年）。

2. 柳熙星：《荀子禮論的價值根源研究》（臺中：東海大學哲學系碩士論文，1992 年）。

3. 柳熙星：《荀子哲學的秩序性建構及其困境》（臺中：東海大學哲學系博士論文，1998 年）。

4. 徐川惠：《論荀子「由智達德」之如何可能？》（臺北：南華大學哲學系碩士論文，2007 年）。

5. 陳禮彰：《荀子人性論及其實踐研究》（臺北：國立臺灣師範大學國文學系博士論文，2008 年）。

6. 鄭世強：《論荀子的心性關係及其價值根源》（臺北：東吳大學哲學系碩士論文，2005 年）。

7. 戴志村：《荀子人性論新詮》（臺北：國立政治大學哲學研究所碩士論文，2005 年）。

8. 鍾曉彤：《荀子的人性論與理想社會研究》（臺北：東吳大學哲學系碩士論文，2007 年）。

9. 蕭振聲：《荀子的人性向善論》（臺北：臺灣大學哲學研究所碩士論文，2005 年）。